中共湖北省委宣传部
中南财经政法大学 共建 新闻与文化传播学院项目成果

普通高等学校“十四五”规划文学与新闻传播类专业数字化精品教材

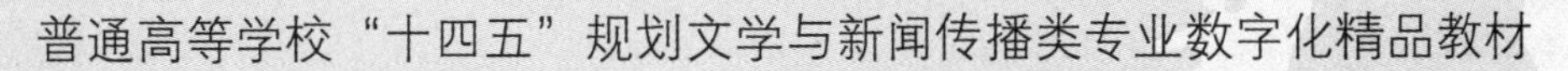
普通高等学校“十四五”规划文学与新闻传播类专业数字化精品教材

· 中南财经政法大学校级教材立项资助成果

· 中央高校教育教学改革专项项目“创意写作人才培养模式探索”成果

创意写作课

Creative Writing Course

主　编　罗晓静　张玉敏

副主编　殷　璐　舒辉波　王　维

華中科技大學出版社

http://www.hustp.com

中国 · 武汉

图书在版编目(CIP)数据

创意写作课/罗晓静,张玉敏主编.—武汉:华中科技大学出版社,2022.4(2024.7 重印)
ISBN 978-7-5680-8128-3

Ⅰ.①创… Ⅱ.①罗… ②张… Ⅲ.①汉语-写作 Ⅳ.①H15

中国版本图书馆 CIP 数据核字(2022)第 062968 号

创意写作课 罗晓静 张玉敏 主编
Chuangyi Xiezuoke

策划编辑:周晓方 杨 玲
责任编辑:余晓亮
封面设计:原色设计
责任校对:张汇娟
责任监印:周治超
出版发行:华中科技大学出版社(中国·武汉) 电话:(027)81321913
武汉市东湖新技术开发区华工科技园 邮编:430223
录 排:华中科技大学惠友文印中心
印 刷:武汉市籍缘印刷厂
开 本:787mm×1092mm 1/16
印 张:13 插页:2
字 数:307 千字
版 次:2024 年 7 月第 1 版第 2 次印刷
定 价:49.90 元

本书若有印装质量问题,请向出版社营销中心调换
全国免费服务热线:400-6679-118 竭诚为您服务

总序

FOREWORD

教育经历了“传统”与“现代”的断裂，“大学”也发生了从中世纪到现代的转变。一般认为，1810年德国柏林大学的创立标志着现代大学的诞生。现代大学不仅是教育机构，也是研究机构，推崇“学术自由”和“教学与研究的统一”。这种研究型大学的理念对世界高等教育影响深远，既为现代大学的形成奠定了基础，也在很长时间内规范着大学的评价体系。20世纪以来，大学则被赋予越来越多的功能，包括人才培养、科学研究和社会服务等，但无论大学怎样转变和多功能化，尤其是到了当下，有一个共识逐渐形成并被强化，即人才培养始终是大学最核心的功能。习近平总书记在2016年全国高校思想政治工作会议上明确指出：“高校立身之本在于立德树人。只有培养出一流人才的高校，才能够成为世界一流大学。办好我国高校，办出世界一流大学，必须牢牢抓住全面提高人才培养能力这个核心点，并以此来带动高校其他工作。”

人才培养涉及面很广，几乎贯穿高等教育的各个环节。教材，是育人育才的重要依托，是课堂教学的关键载体，在落实立德树人和人才强国战略中具有基础性地位和作用。高校教师是教材建设的主体，但高校教师在教材建设中的积极性并不高。究其原因，很大程度上是高校绩效考核中科研成果所占比重远远高于教学成果，教材建设的激励机制严重不足。随着《深化新时代教育评价改革总体方案》的出台，如何改革教师评价方式成为高等教育领域最受关注的问题之一。《总体方案》强调“坚持破立结合”，“破”的是重科研轻教学、重教书轻育人等行为，“立”的是潜心教学、全心育人的制度要求。教育评价是引导教育发展方向的“指挥棒”，在《总体方案》出台前后，国家还出台了若干教材建设规划和教材管理办法，目的在于提高教材建设工作的科学化和规范化。提高教师参与教材建设的积极性，开创教材建设的新局面，已成为新时代背景下高等教育发展的必然趋向。

学术著作的撰写和出版具有很强的个人色彩，教材的编写和建设则往往需要组织领导和机制保障。从宏观层面来看，自改革开放以来，高校教材建设经历了实践与探索、发展与创新的不同阶段，并作为“国家事权”纳入我国高等教育的“顶层设计”之中，成为高校教育教学改革与人才培养模式变革的重要结合点。具体到我们学院组织编写这套“普通高等学校‘十四五’规划文学与新闻传播类专业数字化精品教材”，既是为了接续学院在新闻、文学和艺术教育方面的优良传统，也是学院在学科专业建设、教学质量提升和人才培养目标实现方面立足当下、展望未来的努力和尝试。

中南财经政法大学新闻与文化传播学院成立于2004年9月，其实学院的新闻、文学、艺术等专业的开办与学校的历史一样长久，源头是1948年学校前身中原大学创建之初设立的新闻系和文艺学院。1948 年，随着解放战争节节胜利，新解放区迅速扩大，党的政治宣传任务需要一定数量高素质的新闻宣传人才。同年 8 月 26 日，中原大学新闻系在河南宝丰县成立，时任中原大学副校长并全面主持学校工作的正是新华日报社第一任社长潘梓年。中原大学新闻系举办了两期培训班，共招收学员 130 余人，教学任务分别由中原局宣传部和新华社中原总分社的负责干部来承担，主要讲授时事政治和新闻业务知识两类课程，其中新闻业务知识课包括新闻记者的修养(陈克寒)、新闻的评论和编辑工作(熊复)、农村采访工作(张铁夫)、军事采访经验(李普、陈笑雨)、新闻摄影(李普)、新闻工作的编辑排版校对等工作(刘国明)等。在战火纷飞的年代，中原大学新闻系为革命事业及时输送了一批急需的新闻宣传人才，他们大多终身奋战于党的新闻事业中，成为著名的编辑、记者和在新闻战线担任一定职务的领导干部和业务骨干。新闻系随中原大学南迁武汉后，也曾筹备过招收第三期学员的事宜，因种种原因未能继续办下去。但可以自豪地说，中原大学新闻系为我国的新闻教育和宣传事业做出了应有的贡献。

文艺学院和文艺系，是中原大学最早设立的院系之一。1948 年 9 月《中原大学招生广告》显示，当时学校设有文艺、财经、教育、行政、新闻、医务六个系。同年 10 月，中共中央任命范文澜为校长，潘梓年为副校长。首任校长和副校长均在文学理论领域颇有建树，范文澜的《文心雕龙注》是龙学最有影响的著作之一，潘梓年于 1926 年出版的《文学概论》是较早参照西方的文学理论研究文学的著作。同年 12 月，中原大学组建了文艺研究室，著名电影导演、表演艺术家崔嵬为主任。文艺研究室下设戏剧组、音乐组、创作组，另有 1 名美术干部。1949 年六七月间，以文艺研究室为基础，文艺学院成立，崔嵬任院长、作家俞林任副院长，在专业设置上包含戏剧系、音乐系、美术系、创作组、文工团。在两年多的时间里，文艺学院共培养了音乐、戏剧、美术、文学等专业毕业生及各种短训、代培生 1136 人，他们分布在中南地区和全国宣传、文艺、教育战线上，为我国文化艺术教育事业的发展做出了显著贡献。1951 年 8 月，中原大学文艺学院划归中南军政委员会文化部领导。

因为 20 世纪 50 年代全国范围内的高等教育院系调整，学校的新闻、文学和艺术教育曾中断多年。1997 年，学校重新开办新闻学专业，创建新闻系，相关学科专业建设步入新的发展阶段。2004 年，新闻与文化传播学院正式成立。2007 和 2008 年，学院先后成立中文系和艺术系，使建校之初就有的新闻、文学和艺术教育得以薪火相传。经过二十多年的快速发展，学院已经具备了较为完整的人才培养体系，现下设新闻传播学系、中国语言文学系和艺术系，开设了新闻学、广播电视学、汉语言文学、数字媒体艺术、网络与新媒体五个本科专业及网络与新媒体—法学实验班，其中网络与新媒体、汉语言文学专业入选省级一流本科专业建设点，拥有新闻传播学及中国语言文学一级学科硕士学位授予权和新闻与传播、汉语国际教育专业硕士学位点，新闻传播学为湖北省重点学科、中国语言文学为学校重点学科。

2019 年 7 月，学校与湖北省委宣传部、省教育厅正式签订《共建中南财经政法大学新闻与文化传播学院协议》，学院发展进入新阶段，也迎来了改革和发展的"十四五"规划。学院在"十四五"规划期间的发展目标是，专业建设进一步优化和发展，学科建设逐步增强，人才培养进一步彰显特色，国际合作办学逐步拓展，科学研究再获新的突破，师资队伍结构合理优化。本学院的教学研究与改革工程作为重大行动之一，其具体措施就包括了组织编写出版新闻、中文和艺术专业的系列教材。目前我们推出的系列教材，既有彰显学院在经济新闻、创意写作、文化产业、数字影像等方向人才培养特色的《财经媒体与新闻报道案例》(吴玉兰主编)、《创意写作课》(罗晓静、张玉敏主编)、《儿童文学理论与案例分析》(蔡俊、李纲主编)、《文化产业创意与案例》(王维主编)、《数字雕塑基础》(卢盛文主编)，也有展示教师将研究专长与课堂教学有机融合成果的《视听节目策划实务》(石永军主编)、《汉字溯源》(谭飞著)、《应用语言艺术》(李军湘主编)、《中国当代小说选讲》(陈国和主编)、《欧美新闻传播理论教程》(王大丽主编)、《唐诗美学精神选讲》(程韬光主编)、《实用汉语史知识教程》(甘勇主编)、《整合品牌传播概论》(袁满主编)等。

我们深知教材编写之不易，并对编写教材始终保持敬畏之心！系列教材的出版，凝聚了每一位编写者多年潜心教学的思考和付出，也得到了华中科技大学出版社人文分社周晓方分社长、策划编辑杨玲老师等的大力帮助，在此一并表示由衷的感谢！

我们希望以此为契机，深入贯彻习近平总书记在全国教育大会上的讲话精神，认真落实教育部“以本为本”的指导思想，以高水平教材建设为契机，以培养富有创新意识和开拓精神的复合型人才为目标，与时俱进、深化改革、开拓创新，进一步推动学院在教学质量、课程建设和教学改革等方面取得突破性进展。

中南财经政法大学新闻与文化传播学院院长、教授

罗晓静

2021 年 8 月 5 日于武汉南湖畔

前言

PREFACE

“创意写作”20世纪20年代末诞生于美国，之后成为新兴的学科在美国高校得以推广，在欧美发达国家已经有近百年的发展历史，形成了比较完备的教材体系。我国高校在2009年左右开始创意写作的教学和专业建设。近10年来，创意写作教材，尤其是国外创意写作教材的译本不断出现。但是总体而言，我国本土的创意写作教材在数量和质量上严重不足，还有很大的发展空间和很长的道路要走。

本书立足中国本土高校的创意写作教学实践，摒弃西方创意写作研究和教材中的西方中心主义，致力于本土创意写作教材的探索和实践，将创意写作教材与中国传统文化资源相结合，强调本土化，凸显民族性特征。本书所有的习作、互评、学习日志等，都出自中南财经政法大学2018级汉语言文学专业学生之手。本书的写作观念和教学技巧，则脱胎于我校汉语言文学专业的创意写作系列课程。

中南财经政法大学新闻与文化传播学院中文系一直致力于汉语言文学专业创意写作人才的培养。2013年，我校本科“卓越计划”汉语言文学专业综合改革项目获准立项，中文系在总结多年教育教学改革实践的基础上对汉语言文学专业人才培养方案进行了调整和修订，明确其培养目标为两个方面：一是学术研究能力培养，二是应用能力培养。汉语言文学专业的教学，一方面注重夯实学生的专业基础，培养学生对基本理论、基本方法的掌握和对学术研究的兴趣；另一方面也为适应创意经济时代的需要，着力培养具有较强的创意写作能力和文化创意管理能力的复合型人才。在课程设置上，除了基础写作课程之外，汉语言文学专业还增加了影视剧本创意写作、儿童文学创意写作、文秘写作及申论、应用语言艺术等课程。在师资队伍上，学院引进舒辉波、程韬光两位中青年作家为中文系专业教师。近年来，本专业有一批学生在创意写作上取得了可喜的成绩，优秀作品屡见于国内报纸杂志和网络媒体。自2017年起，中文系每年编辑出版学生创意写作文集，已出版《南湖风》《南湖雨》《南湖云》《南湖月》。

本书是我校汉语言文学专业“创意写作”教学内容的集中体现，使用效果已经过课堂教学检验，得到学生的高度评价。本书编者均为活跃在创意写作讲台的教师，有着丰富的写作教学经验，将帮助广大爱好创意写作的读者激发创作的潜能，养成创作的习惯，提高创作的水平。

本书的编写获得了我系师生的大力支持。殷璐老师、舒辉波老师、王维老师的真挚合作令人由衷感谢。王锦慧、黄雨蒙、涂孟君、陈佳琪、李津以及陈剑波同学的热情参与和辛勤付出是本书顺利完成的保证。此外，本书配套课件的制作离不开徐丽颖、叶婧等同学的努力，在此一并表示感谢。

尽管我们做出了很大的努力,在国内高校的创意写作课程和教学实践上有所收获,但是本书目前所做的工作依然是基础性的。另外,受篇幅所限,学生写作实践成果的展示不够全面,感兴趣的读者可以通过扫描二维码进一步参看相关内容。

创意写作的不同寻常之处在于,它能够吸引各个领域的读者。希望本书可以将对写作感兴趣的读者汇聚一处,切磋交流,共同提高!

目录

CONTENTS

第一部分

写作基础能力训练

本部分以写作基础能力训练为重点，将写作活动置于专业角度进行研究和学习。这种对写作活动的关注是写作意识的体现。写作意识融合于人类源远流长的写作历史和丰富多彩的写作现象中，关乎写作活动的本质、价值和规律。在进行写作基础能力训练之前，首先要认识写作的本质。

写作的本质指写作的属性，写作的一般属性有三点。一是个体性，即写作是一种具有个体性特征的主题精神活动，体现为写作主体的个性心灵对写作客体的一种对象性限制、对写作意义的一种生气灌注，以及对写作格式的匠心独具。二是实践性，实践就是精神见之于行动。写作是主体的能动行为，一切写作行为都是通过写作思维的操作技术、操作程序完成的。与实践相关，生活实践是确立写作的主客体关系的根本途径（生活阅历与写作），阅读实践是感悟、积累写作经验的重要途径（阅读和写作），而写作实践是将写作理论转化为写作能力的唯一途径。三是创造性，这是人在其“思维的精神”支配和统摄下所取得的活动结果，既不是对客体固有属性的简单认同，也不是对主体已有知识的简单重复，而是对二者的一种超越。王国维的“三境界”可以用来解释写作的创造性特征：“独上高楼，望尽天涯路”指创造的前提在于不懈的创新意识，“衣带渐宽终不悔，为伊消得人憔悴”指创造的根本在于坚忍不拔的毅力，“蓦然回首，那人却在灯火阑珊处”指要有不断创造灵感的能力。

写作的特殊属性也有三点。一是转化性，指在写作过程中，从认识客观事物到完成写作成果，必须经过主体思维的多重加工、转化，才能最后生成。转化过程可分为三个阶段：潜化阶段（准备阶段）、化生阶段（构思阶段）、生成阶段（表达阶段）。二是书面性，指文字因素对写作所具有的根本性作用，决定了主体对感知对象、反思对象、表达方式的形式选择。三是交流性，写作是包含读者的阅读与理解在内的精神交流活动。参与写作的有真实读者，文本价值的实现需要读者阅读，完整的写作活动是作者和读者的对话；参与写作的还有隐含读者，即作者预想的在作品问世之后可能出现或应该出现的读者。隐含读者属于作者的目标读者，在内容、形式上对作品均有影响。

从某种意义上讲，写作的本质可以用陆机的“物”“意”“言”三者之间的转换来理解。这也符合一般的写作流程，即以观察写作对象为起点，生发出一定的意旨，随后用语言表达出来，形成文字。但其中的难点有二：一是“意不称物”，即人的认识、观念难以准确地把握住事物；二是“文不逮意”，即文字表述很难准确地传达作者想要表达的思想、情感。克服此难点的方法是“养心”与“勤学”，即从思维和实践两个方面进行提升。

本部分共五节课，基本按照“物—意—言”的写作流程，分别从着眼生活、摄取能力训练（包括观察、阅读、积累）、思维能力训练、写作构思（炼意、谋篇）、语言表达能力训练五个方面入手，引导学生进行写作基础能力训练。

第一课　着眼生活

课前引导

文学写作离不开对生活的观察。在进行写作基础能力训练的过程中，有必要把“着眼生活”作为起点。本课由三部分构成，包括“生活是文学创作的源泉”“用文学创作的眼光观察生活”“生活面面观”，旨在引导学生认识生活对于写作的重要意义、掌握观察生活的角度，培养学生观察生活的能力。

第一节　生活是文学创作的源泉

文学创作的灵感来源于生活，生活赋予创作者以创作激情与创作素材，同时培养创作者在体察人间百味之时吸收营养、总结经验的能力，最终实现从沉浸到反思、从感情到表达的创作过程。

一、生活为文学创作提供素材

在文学宝库中，有不少作家以其生活环境及生活经历为素材，创作出了真实生动的故事传奇。如以赵树理为代表的“山药蛋派”作家，都有较长期的山西农村生活经历，其作品蕴含着独特的民族风格和地方色彩，同时展现了20世纪50年代山西农村革命工作的发展状况。莫言的《红高粱家族》《丰乳肥臀》《生死疲劳》等小说，大多以他在山东高密乡的所见所闻为素材创作而成，其内容风格极具保守与泼辣结合、朴实与野蛮相融的高密特色。艺术作品的产出以生活为基底，古今中外的优秀文学作品代代不绝，正是来源于生活的恒久鲜活。

二、生活为文学创作注入灵魂

文学作品的灵魂既在于其中栩栩如生的人物形象，也在于其蕴含的有关生活和人生的真谛，后者往往是作者的深意所在，也是读者从作品中吸取营养的关键之处。这一“真谛”来源于作者、读者对生活共同的观察与体悟，隐藏在作品所展现的浮生背后。文学作品对人生的借鉴之处便在此。例如，我们从聂鲁达的情诗中感受爱情的美好与心碎，从余华的《活着》中看到生存的艰难与人性的复杂，从沈从文的《八骏图》中体会文明进步对人性的阉割。文学作品的这一价值得以发挥的重要原因，便是人类在生活中有着相似的情感或经历，使之具备产生共鸣的可能。

因此，文学作品是生活的镜子，经过作家的描绘，我们从一部部作品中体味人生的酸甜苦辣、透视生活的真谛。

第二节　用文学创作的眼光观察生活

面对生活中的方方面面，创作者需要带着艺术的眼光来观察这一切，即以文学创作为目的，有意识地运用一定的写作方法，自觉地对眼前事物进行观察、分析。这有助于提高观察效率、捕捉写作灵感。文学创作眼光可从学习文学创作技巧、提高全面观察能力、提高细节捕捉能力等方面来培养。

一、文学创作眼光的含义

在本节，“文学创作眼光”指的是以文学创作为目的，在观察生活的过程中有意识地向这一目的靠拢所采用的思维方式。文学创作眼光使人在观察中采用文学创作所需要的方法技巧与思维模式，获得文学化的观察结果，并带给人艺术感。如在观察一位人物时，我们可从相貌、身材、声音、神态、动作五个方面入手。若要撰写人物观察报告，则需面面俱到、详细客观。但若出于文学创作的目的，则应该在此基础上有意识地把握该人物身上的亮点、重点，对收集到的信息进行规划、调整，使之详略得当，符合人物刻画的诉求。

文学创作眼光并不意味着抛弃全面性与客观性，一味区分轻重，而是要求创作者掌握处理信息的能力，赋予观察成果以文学性，最终使之符合自己的创作需要，从眼前世界看出别样深意。在日常观察中，人们或许“看山是山，看水是水”，而文学创作眼光对创作者的要求则不止于此。如川端康成于青莲院门前观察一棵高大古老的楠树后写道：“仰望几百年以至一两千年树龄的大树，坐在树根歇息之间，当然不会不想人的生命的短暂。但那并非虚无缥缈的哀伤，莫如说有不熄不灭的顽强精神、有同母亲大地的亲和与交融自大树向我涌来。”[①]川端康成由古树的年老，联想到人生命的短暂，在对比中看到树和人共同具备生命力的坚韧、顽强，以及看到人类与整个大自然间的深刻联结。因此，用文学创作眼光观察世界，需超越眼前的局限，运用对比、联想、想象等手法，从多个角度、时空看待事物。

二、文学创作眼光的意义

（一）获取写作素材

首先，用文学创作的眼光观察生活，有助于详尽、全面地获取生活素材。这里的“素材”是普遍意义上的概念，指的是作者从现实生活中全面搜集得到的、未经整理加工的、感性的、分散的原始材料。

① ［日］川端康成，东山魁夷，等. 美的交响世界：川端康成与东山魁夷［M］. 林少华，译. 青岛：青岛出版社，2016.

其次，用文学创作的眼光观察生活，有助于捕捉细节里的精彩。这里指的是有针对性地根据写作需求去生活中搜索素材，这类素材具有具体性、特殊性。比如，创作者面对描绘某人物眼神的创作挑战，则可以在生活中有意观察人们的眼神，捕捉其中的亮点。

再次，用文学创作的眼光观察生活，有助于对原始素材进行取舍和辨别，在全面收集素材的基础上精益求精，站在文学艺术的角度对素材进行筛选、加工，而非全盘皆收。

（二）激发写作激情

写作观察的第一步，是用感官接触生活，让眼睛、鼻子、嘴巴、耳朵、皮肤共同接收信息。而经由感官刺激，心灵和思维的机关也将被触发，这是产生创作冲动的关键。

1. 产生心灵触动

眼前景触动心中情，便有了心绪的飞扬激荡。在创作中，写作者常常触景生情，从而产生记录的念头以及创作的冲动。如李白的“举头望明月，低头思故乡”，是赏月引发了思乡之情；杜甫的“感时花溅泪，恨别鸟惊心”，是国都沦陷后的衰败景象引发了忧国伤时之感。

2. 激发思维灵感

灵感是指创作者受到某个事物启发而瞬间产生的创作思路。与创作冲动相比，创作思路是更加清晰、具体的思维路径，能孕育出作品的基本面貌。如郑板桥有言：“江馆清秋，晨起看竹，烟光日影露气，皆浮动于疏枝密叶之间。胸中勃勃遂有画意。其实胸中之竹，并不是眼中之竹也。因而磨墨展纸，落笔倏作变相，手中之竹又不是胸中之竹也。总之，意在笔先者，定则也；趣在法外者，化机也。独画云乎哉！”[①]当其“胸中勃勃遂有画意”之时，眼前之竹已在郑板桥心里形成了一个大体的模样——胸中之竹。“胸中之竹”可谓灵感的具体表现，成为从“眼中之竹”到“手中之竹”的桥梁。在文学创作领域，“胸中之竹”可以指创作者受眼前事物启发而在心中形成的大体意象。

3. 提升写作思维

用文学创作眼光观察生活，也是主动进行创作思考的过程。这种观察有助于推动写作思路的进展，提升写作思维。在写作观察中，我们有意识地让思维纵向深入，从眼前景象思索到更深刻的层面，以及有意识地横向拓展，用联想、想象、对比等手段拓展思维，将素材进行联系、类比，以形成系统化的素材体系，打造出更有效且有力的创作基础库。这是推动思考、锻炼思维的过程，是一种思维能力的训练。

三、文学创作眼光的培养

（一）掌握文学创作技巧

用文学创作眼光观察生活，是以创作实践为明确目标的。这一眼光的培养，实际上也是创作思路的培养，离不开创作技巧的帮助。因此，提前掌握一定的修辞手法、表达方式等，可以在搜索素材的过程中自觉而有效地对素材进行加工、整理，获取更符合自

① 郑燮.郑板桥集[M].上海：上海古籍出版社，1979.

身创作需求的素材。

这一眼光的培养有一定的过程。首先需要主动记忆、理解一定的文学表达技巧，在观察中有意识地加以运用，将其与眼前事物相结合。在熟练掌握之后，便能进一步形成思维习惯，使思维加工成为一个自然而然的过程。这样在自觉地处理、调整素材的过程中，也能锻炼思维，获得创作灵感和创作思路。

（二）培养全面观察的能力

全面观察的关键在于“全面”，要做到时间与空间兼顾、内部与外部兼顾，以及整体与局部兼顾等。全面观察的意义在于，一是全面收集素材信息，为后面的取舍、加工奠定基础，同时尽量保证信息的完整，不遗漏关键之处；二是构建观察写作的全局观，形成一种系统性思维。这也需要创作者在观察中有一种“拎”的意识，即时常将自己“拎”出局外，而不被眼前的狭小格局所束缚，主动变换视角观察事物，眼观六路、耳听八方，全面收集信息。

（三）培养捕捉细节的能力

对细节的捕捉是写作观察中的关键。我们在观察生活中丰富多彩的内容时，绝不能笼统地一眼掠过，这样难以留下深刻的印象。捕捉细节是我们在写作观察中应注意的。注意事物隐蔽的、细微的特征，有利于加深我们脑海中的印象，从而更好地获得创作灵感。

第三节 生活面面观

用文学创作的眼光观察生活，可以从景（环境）、人与物（对象）、事（事件）、情（情感）四个方面入手。

一、景（环境）

景即环境，包括自然环境和社会人文环境。在文学创作中，环境往往被当作人或物行为、状态的背景，对理解写作对象有促进作用。同时，关注环境是创作者拓宽视野和思维的重要途径，有助于将个体对象关联到周边世界，从而扩大写作格局。三毛在《撒哈拉的故事》中对当地环境进行了诸多描写，如《荒山之夜》一篇：

> 车子很快地在沙地上开着，我们沿着以前别人开过的车轮印子走。满铺碎石的沙地平坦地一直延伸到视线及不到的远方。海市蜃楼左前方有一个，右前方有两个，好似是一片片绕着小树丛的湖水。
>
> 四周除了风声之外什么也听不见，死寂的大地像一个巨人一般躺在那里，它是狰狞而又凶恶的，我们在它静静展开的躯体上驶着。
>
> ……
>
> 我抬起头来往地平线上极力望去，远处有几个小黑点慢慢地在放大。那是附近三百里内唯一的群山，事实上它是一大群高高的沙堆，散布在大约二三十里方圆

的荒地上。

这些沙堆因为是风吹积成的，所以全是弧形的，在外表上看去一模一样。它们好似一群半圆的月亮，被天空中一只大怪手抓下来，放置在撒哈拉沙漠里，更奇怪的是，这些一百公尺左右高的沙堆，每一个间隔的距离都是差不多的。人万一进了这个群山里，一不小心就要被迷住失去方向。我给它取名叫迷宫山。①

三毛描绘了空旷荒凉、神秘危险的沙漠景象，一次荒山中的冒险便在此背景下展开。然而，她眼前的景象又属于常态，衬托出当地人的生存因环境恶劣而更加艰难。

二、人与物（对象）

（一）人

人是生活观察的重点，通过不同人的行动表现，我们能看见不同的人生面貌。观察人时应当持有以人为本的理念，带着对人的关注和关怀，带着耐心和真诚去观察那些易被忽视的“他人”。如李娟在《我们这里的澡堂》中，写到了不同身份与年龄阶段的女性在澡堂里的行动：

家庭主妇们拎着水桶和盆，扛着搓衣板，挨个调试水龙头。后来终于找到水流相对大一点的龙头，然后摆开阵式，埋首肥皂泡沫中，赤身裸体地奋力对付天大的一堆脏床单、窗帘、被罩。

年轻妈妈们还搬来了澡盆，澡盆里还飘着塑料玩具。妈妈们一边搓揉头发上的泡沫，一边厉声斥责孩子不要啃塑料鸭鸭，不要喝洗澡水。

另有一个刚刚开始发育的女孩，水淋淋的皮肤光滑黝黑，身子颀长柔弱，每一处起伏，都是水波静止后唯一不肯停息的一道涟漪……鸟起飞之前瞬间的凝息。鸟羽干净，翅子微张……还有水晶中自然形成的云雾——透过这块水晶，看向蓝天，那云雾轻微地旋转。而最美的是位于那旋转正中央静止不动的、纤细的轴心。②

李娟对澡堂中各类女性的表现进行了描写，她们同属于女性群体，不同身份、年龄段间又有诸多不同，汇聚在一起却象征了一个女性的一生。李娟在这里表现出一种对女性的关怀，不是置身事外的旁观、品头论足，而是由衷的同情与欣赏。

（二）物

在生活中，物常常被视为人的附属品，它们由于人的情感、思绪等被赋予了很多的内涵。因此，在观察生活中的物品（物象）时，人与物的关系是不可忽视的。汪曾祺先生的散文常常写生活中的平凡之物，他在《人间草木》中为多种瓜果、小吃、植物特地设立章节，从苹果、葡萄，到扁豆、豇豆，再到家里养的蜡梅，在他笔下全都荡漾着生活的情趣。他描摹这些事物时，多从人的需求出发，主要包括享受美食的需求和审美的需求，他的描写焦点不仅在眼前之物，更在值得细细品味、认真对待的生活。于是，他笔下一颗小小的盐蚕豆都令人唇齿留香，一块“王致和”臭豆腐都变得美味醉人。

① 三毛.撒哈拉的故事[M].北京：北京十月文艺出版社，2017.

② 李娟.我的阿勒泰[M].武汉：长江文艺出版社，2018.

三、事(事件)

事件将景、人、物、情四个要素全部集合在内，是观察生活时的关键落脚点，也是构建写作素材库的重要支撑。人类是擅长思考和学习的，总能从生活中吸取经验、获得启迪。不说生命中有里程碑意义的大事件，那一定是非常引人注意的；就说生活中看似平常的小事，也常常能引发人的深思。

许地山的《落花生》写了自己儿童时期种花生的小故事，通过吃花生时的谈话，他从父亲那里明白了“人要做有用的人，不要做伟大、体面的人了”[①]的道理。文章从一件生活小事出发，既展现了生活质朴淳厚的情致，又表达出耐人寻味的哲思。

莫言在《我的高密》里也多次回忆起他的家乡和童年，遥远的过去在他的笔下却十分生动、具体。如在《卖白菜》这篇文章里，他详细记叙了母亲把家中仅剩的三棵白菜拿到集上卖的过程，最后因“我”多给买家算了一毛钱而导致买卖失败，母亲流下了羞愧而心痛的泪水，“这是我看到坚强的母亲第一次流泪，至今想起，心中依然沉痛”[②]。

这样的小事在恒久的生活长河中看似微不足道，却能给人留下一生的印象。重要的是，小事身上凝结了人类极其真实、淳厚的情感，将生活的丰富和深沉尽数体现。看似是小事，实则有着不一般的分量。

四、情(情感)

情是观察与创作活动的核心所在，也是作品具有文学性、艺术性的关键所在。情的力量在于“动人”，能够让创作者和读者产生心灵上的触动以及思维上的灵感。有时候，情带给人的动容和震撼，比客观现象或数据更让人着迷和沉浸。白先勇称《红楼梦》为“天下第一书”，不仅在于《红楼梦》是对中国传统文化的凝聚和总结，将儒、释、道三家尽收其中，还在于《红楼梦》对热闹、真挚、绚烂的红尘世界的描绘，以及在于其中人物如宝玉、黛玉身上种种无尽的深情。

在观察生活的过程中，“情”应当给予特别关注，它不仅有人类之间的爱情、亲情、友情等情感，还有喜悦、难过、忐忑、纠结等复杂的情绪。此外，也应注意到万物生灵的“情”不同于一般的人类感情，而更多地体现为一种“灵性”。不过，这种灵性常常需要人的注视和挖掘，某种程度上来说是由人之“情”类比而成。在余华小说《活着》中，福贵到牛市场买牛，看见一头老牛因即将被宰而趴在地上掉眼泪，便心生不忍买下了它。福贵认为自己懂得老牛临死前的伤心，同情它累死累活还要被人类宰杀的一生，就给它也取名“福贵”，余生与它相依为命。福贵对牛的同情，其实也是对自己的同情。

创作者在分别观察了上述四个方面后，还需要将所收集的素材关联起来，将各个方面与其综合形成的世界看作是局部与整体、要素与系统的关系。在整体层面的把握上，应有意识地促进风格的统一、融合，形成一个内部要素和谐恰当的整体世界。

在这之下，不同的世界有其不同的特色，各具代表性的风格。如李娟笔下的阿勒泰，民风淳朴，生活自在，风光无限，空间旷远。再如莫言笔下的高密乡，人们在生存面前挣扎，生性泼辣朴实，保留着浓厚的、原始的人类野性。每个作家描绘的世界都是独

① 许地山.落花生：许地山散文精选[M].成都：四川文艺出版社，2021.

② 莫言.我的高密[M].北京：中国青年出版社，2012.

一无二的，从景、人、物到事件，均具当地特色，唯独情的存在有共通性，构成作者与读者间产生联结的基础。

生活的方方面面都处于普遍联系之中，在文学观察中须注意到这一点。同时，也应将其运用到文学创作中，将各种要素融合起来，形成涉及多方面的、更为深刻的写作主题。如传统农业社会里农人对土地的眷恋、人类对城市文明发展的反思、个体在命运之下的艰难挣扎，以及人在多境遇之下的自我探索，种种主题背后都涌动着复杂的思绪，展现了一种全面和深刻的写作思维，也让"生活面面观"有了更高层次的意义。

课后写作练习

请用文字记录你所观察到的生活场景或事物，表达你对生活的思考。

一杯清茶醉春风，一卷诗书共明月

刘紫嫣

隔帘听雨，午后的时光寂寥悠长。窗外青山在烟岚中浮浮沉沉，层峦尽染黛色，在细雨的轻抚中显得温婉。惠风和畅，挟着草木芬芳，缠绕在泉间，开出一朵古雅的花来。树叶婆娑，松涛万响，树叶轻吟，惊艳时光。

我坐在藤蔓编织的椅上，一张红木方桌端放在眼前。案儿上轻薄剔透的白瓷杯静静地摆放着，一朵粉色的合欢花娇颜绽放，明艳端方如陌上少女。

捡几枚松枝，采二三茶叶，并四分绿色，一起倾入茶盏。温润的白瓷，茶汤潋滟。细长的嫩叶缓缓舒展、张开，然后沉落。一杯茶里氤氲开淡淡的绿色，素净动人。

引杯品茶，入口微涩，尔后回甘。江南雨季，一川烟草，满城风絮。以水的包容慈悲、草木性灵，喝出的不是浓艳浮华，而是叫人沉醉风中、意迷离的清淡。

时光翩然轻擦，浮云吹作雪，世味煮成茶。与其算计方寸间的万物俯首，不若清风明月，安之若素。闲来沿山水之迹，寻今生的自己，与山水情意绵长。

是夜，暮色四合，月凉如水，缓缓地漫过门前石阶；繁星点缀在天幕之上，却觉孤冷。夜色侵蚀了喧嚷的山林，空无一人的室内，只有寂寞打在窗上，发出悲鸣。

终是拿起一卷诗书，斜斜地倚在黛瓦下、白墙边。外婆一个人住在幽深的山间，无数个日夜都是嚼着这如雪的寂寞度过的吧。我如是想，心中不禁萌起几分悲悯之情。但眼前却闪过她苍老却始终笔直的身躯，她浑浊却坚定的眼神，她颤抖却始终沉稳的双手。她或许寂寞，却不曾觉得寂寥；她或许苍老，却从未对生活垂首。

她无须同情。闲时背一竹篮，摘几朵白嫩茉莉，或清炒，或泡茶；踏几方石阶，走入细密松针铺就的林间小径，拾一筐松菇，浅嗅清香；蹚过门前小溪，滑滑的泥沙会在她的脚尖流走，小鱼会从脚边擦过去。纵使农忙时节有无数的瓜果作物要收拾，她也有宽广辽阔的天地，有岁月沉积下的芳华绝代。

我该羡慕她，虽然时光同寂寞夺走了一些什么，但也赋予了我们不可夺的珍宝。

抬眼看这明月清华，再不觉索然了。静听万壑松声，静观天幕低垂，静闻草木清香。静观万物，方知万物性灵；静行世事，方可世事洞明。

现在的生活太浮躁了，如何慢下来？在灯红酒绿中做个闲人，对一张琴、一溪云，择一个神清气闲的时令，驱车四游，卷袖煮茶，在仓皇岁月中不负韶华，赏明净山水、煌煌盛世。

人间至味是清欢

陆涛涛

思及生活，我想到的不过是因琐事而过分真实的人间百态。

一些矛盾或者是一些斗争，也许只是起源于鸡毛蒜皮的小事，却因为几种观念的冲突碰撞而迸发出了星星点点的火光，然后朝着不同的方向变化。它们或是愈演愈烈，微微的火光变成了熊熊的烈焰，充斥着喧嚣和激恼，仿佛下一秒将要蔓延开，吞噬了人的理智；又或是逐渐稳定，星点的火光犹如漆黑夜里的一盏萤火灯，连接了几颗原本遥远的心。尝尽了这人间的滋味，生活的酸甜苦辣一次次地浇灌在人们前进的路上。

心中最为期待的就是平和清淡中的浮世清欢。

曾经的人追求“日出而作，日落而息”，他们在平凡的生活中淡泊、淡然，虽然没有什么起落，也没有什么波澜起伏，但活得潇洒自在，并没有受到尘世的叨扰。红尘白日的喧嚣属于勾栏茶肆，而藏在田园草屋、平阔原野间的是不羁而自由的灵魂，何其洒脱，何其欢乐。

从前，人们期冀的莫过于“老有所终，壮有所用，幼有所长，鳏、寡、孤、独、废疾者皆有所养”的天下大同。没有财物贪欲，没有酒肉色欲，有的只是清心静气。人们各司其职，各尽其能，在淡然的生活里享受和平，享受欢愉。

现在，物质享受随着钢筋混凝土“森林”的发展壮大而被人们摆在了至高无上的位置，清寡欢乐满足不了人们日渐膨胀的野心，取而代之的就只有令人沉迷的物欲。我总想着，从前那般是极好的，像极了自古以来在我们灵魂深处根植的飘逸逍遥。

关于清欢，如此想来便是人间至味，是经历了千万次时过境迁依旧淡然对待生活的潇洒。它如此简单，就像是一道家常菜，平淡却拥有世上美好的味道，比过了人们从未吃过的珍馐菜肴。

我所喜爱的与我所期待的，正是从前人们所乐于享受的清欢。在生活琐事困扰之下，我愈发想要冲破桎梏，追寻心中的逍遥。

现实是很多种味道构成的大杂烩，取其最清淡的一味，便足够收获人间的美好。很难否认，物欲横流的时代有许多吸引人驻足不前的东西，许多让人眼花缭乱、难辨真假的诱惑。但是直面灵魂深处，生而为人我所希望的可能是略微欣喜、略微平淡的生活，没有太多的权欲斗争，不会被生活琐事困扰，也不想尝试人间百味之中的痛苦绝望。

生活的酸甜苦辣终归是了解生活的途径，也是能让人体会到至味清欢的不二法门。当人们厌倦了波澜起伏的生活，尝够了种种滋味，想要一切归于平淡时，他们才会懂得繁杂浮世里如茶般淡然的清欢。

到底，人间至味是清欢。

望春花

王锦慧

那天突然听说，白玉兰竟还有另外一个名字——望春花。我为之一惊，望春花，就是热切盼望春天的花吧！这名字给花赋予了人的姿态，好似一个白裙飘飘、肤如玉脂的少女，倚在门框，踮脚眺望着远方，盼春快来。

当三月初的霏霏阴雨过去，春天叩响了门扉，春光乍泄，望春花就迫不及待地开了，展现自己的热情和美丽。

树最顶端的花“占得先机”，捧着第一缕春光，开在了前头。柔软洁白的花在枝头舒展，远远望去像一只只停在枝头的白鸽。没过几天，春的气息愈发浓厚，望春花从上到下开满了整棵树。近看，它们每一朵花各开各的，并不簇拥在一起，每一片花瓣都素净、柔软、敦厚；远看，青白片片，白光耀眼，千百朵花聚合成一道壮观的花瀑。醇蜜似的春光倾泻下来，给花儿增添了几分神圣感。春风吹过，花树簌簌地回应着，花朵舒展得更开，仿佛在对春天开口笑，同时向世人宣告：春天来啦！

望春花在盛开的同时，散发出清幽的香气。没错，它们是有花香的。有许多花都开得鲜艳靓丽，却因没有香气而“减分”，如郁金香、海棠等。望春花的香，清淡而能远播，简单而沁人心脾，这应是大自然给望春花作为“春的守望者”的奖励吧！有一次，我发现一条花枝靠在我的窗上，仿佛是春天托望春花敲我的窗，告诉我她到来了。在我开窗的那一刻，香气便扑在我的身上，一场花的盛宴映入眼帘，我的心霎时溢满了喜悦和温柔，周遭一切都因此美丽起来。我喜欢这份春天的见面礼。

到了三月中旬，春光热情地洒满每一个角落，望春花却开始凋落了，宣告着它们“春的守望者”职责的结束。开花时，一齐争着开；凋落时，却是一瓣一瓣地落。春风吹过，花瓣加速离开树枝，发出簌簌的声音，像是在哭，大概它们舍不得好不容易才盼来的春天吧！

眼见着洁白的花朵慢慢枯黄，“零落成泥碾作尘，只有香如故”。这短短的一世已经结束，它们的退出，是为之后樱花、桃花等的盛开腾出舞台。尽管它们没有机会看到其他花朵在春光正盛时“疯了”一样开出成千上万朵的样子，但它们知道，迎来了春，便有万物生长、欣欣向荣，心愿也就达成了。

望春花即白玉兰，人们历来将兰花比作君子，玉兰又何尝不是君子？君子谦谦，温和有礼，有才而不骄，得志而不傲，居于谷而不卑。中国古代的巾帼英雄花木兰，花儿一样的名字盛开到今天，只因她那不输给男儿的刚强品格，那让人肃然起敬的家国情怀。瞧，望春花，白玉兰，这都是多么美好的名字啊！

有的人生也如望春花一样，尽管最美的时光十分短暂，但还是倾尽热情与真诚，灿烂地盛开，淋漓尽致地诠释“人生”二字，最后淡然退出，将舞台留给下一代。从花树下走过，我们为花开而欢喜，为花败而感伤。可是，花期明年还会有，人生却是一直向前不复返了。就凭这个，我们怎么能不珍惜时光，不认真生活呢？

第二课　摄取能力训练

课前引导

摄取，即吸收、吸取。在写作领域，“摄取能力”指的是作者出于写作的需要，向外界或向内心吸取营养的能力。这一“摄取”行为主要通过观察、阅读来实现，最后取得的成果也需要经过一定积累才能更好地为写作者所用。本课从观察、阅读、积累三方面引导学生进行摄取能力训练。

第一节　观　　察

上一课内容（“着眼生活”）提出了要以生活为文学创作的重要源泉，带着艺术的眼光来看生活，具体可从景、人与物、事、情四个方面入手，总体上以“生活”为中心，探讨文学观察的对象内容。在此基础上，本节将关注“观察”二字本身，将视角放在观察方法上，探讨“如何观察”的问题，属于方法论的内容。

一、“观察”的含义

鲁迅曾说过，要创作，第一须观察。观察的本义是仔细察看客观事物和现象。在日常生活里，我们不自觉地处于观察活动中，通过感官的捕捉以及大脑的反应来摄取信息、认识事物。以此为基础，写作观察是收集写作资料、进行语言表达的前提，是开展高质量写作活动的基础。

二、“观察”的方法

（一）观察概貌

从“总”“分”关系的角度，按照“总体—局部—总体”的思路有序开展观察活动。第一步，总体观察事物，建立起相对完整的第一印象。第二步，对构成事物整体的各局部进行分类观察，如对于一株植物，可从其根、茎、叶、花、果实、种子六大器官分别进行观察。在这个过程中，应注意观察顺序，把握各局部之间的联系。同时避免各部分篇幅一致，应突出重点，详略得当。

（二）观察层次

从“表”“里”关系的角度，按照“外在—内在—外在”的思路进行观察。在具体的观察活动中，倘若对象是人，则可分外部肖像与内在心理两层面，先观察其外貌，后深入其内心，再将其性格、人品等心理形象与外部形象进行有效的联系和结合，得出更高层次的观察结论。倘若对象是物，则可分形式与内容两层，同样内外兼顾、相互映衬。总体上，在分层次观察中要贯彻“见其外而思其内，得其里再择其表”的原则。

（三）观察进程

从“始”“末”关系的角度，按照“现在—过去—现在”的思路进行观察。从另一层面上看，即关注人、事、物有关起始、发展、结果的变化过程。这属于按照线性时间顺序来开展观察活动，在记叙类文学作品如叙事性散文、小说中十分常见。

（四）观察差异

从“此”“彼”关系的角度，按照“此物—彼物—此物”的思路，在比较中进行观察。这一对“彼”“此”关系，既能指两个及以上的不同事物，又可指不同阶段的“我”，分别具有共时性和历时性。在比较中找寻同中之异、异中之同。

（五）观察细节

从“点”“面”关系的角度，按照“局部—总体—局部”的思路进行观察，着重突出事物的细节。与前面“总体—局部—总体”思路里的“局部”不同，作为“点”出现的细节应当是具有代表性和典型性的，即能从中反映整体、概括全貌，处于特殊性与普遍性的矛盾关系之中。

三、观察的要求

（一）开放五官

充分动用人体的多种感知功能，从视觉、嗅觉、听觉、味觉、触觉等多角度全面开展观察活动。在描绘各种感受的同时，应注意相互之间的联系，形成“通感”。如朱自清《荷塘月色》里的“微风过处，送来缕缕清香，仿佛远处高楼上渺茫的歌声似的”[①]，将嗅觉和听觉相通，由幽香联想到渺茫的歌声。建立这种联想的关键在于抓住了二者的共同特征——幽微、飘渺，因此要实现“通感”，除了需要敏锐的感知能力，还需要较强的思维类比能力。再如张爱玲小说《封锁》中的“摇铃了。‘叮玲玲玲玲玲，’每一个‘玲’字是冷冷的一小点，一点一点连成了一条虚线，切断了时间与空间”[②]，将铃声视觉化，形容为一点点连成的虚线，营造出一种飘渺、空灵的感觉。

（二）保持态度客观

观察应力求客观，实事求是。客观性不仅是科学观察的必要条件，也是文学观察的重要要求。在记录观察结果时也应客观陈述事实，避免过多的评述性语言。汪曾祺在《天山行色》中写有一段观察记录：“南山是天山的边缘，还不是腹地。南山是牧区。汽

---

① 朱自清．朱自清散文选集［M］．天津：百花文艺出版社，2020．

② 张爱玲．倾城之恋［M］．北京：北京十月文艺出版社，2012．

车渐入南山境,已经看到牧区景象。两边的山起伏连绵,山势皆平缓,望之浑然,遍山长着茸茸的细草。去年雪不大,草很短。老远地就看到山间错错落落,一丛一丛的塔松,黑黑的。"[①]这样的客观描述有助于增强画面的真实性。

(三)注意思维的批判性

一个优秀的作者,在观察的同时总是会勤于思考、善于思考,在寻常的人、事、物中获得别人意想不到的发现,并及时写出了文章。在这之中,批判性思维至关重要,它意味着视角有创新性、独特性,能想到他人之未想。如周作人在《苍蝇》这篇小品文中,对大众印象中讨人厌的苍蝇做了另一番思考,着手写苍蝇受人喜爱的一面。如儿童常把苍蝇制成玩物,诃美洛思在史诗中赞美苍蝇的"大胆与固执",在日本俳谐中苍蝇"能表出温暖热闹的境界"。[②] 可见,批判性思维能使观察孕育出更多与众不同的内容,使作品出彩。

(四)形成观察笔记

在观察之后,还需要将收获的内容变成文字,形成观察笔记,避免思绪如浮云般悬而不实。记录观察笔记的过程,也是反思观察活动、锻炼写作能力的过程,有利于后期观察活动更好地开展。观察笔记可以形成丰富的写作素材,不仅可直接形成游记、观察日记等典型文本,还能融入散文、说明文等其他文体中,组成观察性、描述性段落。

第二节 阅 读

除了观察之外,阅读也是人类向外界摄取信息的重要渠道。阅读是一个输入的过程,有助于充实我们的大脑和心灵,开拓我们的视野和思路。在写作领域,阅读的重要作用不言而喻,正所谓"读书破万卷,下笔如有神",这句箴言道出了阅读对于写作的力量。本节将从写作角度具体介绍阅读的作用,并探究"如何阅读"这个问题,最后介绍实现阅读与写作、输入与输出结合的方法。

一、阅读对于写作的作用

(一)拓宽写作思路

从写作的"宽度"来讲,阅读具有拓宽写作思路的作用,落实到写作实践中的具体问题上,则可以说阅读能够解决"不知道写什么"的问题。不少人在写作时深感脑袋空洞,不知该写什么、从何下手,好不容易挤出来一点内容,却发现语言干瘪乏味,表达能力低下,文字所蕴含的信息密度极低。

这些问题的起因或许有两点。一是灵感的缺位。有时写作者脑海中积累了不少内

① 汪曾祺.人间草木[M].北京:北京时代华文书局,2017.

② 周作人.雨天的书[M].南京:江苏凤凰文艺出版社,2020.

容，但总是缺一点创作的“导火索”，因此不知如何下手。这时往往需要打开自己的感官，与周围的环境相感应，多多接收环境的刺激与启发，或主动对脑海中的素材进行反思整理，从中理出思路，为行文开头。二是素材的匮乏。素材积累过少，行文便晦涩艰难。这明显是“输入”程序出了问题，需要通过观察、阅读来解决。阅读对于拓宽写作思路，使创作者“有东西可写”具有重要作用。

（二）积累写作素材

阅读有助于写作素材的积累，是一种吸取营养的过程，能提高人的思想道德修养和科学文化素养。根据该过程中人们获取的素材类型不同，可以把阅读分为信息型阅读和艺术型阅读两部分。

1. 知识获取——信息型阅读

信息型阅读旨在从阅读材料中摄取信息、学习知识，是一种主要动用理性思维的阅读类型。人们出于学习、了解的需要而阅读广告、新闻、经济、法律类理论书籍，以及历史类书籍等材料便是信息型阅读。通过信息型阅读，写作者可以建立起一定的知识库、信息库，为写作实践提供基本素材。

除了上述阅读材料之外，读者若是出于学习文学史、了解某文学流派等需要而阅读文学作品，这也是信息型阅读。因此，阅读类型具有相对性，不以阅读材料来定义，而以阅读目的或阅读中收获的营养类型来定义。

2. 艺术欣赏——艺术型阅读

艺术型阅读主要发生在文学作品阅读的过程中，是一种以欣赏艺术、陶冶情操、获得审美享受为主要目的的阅读类型。与信息型阅读关注作品蕴含的客观信息量以及知识密度不同，艺术型阅读更关注作品在艺术方面的表现和成就。纵使文学与政治息息相关，文学常要承担为政治代言的使命，但对于文学创作者来说，理想中的文学作品价值更多在于其艺术性、文学性，而非政治性等其他现实属性。

艺术型阅读能够开拓人的视野。读者通过文字认识形形色色的人物，旁观他们波澜起伏的一生，并从中认识到人性的多面、情感的复杂，见识到世界的丰富面貌。这都在潜移默化中影响着读者对世界的认识，能够拓宽读者思想的宽度与深度。当读者变成写作者时，脑海中的人物故事不仅可用作写作素材，也能给予作者新的启发。

（三）学习写作技巧

阅读优秀的作品，可以跟随作者学习优秀的写作技巧，这是阅读带给写作者的另一种启发。写作技巧包括表达方式、修辞手法、叙述方法等多个方面。如欧·亨利的小说以设置悬念和布置意外结局为特色，总是在结尾揭示剧情的真相，给读者以惊喜，为小说增添了吸引力，这种特别的写作方式也造就了欧·亨利式的独特风格。写作者在阅读欧·亨利小说的过程中，若被这种写作方式所触动，则可以对其进行学习和采纳，适当应用到自己的小说中。

再如何其芳以《画梦录》《预言》为代表的散文集、诗集，对文字有极致的锤炼，以语言的诗性朦胧、含蓄幽深为特点，形成其特有的风格。他好用意象，采用象征主义手法，用极其精炼的文字表达幽邃的含义。写作者若在写作时想达到语言精致、表意含蓄深邃的目的，则可学习何其芳的这种写作手法，锤炼诗性的语言。

（四）增进写作深度

1. 提升思想境界

首先，阅读的过程是学习的过程，是与作者对话的过程。俗话说，“听君一席话，胜读十年书”，不少书是作者一生心血的凝练和一生经验的总结，当我们采取虚心学习的姿态进行阅读时，便是在向前辈求教。阅读哲学、心理学类书籍，我们可加深对人类思维、心理的认识，提升思想成熟度；阅读经济学、政治学类书籍，我们可以了解社会政治经济的运作规律，增进对社会的认知；阅读优秀文学作品，我们可以对人生与人性有更全面的观察，使心灵更加豁达宽容、意志更加强壮坚韧。

当然，要获得这样的提升，是需要下苦功夫的。且不说像《史记》《资本论》这样的鸿篇巨制，挥洒数万字，连读完都非易事；也不说《道德经》短短五千言却能论天下大道，被誉为“万经之王”，其高深难懂可想而知；就说古今中外的一般文学作品，写英雄故事、人间传奇，写命运坎坷、时代艰难，其蕴含的层次复杂多样，若只走马观花看热闹，不孜孜矻矻看门道，则很难将其彻底读透。面对金碧辉煌的文学宝库、繁荣灿烂的文学海洋，我们不仅需要一定的知识基础和较强的思维能力，还需要扎实的阅读功底，才能不做文学“门外汉”。

其次，思想境界的提升表现在思维深度的增加。之前写文章只能想到三步路，而经过一定的阅读积累和思维锻炼后便能想到七步路。例如，小说三要素包括人物、情节、环境，这构成小说的基本框架。有了更强的阅读能力、写作能力之后，便可从这三要素发散出去，想到主旨、题材、节奏、表达方式等更多要素，使故事形式更加新颖、情感更加动人。

总体上，这是阅读对于思维能力的训练。从宽度到深度，写作者的思维能力不断提升，对文章的架构能力更强，能于写作前构建文章的筋骨、掌握文章的节奏，其下笔时也将如有神助，语言飞扬、内容充实、行文流畅。

2. 提高写作标准

古人言“曾经沧海难为水，除却巫山不是云”，意为在见识到足够美好的事物之后，心灵受其震撼和浸润，再面对次于它的事物时就难以动心。这在阅读写作领域也同样适用。阅读积累达到一定程度后，人便具备了一定的欣赏能力以及批评能力，练就一双好眼光，可以辨别文章优劣，于众多作品中挑选精品。与此同时，人对自身的写作要求也将随之提高，有意识地向优秀作家靠拢，这便是为什么人们倡导阅读既要“好读书”，更要“读好书”，跟随一流作家可以学习一流的思维方式和写作方式。

“三人行，必有我师焉”，优秀作品是值得学习的，但并不意味着都是完美的，其中也难免有疏漏之处，这是作者自身的缺陷造成的。在阅读的过程中，需要“择其善者而从之，其不善者而改之”，借鉴他人作品，对自我进行反思，察觉自己的优点和不足，在学习中进步。

二、如何有效阅读

上述内容强调了阅读对于写作的重要意义，广泛的阅读是写作前准备活动的重中之重。但只追求阅读的数量是不够的,阅读的质量更为重要。在大量读书的同时,我们需要知道如何有效阅读,即如何让所读之书发挥作用,尤其是在写作领域发挥作用。

(一) 掌握阅读技巧

阅读技巧可谓阅读方面的方法论,是为实现有效阅读而采用的具体方法。要获得阅读技巧,既可以采用间接获取法,从阅读实践中进行总结,根据自身阅读体验总结出适合自己的阅读方法;又可以采用直接获取法,阅读相关工具书,如美国作家莫提默·艾德勒、查尔斯·范多伦所著的《如何阅读一本书》,学习前人总结的阅读经验。但在掌握阅读技巧之后,还要注意应用到阅读实践中去,让所学技巧真正融入自己的头脑。具体来看,读书时要眼到、口到、手到、心到、脑到。

"眼到"是指注意力集中,目光专注于书本,全神贯注地阅读。但这并不意味着全篇都要逐字逐句阅读,除了文章的重中之重需要认真注意,其余部分可以用速读、跳读法,让眼神在关键词之间跳跃来把握文章大意,以追求阅读效率。

"口到"指的是部分读物需要用声朗读。如诗歌,诗歌的创作讲究韵律,旧体诗的平仄格式和押韵规则尤其严格。到了现代,闻一多在《诗的格律》中提出,新诗有"建筑美、绘画美、音乐美",主张诗歌从押韵、节奏等听觉角度追求和谐悦耳,诗歌的语音形式同时应与诗人的情感相配合。因此,诗歌朗读满足了诗歌创作的潜在要求,既能发现诗歌在音乐美上的亮点,又能更好地把握诗歌的感情、体会诗人的情绪。除诗歌这一特定体裁外,不少文学作品也因其语言优美或生动而应当出声朗读。老舍在《我怎样写〈骆驼祥子〉》一文中提到,他在写小说时有意识地采用平易的语言,并向小说中增添了"许多北京口语中的字和词",这样便可以"给平易的文字添上些亲切、新鲜、恰当、活泼的味儿",连老舍自己都说"《祥子》可以朗诵。它的言语是活的"。[①] 朗诵无疑是对作品的另一种"走近",能进一步体会作品的风格、情感。

"手到"指的是阅读与记录相结合,在阅读时随手圈画文章重点,熟练运用多种圈画符号,但切忌全篇划线导致重点迷失。同时,还应养成写随笔、读书笔记的习惯,一是对文章重点句子进行摘录,二是对阅读中自己产生的感想、心得进行记录,能有效加强对所读内容的记忆。最后,圈画的重点、抄录的句子、随笔和读书笔记里的文字,应当定期回顾和温习,既有助于巩固记忆,又有助于在回味中产生新的想法。这里便引出了阅读与思考、感悟的结合。

"心到"指的是阅读要用心。一是阅读时要一心一意,将"心思"放在书本上。二是阅读时要保持心灵的敏感,生发较强的察觉能力,觉知到书中人物、作者以及读者自己情感的变动。这需要一定的感悟能力和共情能力,需要读书时尽量保持内心的坦然与宁静。

"脑到"指的是阅读时要思考。《孟子·尽心下》提到"尽信《书》,则不如无《书》"[②],告诫我们不要迷信书本,不要对书中内容全盘皆收。这意味着在阅读中要有辩证思考的自觉,学会对书中内容进行辨别和质疑。这类似于一个与作者对话的过程,在了解对方思想的同时,察觉自己思想与对方的异同,勇敢地质疑和反思,反思同样能够推动思

---

① 老舍.又是一年芳草绿:老舍散文[M].北京:北京联合出版公司,2015.

② 孟子.孟子译注[M].杨伯峻,译注.北京:中华书局,2019.

路的前进。书中的内容因为读者与作者思想的碰撞而呈现出别样的意义，而正因留下了思考的痕迹，读者也加深了对内容的记忆。

（二）转变阅读心态

1. 主动阅读

主动阅读意味着发挥读者在阅读中的主观能动性，是被动阅读的相反面。在主动阅读时，读者应有意识地唤醒自己的思维活性，经视觉接收信息，并在大脑、心灵中快速消化信息，最终得出自己的反应，而非关闭思维，对书中内容不假思索地全盘接收。

要做到主动阅读，就要明确自己阅读的目标。进行信息型阅读时，目标是获取信息、学习知识。进行艺术型阅读时，目标是陶冶情操、获得艺术欣赏感、提升审美水准。在信息型阅读中，要注重思维的运转，读者应当有意识地将目标细化，确定期待接收的信息类型，甚至提前设置好问题，以便在阅读中寻找答案。如何设置问题，可参考莫提默·艾德勒、查尔斯·范多伦所著的《如何阅读一本书》。该书给出了较为科学的建议：主动阅读的基础在于阅读前提出四个问题，一是这本书整体上在谈什么，二是作者详细说了什么、是如何说的，三是这本书说得是否有道理，四是这本书与你（读者）有何关系。[①] 带着问题去阅读，能在阅读中有意识地动用大脑思考，对书中内容进行自觉的深入分析，从而加深对内容的理解、记忆。

而在艺术型阅读中，读者应主动把感觉、感受置于阅读的第一位，通过语言去体会作者的情思。如通过“在康河的柔波里，我甘心做一条水草！”（徐志摩《再别康桥》）去感受诗人对康桥的感情的炽热、绵长；通过“我只愿面朝大海，春暖花开”（海子《面朝大海，春暖花开》）去感受诗人对幸福的向往与希望；通过“我如果爱你——绝不像攀援的凌霄花，借你的高枝炫耀自己；我如果爱你——绝不学痴情的鸟儿，为绿荫重复单调的歌曲”（舒婷《致橡树》）去感受爱情中人格的平等与尊重，于温柔缠绵的细语中体味作者对于爱情的真挚与坚定。在这些文学作品中，艺术本身的光芒得以绽放，我们应当打开自己的心房，主动感知那或细腻绵长或炽热强烈的情致。此外，在诸多展现生活情趣、人生哲理的作品中，我们也应当有自觉的思考，对作品进行更深层次的认识和理解。老舍在《怎样读小说》中写道：“世间恐怕只有小说能源源本本、头头是道的描画人世生活，并且能暗示出人生意义。”[②]在此类作品中，我们可以他人命运为借鉴，产生对自己人生的思考，从中吸取有益于生活、写作的养分。

2. 从写作者的角度阅读

前面有关阅读的作用和阅读技巧的叙述，未能具体区分阅读者是“读者”还是“写作者”。在潜意识里，我们基本上把阅读者称为“读者”。但以此为基础，在“读者”之上可以诞生“写作者”。这种诞生方式有两种解释：

第一，从文学的二度创造方面来讲，二度创造是指读者在阅读文本的过程中进行的有别于作者所进行的首度创造的再创造活动。如曹雪芹写成了《红楼梦》这一文学巨著，该书蕴含着广阔而丰富的含义，在后世流传中被读者阅读和欣赏，并被发掘出一层

① [美]莫提默·J.艾德勒，查尔斯·范多伦.如何阅读一本书[M].郝明义，译.北京：商务印书馆，2014.

② 老舍.老舍散文[M].天津：天津人民出版社，2018.

层深刻的意蕴。在其含义得到挖掘和理解之时，这个作品才算真正完成，甚至有所成就，而这一过程恰是由作者和读者共同完成的，读者对该作品进行了二度创造（再创造），于是此时的读者也担任着写作者的角色。这说明读者在阅读作品时要大胆地对作品进行理解和挖掘，思考、探索作品的多层次含义，这也是发挥主动意识的一种表现。

第二，从阅读状态方面来看，“读者”身份强调一种接收状态，而“写作者”身份则强调产出状态，深具创造力。“写作者”以“读者”为基础，但是比后者多了一层“文学创作的眼光”，即从文学创作的视角来阅读作品。在第一课中介绍过，“文学创作的眼光”意味着以创作为目的对作品、世界进行观察，其间有一种创作的自觉意识贯穿始终。这是发挥阅读主动意识的另一种表现。要注意的是，这在写作领域并不局限于“文学”的创作，其他方面如戏剧、影视剧剧本的创作也在此范围之内。

当读者有意识地向文学创作靠拢，其身份便转换成了写作者。从写作者的角度阅读，意味着其在阅读中将主动对作品进行写作专业方面的审视和剖析，就像专业的影视摄像工作者在日常观看影视节目时会自觉观察其在运镜等专业方面的表现，而非只关注节目内容。写作者在阅读时，对于作品，从结构到写作手法都要进行专业上的凝视，主动学习作者优秀的写作技巧，于潜在中做到主动阅读，有助于从阅读中发现新意、学到新知识。

第三节 积 累

文学创作水平的提升离不开长时间的积累，一方面要在观察和阅读中积累写作素材，另一方面则要在写作实践中锻炼写作能力。把二者搭配起来，才能更有效地促进写作水平的提高。

一、积累的力量

《文心雕龙·知音》言：“凡操千曲而后晓声，观千剑而后识器。”①意为做任何事情都需要大量的练习与积累，方能有所成就，使量变成为质变。这句话在写作领域同样适用，古往今来，大部分著名的文学家、作家能创作出优秀的文学作品，都离不开其长期的观察、阅读和写作积累。

如西晋文学家左思在《三都赋》总序中写到“余既思摹二京而赋三都，其山川城邑则稽之地图，其鸟兽草木则验之方志”②，表明他为了描绘出魏都、蜀都、吴都的草木山川、民风民俗等面貌，特地查阅了地图和方志等地域资料。在收集大量素材、资料之后，左思便奋力写作，家中各处都存放着笔墨纸砚，随时随地可以进行书写。后经过反复修改、用心雕琢，《三都赋》才终于面世，而这前后用了十年时间。人们争相抄写，一时洛阳纸贵。另外，再如当代作家林奕含，其作品数量不多，但凭一本《房思琪的初恋乐园》一鸣惊人。林奕含从小喜欢阅读，有较好的文学基础，却在童年时遭受了自己老师的诱

① 刘勰．文心雕龙注（上、下）[M]．北京：人民文学出版社，1958．

② 萧统．昭明文选[M]．北京：民主与建设出版社，2021．

奸。在那之后，她疯食书本、暴写文章，只为练就足够出色的写作能力，将这段故事用最优的方式讲述出来。

二、积累的方法

“不积跬步无以至千里，不积小流无以成江海”，写作能力的培养离不开积累，积累应当贯穿观察、阅读、写作的整个过程。因此，积累可分为写作素材积累和写作能力锻炼两个阶段。

（一）写作素材积累

首先可以按积累路径来划分，素材积累可通过观察、阅读两种方式进行。前面已详细介绍了通过观察和阅读来积累素材的方法，这里不再赘述。

其次可以按素材类别来划分，即在积累素材时有意识地对素材进行整理、分类。对素材进行处理有利于在写作中更好地消化、运用素材。素材类别可以分为地域、题材、对象、表达方式四个方面。地域可分为本国和外国、城市和农村；题材可分为故事传奇和人生哲理、科学知识和心灵情感；对象可分为人、事、物；表达方式可分为记叙、描写、抒情、议论、说明五种方式。素材类别多种多样，有丰富的划分标准，因此可根据自己的兴趣进行划分，创建有个人特色的素材库。

（二）写作能力锻炼

为使观察、阅读的努力都变得有效，接下来写作者要做的，便只有一个“写”字，即将先前的积累落实到纸面上。正如林奕含“疯食书本”“暴写文章”，写作者在写作面前应该有这样的魄力和韧劲，有这种在写作中刻苦历练的决心。这种对写作的热爱与信念，构成长期写作训练的心理基础。

那该如何写呢？一是随时随地写，养成记录灵感、积累好词佳句的习惯，因此可利用好笔记本、手机便签等工具，将出色的写作片段保留下来。阅读时还可以在书页空白处写下随笔，或是写成读书笔记，将阅读与写作相结合。二是要坚持不懈地写，写日记不失为一种锻炼写作能力的好方式，即使是简单记录每天发生的片段，也能逐步培养文字运用能力。

课后写作练习

1. 请运用具体的观察技巧，把握观察要求，用文字描绘你所观察到的人或事物。

木　匠　工

孙恩惠

爷爷是个木匠。平日里除了和人交谈或吃饭能见到他张嘴，其他时间里见到他，只是一张沧桑而有神的古铜色的脸。简单的庭院里除了堆着杂七杂八的木料，剩下一块不到十平方米的落脚的地方，用来摆放那张陈旧的做活儿的木桌。

爷爷是个打老式家具的好手，他的手艺在几个村子里都是出了名的。当年在商品市场还未完全开放的情况下，哪家哪户要添新家具，都会从自家树上砍下来一些木料，风干后送到几个手艺精湛的木匠手上，木匠们自然要拿出看家本事为主家打造一套结实好用的家具。也有些有钱的主家直接买来木料，请最好的木匠到家里做活儿，爷爷是常被人请去的一个。

爷爷在年轻的时候，就开始学木匠活儿，后来也是靠这门手艺成家立业的。几把平曲面刨子，两个尖嘴平嘴凿子，三四条大小各异的锯子，再加上直角三角形的量具，是爷爷做活儿可使的宝贝。长长短短的木料，经刨子一刮，薄薄的木花满院飘散，一块平滑光润的木料就接受完第一步的修磨。接着就是用凿子凿出不同木具的基础线条。爷爷运凿时，就像让凿子走路似的，两个方角呈“之”字形运到准确的位置。墨斗是一个弹线工具，以一斗型盒子贮墨，线绳的一端穿过墨穴，另一端有个木型的小钩。椺线是个技术活儿，爷爷把全身注意力集中在手中的墨线上。右手先把墨斗的定针固定在木料的一个端点，左手放松轮子拉出沾墨的细线，拉紧靠在木料的表面上，再用右手捏墨线垂直于木面向上提起，即时一丢，就弹出一条又明显又笔直的墨线。爷爷使锯子也有一手，将木料放在长板凳有把手的那一头儿，上脚踩住以免滑落，手脚一同用力，但也不是用蛮力，而是根据墨线的走向灵活换力。参差不齐的锯齿与木料摩擦发出“刺啦刺啦”低沉的声音，木屑不时从锯缝中散落。而后，牵钻、大锛和羊角锤的登场使死气沉沉的木具顿时活了起来。

一件精巧的老式家具的收工，足以看出老木匠出神入化的技艺。在木匠眼中，手上的木料和器具已不只是一种营生，而是一种艺术了。他们的身体与木头、木具融为一体，木具凿出精致的木头，也凿出了木匠的心性。

我在村里上完小学后，父亲告诉我，小学的桌椅是他跟着爷爷一起做的。我忽然觉得，小学教室里那些双人木桌、凳子是那么亲切，它们在岁月轮回中送走了一届又一届学生，被各种刀具划得斑驳不清，旧得发黄发黑，却依旧透着淡淡的古朴的木香。

过去，木匠、铁匠等手工艺人用他们精湛的技艺为传统生活增色。随着农耕时代的结束，社会进入工业时代，一些老手艺人、老工匠逐渐淡出了人们的视野。我的父亲从爷爷手中接过手艺后，继续着木匠的工作。但时代变化早已进入乡村，人们在城镇化生活中渐行渐远，像父亲一样的木匠也早已被人遗忘。爷爷那套看家手艺再也难以传递给下一代了，这些凝聚着古人智慧、凝结了无数木匠心性的乡村传统手艺该何去何从……

古 墙

韦超议

城东的小巷子里有一堵墙，前后十几米长，约莫五米高，墙身由形状不一的石头砌成，上面长满了青苔，石缝间还有些不知名的野花、野草探头，一副破败的样子。听附近的老人们说，这是一堵古墙。

古墙在小巷子里伫立了许多年，没人知道这里怎么会留下这样一堵墙。它孤零零地立在巷子中间，在巷子两头新起的房子中显得格格不入，本就不宽的小巷被它分割得更加狭窄、幽长，像是被什么东西挤过了似的。下雨天，人们经过那段被“挤”的路时，都得避到另一边民居门口的台阶上，以防被疾驰而过的自行车溅上泥点。因着这一点，过路的人们对古墙都或多或少有些嫌弃。

关于古墙的来历，有人说这是古代的城墙，经过多年的风雨，别的墙都被毁了，唯独它被保存下来。这种说法给古墙添上了几分神秘的气息，原来这堵又破又旧的墙在古时候竟是守城的城墙，或许还曾有巡逻的士兵在墙边走过，也或许墙头上还曾发生过激烈的厮杀。人们的想象漫无边际地扩展，古墙的形象一下子高大起来。同时，这种说法也得到了大多数人的认同，其中一个有力的佐证便是小巷的名字。古墙所在的这条小巷名为“城门渡”，具体是哪个“du”字无从得知，但既然有“城门”二字，那么古墙应当就是古代的城墙了。

城门渡是城东居民们心中的“交通要道”。早年间，巷头那边的街区更为发达，学校、医院、菜市场等大都建在那边，巷尾这边的人们要想过去，最便捷的通道便是城门渡了。那时的城门渡从早到晚都是热闹的。早上，太阳还没从云层中透出光亮，便有成群结队的学生嬉笑打闹着从巷子里穿过，到了古墙跟前，学生们不得不放慢脚步，排成长条形的一队，过了墙，又聚作一堆，热热闹闹地走了。太阳升起后，便有去买菜的大妈大婶，拎着布袋子，一边扯着东家长西家短的闲话，一边从巷子里走过，巷口也有菜贩子挑两担新鲜的小菜张开了嗓子吆喝，城东最正宗的那家石磨豆腐摊也早早支了起来，卖菜的人和买菜的人每日在这里重复上演着“拉锯战”，巷子两头的店铺也陆续开了张，古墙周围这一片地方进入了一天之中最热闹的时光。下午，巷子两头的小吃店、面条店都敞开了大门，搬几张桌子、凳子出来，几个闲着没事儿的大爷大妈往桌边坐，再摆上一副牌，便可消磨一下午的时光。到了晚霞漫天的时候，便陆续有孩子背着书包互相吵闹、推搡着跑回家。再晚一些，巷口的路灯下便会聚上几个家长，一边闲聊，一边等着接上晚自习的孩子。若是夏夜，还会有人坐在门口的凳子上纳凉。直到月上中天，小巷才渐渐重归寂静。

后来，城中心扩张，巷尾那边也渐渐发展起来了，人们想买东西不必再经过城门渡。小巷周围一座座高楼接连拔地而起，就连巷子里居住的人家也将屋子翻了新。古老的、破败的古墙在高楼的包围下越发显得格格不入，像一群青春靓丽的姑娘中间挤进了一个没牙的老太太，看起来颇为滑稽、可怜。但即使如此，也有不少人仍爱到城门渡来，在巷口的小摊上切上两方正宗的石磨豆腐，买上两把小菜，和相熟的老邻居们闲聊两句，然后乐呵呵地回家。古墙上一年四季常绿的蕨类、青苔将斑驳的墙面装点出几分生趣，墙周围的吆喝声、讨价还价声、闲聊声汇成一支市井独有的旋律，岁月就在这幅烟火人间的画卷上缓缓流淌而过。在城东这片居民心中，城门渡就是他们最熟悉、亲切的回忆，周围的楼再高、房再新，也抵不过古墙底下这一小块儿“破地方”。

可是现在，这块“破地方”就要被拆了。有消息说，要在附近建一座“古镇”，打造文化旅游城市，城门渡这一带的建筑，尤其是那堵破败的古墙，影响了城市美观，要被拆除了。消息像长了翅膀似的扩散开来，这两天城门渡来来往往的人们大多都在谈论这件事儿，有说支持拆的，也有不赞同的声音。

“拆得好，这片儿早就该拆了，拖到现在。”

“乱说，这古墙能随便拆吗？这么多年都留下来了，就这么拆了？”

“可现在不是要建古镇吗，这墙留在这儿确实不像样。”

“古镇还有建的？”

“现在不都这样嘛。”

议论的声音很多，人们谈起这些事儿时，都带着或新奇或疑虑的目光。但古墙要被拆这件事儿，似乎是板上钉钉了。城门渡附近的一大片地都被围了起来，挖掘机昼夜不停地工作，原来的民居很快被夷为平地。没了民居的遮挡，古墙就那么萧瑟地立在那里。在夕阳的余晖下，古墙像一位风烛残年的老人，沉默而安详地等待着它的命运。

2. 请阅读一部你感兴趣的文学作品并写下感悟。

已识乾坤大，犹怜草木青

——读《生活，是很好玩的》有感

罗子祎

暑假有幸读了汪曾祺《生活，是很好玩的》一书，令我印象最深刻的是关于栀子花的一段。栀子花因香味浓郁，为文人墨客所不喜，汪老的栀子花却说："去你妈的，我就是要这样香，香得痛痛快快，你们他妈的管得着吗！"

不少人认为汪老把优雅芬芳的栀子花说得太过粗鲁，而我却认为，这样的粗俗热辣，正是汪曾祺散文的一种真实鲜活的美。汪老的文章，是一碗温醇的俗世佳酿。

汪老写菜市场："……我宁可去逛逛菜市场。看看生鸡活鸭、新鲜水灵的瓜菜、彤红的辣椒，热热闹闹，挨挨挤挤，让人感到一种生之乐趣。"

菜市场和高雅基本毫不相关，一般人只会联想到鸡毛蒜皮与油盐酱醋，甚至有"穿不完的地摊货，逛不完的菜市场"的嘲讽之语。然而汪老的菜市场鲜活热辣、生机盎然，令人神往。人生纵然需要九天揽月摘星的飘渺脱俗之狂想，可是又怎么能少了真实的世间百态之品味呢？

世人对平凡普通的生活缺乏兴致，而汪老却独具慧眼，善于观察和发掘生活的美，他一路走着，看着，欣喜着。在汪老笔下，平常的一草一木、一饭一粥、一人一事、一字一句，处处都透着人生的趣味。

他在安徽黟县参观古民居，见到一家里一棵天竹果实累累，感叹道："结了那么多果子，简直是岂有此理！"你看，这个"老顽童"，对于再普通不过的天竹，也可以发现不一样的新奇，惊讶道"岂有此理！"

汪老言："最要紧的是对生活的兴趣要广一点。"他本人可谓身体力行，爱好是"写写字、画画画、做做菜"，广泛却又极其细腻地描绘着生活的一点一滴。那些我们曾经忽略、漠视的近处的美好，都在汪老娓娓道来的文字中一一展现。只有以赤诚童真之心观察世界，才能有如此妙笔。

在战火纷飞的西南联大时期，常有飞机轰炸、警报长鸣，如此灰暗的记忆在汪老笔下却别有一番风趣，《跑警报》危机四伏的场景也有了"丁丁糖""炒松子"的动人香味，甚至还有关于师生们的浪漫爱情，这实在让人不能不佩服汪老的乐观幽默。

在以前的年代，如西南联大时期的危险与风波并不少。实际上，汪老颠沛流离、一生坎坷，曾经两次被划为右派，下放劳动。"我觉得全世界都是凉的，只有我这里一点是热的。"只一句话，汪老轻描淡写地概括了一生的挣扎与苦痛。

与现实相反，在他的文章中，不见伤春悲秋、多愁善感，只见风花雪月、人间琐事。他试图用温柔质朴的文字，描绘世间的种种温情，写出今人没有的慢与闲。汪老说："我们有过各种创伤，但我们今天应该快活。"

读汪老之文，仿佛那些战争、硝烟都远去了，都是上辈子的古老旧事，已化为了阳光下的泡影，所拥有的只有今天孩子们红彤彤的笑颜，只有弥漫着醇厚酒香的人间俗事。这一生的沉浮，只留下了生动有趣的"吃喝玩乐"，成为一个老人坐在摇椅上的恬淡回忆。我想，泰戈尔的诗便是他最真实的写照："世界以痛吻我，我却报之以歌。"

汪老的文字质朴平实，连接着生活的细枝末节，却蕴含着深沉的历史文化。各种诗词典故在他的文中俯拾即是，却并不让人感觉到卖弄清高。

捏着一棵薤，汪老能想到汉代挽歌《薤露》："薤上露，何易晞，露晞明朝更复落，人死一去何时归？"薤叶上挂不住露水，易"晞"掉，就像人命的短促。下放改造的经历反而成为汪老用之不竭的材料来源，在劳动过程中他竟神奇地跨越千年，与古人思想相融汇。"中国最后的士大夫"之名，实属汪老。

汪老常描绘民间习俗与身边趣事，像是一位和蔼的长辈与人幽默随和地谈着旧人旧事。童年时祖母一辈子用来舀炒米的柚子皮、西南联大女同学看书时啃的脆萝卜、高邮故乡的红油咸鸭蛋……

在汪老的笔下，草木饭粥都不仅仅是事物，而是有情的。有了人情世故的浸染，就连普通的"腌咸菜"也变得酸爽可口了。正如美好的童年与故乡，成就了高邮鸭蛋的"曾经沧海难为水"；水果店里伴随着初恋味道的果香，也使人永世不忘。从某种意义上来说，蕴藏在琳琅满目的"吃喝玩乐"背后的，是对社会生活百态的记录与思考。

汪老描写的不只生活的善与美，还有对恶与丑的揭露和鄙夷。"老顽童"表达喜恶也很直接，从不拐弯抹角："我不喜欢那种口不臧否人物，绝不议论朝政，无爱无憎，无是无非，胆小怕事的离退休干部。"在《背东西的兽物》中，他将搬运工称为负之兽，"是一种超乎明暗的浑沌，一种没有限界的封闭"，明确表达了对浑浑噩噩、逆来顺受观念的批评。他通过描写憎恶者的形象，表达了对底层人民的怜悯，反映了当时社会的弊病。

"好玩"，时常会让我想起另外一位伟大的思想家庄周。然而，对于"现实"的思考，汪老和庄周却天差地别。面对人的生存困境，庄子以故意的玩世不恭态度来寻求人生痛苦的解脱，这种戏弄姿态实际上是一切皆不在乎，以轻视现实来逃避矛盾。汪老也爱玩，然而在汪老的"玩"中，却包含着对社会现实的关注、思考与呼吁。庄子渴求绝对自由，而汪老却在追寻和释然中达到了相对自由，在平淡如水的文字中怡然自乐地赏花鸟鱼虫，嬉笑怒骂看世间百态。

《生活，是很好玩的》一书中所有的事物是有温度、有色彩的。在干净耐品的文字中，在静静沉淀的岁月中，我默默地带着汪老所给予的力量前行着。它让我不再眺望，学会了珍惜生活的平静安宁。我想，正如汪老仙逝前念念不忘地说"我要喝他一杯晶明透亮的龙井茶"，我也将永世不忘这碗醇厚的人间佳酿。

读《十八岁出门远行》有感

张惠娴

十八岁，对于每个人的意义都十分重大。人们常说，到了十八岁，你就蜕变成一个大人，得学会成熟，学会独当一面。古时女子十五岁及笄、男子二十岁行冠礼以示成年，现今，人们眼中合格的成年人应该是什么样子？仿佛没有确切的答案供人参考。可是，不管愿意与否，十八岁的我们，终将要独自远行。

余华在《十八岁出门远行》一文中，描绘了一个刚满十八岁的男子独自出行所遭遇的磕磕绊绊。十八岁的他，第一次直面所谓成人世界的残酷——被欺骗、被暴力、被抛弃，起初的意气风发与赤诚之心被无情践踏。十八岁之前的我们，在父母营造的舒适圈中安安稳稳地一路成长，没有经历过太多的大风大浪，没有独自体验过社会的人情百态;一旦走出了这个舒适圈,种种前所未有的压力接踵而至,眼中的世界也变得不那么纯粹。以往所建构的价值观、所学的行为准则应用于成人世界之中,并不是无往不利的,有时反而会进退两难。以诚待人,非但没有投桃报李,还被质疑别有用心;仗义相助,没有叫好喝彩,有的只是冷眼旁观和对自不量力的轻视。种种经历,给书中十八岁第一次独自出门远行的主人公当头一棒,同时也让读者陷入深思。

伴随着长大,烦恼似乎越来越多,且越来越难以解决。儿时的我们,再多的忧愁烦恼,只要一根棒棒糖、一个小小的玩具便能及时获得宽慰。小小孩童,不知天高地厚,无忧无虑地在自己的世界中横冲直撞。长大后,恍然间顿觉滑梯不再高大,糖果不能止泣,动画不够诱人,想要做一件事情却充满了很多的顾虑。这一刻,终于清清楚楚地认识到,那天真无邪的童年时光终究是回不去了。常常会感慨于这样的画面:一身正装的职场人士艳羡地看着身着校服的学生们嘻嘻哈哈地打闹。学生们身上,似乎总是充满着蓬勃朝气,如春日晨曦、冬日暖阳,给人间带来无限活力。这种景象,是难以在步入职场、步入社会多年的人身上看到的。难怪人们总是长叹,青春一散场,便不再能温柔岁月、惊艳时光。

幼苗终要长成参天大树,雏鹰终要展翅遨游天际,曾经的一个个小小少年,终将要变成顶天立地的大人。到了十八岁,不会再有人像教幼儿蹒跚学步般手把手地告诉你怎样做一个合格的成人。我们眼中的大人,也是从他们初长成时一路摸爬滚打,任岁月磨平棱角,以更加圆融地应对繁杂、洞悉世态。前人如此,后人亦如此,每个人都要经历来自社会、来自工作、来自生活的磨炼。只不过,在此过程中有的人成了金子,众人敬仰;有的人却成了大浪淘沙后不起眼的沙砾,无人问津。

要想成为闪闪发亮的金子,以下几点不可或缺。一为能力。有了能力才更有准备,才能更有自信地去应对挑战。人们常说,机会是留给有准备的人,那么只有具备一定的能力才能称得上有了准备,才会不错失到手的机会。兴许有了能力不一定会达到你想要的高度,但是没有能力连想要的成功都没资格说出口。二为努力。成功的人不会是一成不变的,他一定会努力为自己的能力增值,精益求精。有充分的知识储备,而又一直在学习路上的人,才足以为人所叹服。三为忍耐力。能够忍别人所不能忍,容别人所不能容。遇到挫折不退缩、不放弃,又有足够的胸怀海纳百川,这样的人无论放置何处,都能够如鱼得水、运转自如。四为上进心。有了上进心,做事情时才有动力去施展拳脚,才能更好地看清自己的目标。人的一生,总要如茶叶般先经历争先往上的浮游,而后才有沉淀下来的精华,不能一开始就自甘于沉落杯底,浪费一身本领。

愿十八岁以后的我们,都能不负韶华,有敢于做梦的勇气,又有勤于实现梦想的信心。待蓦然回首,皆是灯火阑珊,耿耿星河。

第三课　思维能力训练

课前引导

在通过观察、阅读、积累等方式收集了写作材料之后，写作者便要经思考对材料进行加工，整理出写作思路，并选出合适的表达方式将所思所想呈现在纸面上。因而，写作能力训练的背后，是思维能力的训练。人类对思维能力的关注有悠久的历史和丰富的体系，涉及多个领域，而本课重点从写作领域出发，探究写作对思维能力的要求，总结写作方面思维加工能力的训练方式。

第一节　思　　维

写作能力训练的背后，是思维能力的训练。本节聚焦思维与写作的关系，重点探究思维能力在写作中发挥的作用。

一、思维能力的概念

人的智力主要由知识结构和思维能力所构成，思维是智力的核心。人类思维的特殊性，使之具有抽象、概括、分析、综合、比较、类比、归纳、演绎等多种能力。能力是一个标示程度的范畴，思维能力是标示思维发展程度的范畴，是思维发展程度的标志。

二、思维能力与写作

（一）思维是桥梁

在写作前，我们或由眼前之物引发心中之情，进而诞生创作念头，或从手边素材酝酿推敲，炼出一道主旨大意，这是一个由物取意的过程；在写作中，我们将思想情感倾泻于纸面上，形成意蕴丰富的文字，或议论或抒情，使自己的“意”得到了表达，这便是一个由意至言的过程。而要使物、意、言三者建立联系，离不开思维的作用。思维可以传导信息与情感，并对之进行整理和加工，甚至通过联想、类比来与其他事物建立起联系。从物到言的传递，关键在于用思维搭建桥梁，使整个行动得以推进下去。

（二）思维训练与写作水平提升

写作能力训练归根结底是对思维能力的训练。有了更强的逻辑能力，语言表达和故事编排能更通顺、清晰；有了更强的思维深度，运思炼意将更深刻、高远；有了更广的思维宽度，谋篇布局则将愈发全面、细致。因此，写作前积累丰富的素材还不足够，关键是如何把“好牌”打响。唯有锻炼起强大的思维能力，才能学会对脑中素材进行优化加工、调整，运筹帷幄，最终形成清晰智慧的文章结构、生动可感的文章内容以及贴切漂亮的文本语言。

第二节　思维能力训练的方式

根据第一节介绍的衡量思维能力的八个基本方面，即抽象、概括、分析、综合、比较、类比、归纳、演绎，我们可知，思维能力整体是一种网络化、体系化的结构，由多个节点构成。进行思维能力训练，可以从各节点分别切入，开展针对性训练。同时，由于八个方面之间是相互交叉、有所重合的，因此要注意各节点之间的联系，尤其可以对多节点进行梳理、总结、概括，找出八个方面间的共同点，即基础思维能力。

一、逻辑思维

（一）逻辑畅通，思维连贯

“逻辑通顺”是写文章的基本要求。作者要在表达过程中使用概括、分析、归纳、演绎等方式，使文章的上下文间建立起清晰的逻辑关系，使内容前后连贯、合乎思维的自然规律，且相互不矛盾。如在记叙文中，应当把事件的来龙去脉介绍清楚，前因与后果相互对应。在议论文中，应当有理有据地论述论点，且论据之间相互关联、上下承接。这是对写作者逻辑思维能力的考验。文章一旦缺少逻辑，便会前后驴唇不对马嘴，文章内部也会出现突兀、矛盾的情况，这既阻碍了作者自我思想的表达，也对读者阅读造成了困难。

（二）如何提升逻辑思维

1. 模仿优秀的文章逻辑

对优秀的文章逻辑进行学习和模仿，是改善自己文章逻辑水平的最简单、最基础的方式。学习方式包括分析法和综合法。分析法指的是从文章主旨出发，从上往下推理出文章每一段落在意义和结构上的地位，理清文章内部段落间的关系。综合法指的是从文章每一段落出发，概括段落大意，最终将其综合起来，归纳出文章的主旨。在这个过程中，我们可以模仿写作者的写作思路，学习其在逻辑安排上的先进之处，锻炼自己的逻辑思考能力。这一方法不仅适用于单篇文章，对于大部分书籍、儿童剧剧本、影视剧剧本也同样适用。这总体上体现了一种系统性思维，把文章与内部段落分别看作系统与要素，逻辑思维的用处便在于合理处理系统与要素的关系，使之清晰且和谐，各要素内部之间也因逻辑要求而有前后连贯、上下传承或转折等多样联系。

2. 学习逻辑思维技巧

只学习他人的文章逻辑还不够，还应从根本上对自己的逻辑思维能力进行锻炼。

逻辑思维的锻炼可被细化成分析、综合、归纳、演绎等具体思维能力的提升，并借助学习具体的逻辑思维技巧来实现。较为经典的思维逻辑理论（模型）有金字塔原理、三段论原则、麦肯锡逻辑树分析法等。

其中，金字塔原理是写作中为理清文章结构而使用较多的一种方法。金字塔原理是一种将思考过程及论述过程进行层次化、结构化展示的思考原理。它的内容是，思维从中心论点出发，依次向下推演出“分论点”及“论据”，从而呈现出一套金字塔状的思维体系，内部结构分明。这一原理以结果为导向，分层次地细化思维步骤，并显化思考过程，有助于思考者理清思路、提升思维逻辑水平。一旦将思考过程呈现在纸面上，便能形成条理清楚、易于理解的文字，文章的逻辑也一目了然。

二、发散思维

（一）多方联想，思维发散

发散性思维体现的是思维的宽广度。在写作中，发散思维不仅能丰富文章内容，增强文章的广度，还能体现文章的层次，升华文章的高度。汪曾祺先生在散文作品《云南茶花》中就从多个角度展开了对茶花的描写和议论。他开篇先写多地都在选市花，引出昆明市民选云南茶花为市花，并由此联想到古人张岱在《陶庵梦忆・逍遥楼》中展现的“滇茶之神理”。随后写了当下昆明西山某寺院内有一株高大无比的茶花，并对其旺盛、华贵表达了极致的赞美：

> 花皆如汤碗大，一朵一朵，像烧得炽旺的火球。张岱说滇茶“燔山熠谷”，是一点不错的。据说这棵茶花每年能开三百来朵。满树黑绿肥厚的大叶子衬托着，更显得热闹非常。这才真叫作大红大绿。这样的大红大绿显出一种强壮的生命力。华贵之极，却毫不俗气。这是一个夺人眼目的大景致。①

西山寺庙内的茶花已有八十余年的寿命，说明茶花的特点不仅是花大、色浓、花期长，而且茶树极能耐久。汪曾祺先生便由眼前的古茶树联想到江西井冈山一带的传统风俗——将带叶的油茶送给刚出生的孩子，寓意孩子和油茶一样强健长寿。另外，他又提到“茶花分滇茶、浙茶。浙茶传到日本，又由日本传到美国”，国宝级茶花可以换外汇，说明中国茶花正面向世界传播。

这样理顺了《云南茶花》的写作思路，可以发现汪曾祺先生的思维驰骋于古、今、中、外。他以云南茶花为中心，赞美了以其为代表的气质华贵、品质强健的中国茶花，又多方联想、触类旁通，展现出不同时间、空间里有关中国茶花的丰富内容，给读者带来了一场视觉和信息的双重盛宴。值得注意的是，汪先生的思维四处驰骋，却未导致文章内容杂乱或重点迷失，而是做到了“形散神不散”，始终围绕着“茶花”这个核心，这体现了其写作能力的成熟与思维能力的强大。

（二）如何提升发散思维

1. 积累素材

在写作领域，运用发散思维的基础是拥有一定的素材积累。正像房屋建设一样，素

① 汪曾祺. 汪曾祺全集（全12册）[M]. 北京：人民文学出版社，2019.

材是砖瓦，思维是搭建房屋结构的思路，思路的开展和实现都需要有素材来奠基。有了素材做支撑，写作时才有“路”可寻。如上文提到的汪曾祺的《云南茶花》，既能引用古代文献，又能观察江西民俗，既能谈论中国茶花，又能看到茶花在外国的传播，这都来源于作者在写作前通过观察、阅读等方式积累的丰富素材。更典型的是，周作人的诸多小品散文都呈现出较强的知识性特点，但又绝不古板严肃，而是“在旁征博引之中自然而然地传授出丰富有趣的知识，或是抓住生活中一鳞半爪的现象，结合自己的所见所闻，旁敲侧击、左右逢源，充分显示了学者式散文的特色”①。《苍蝇》《喝茶》《菱角》《故乡的野菜》《北京的茶食》等，都是此类文章的代表作。知识性与生活情致相结合，使文章平淡亲切、深入浅出，传递出生活的诗意。受此启发，平时我们可以主动将所见、所闻经过思考和辨识后纳入自己的素材库，增强知识上的积累，为日后文章的创作做铺垫。

2. 锻炼联想能力

除了积累丰富的素材，还要锻炼自我的联想能力，灵活地运用素材。锻炼联想能力的前提是看见事物间的联系。唯物辩证法认为世界上一切事物都处于普遍联系之中，联系是客观存在的。联系不仅发生在事物之间，还发生在同一事物的内部各要素之间。因此，在观察生活及进行写作时，我们要打开思路，认真观察事物间的共同点和不同点，把握事物整体与部分之间的关系。从联系的观点出发，不同地区的草木都有了相似的生命，不同时间里对世界的观察都彼此相通。

如何找到事物间的异同并把它们联系到一起呢？当代散文作家张晓风有一篇文章，名为《玉想》。从玉石出发，她先简单说到对玉的喜欢，发出“‘喜欢’是无价的，你买的不是克拉的计价而是自己珍重的心情”的情思，接着提到《说文解字》中对玉的解释，为内容增添了知识性，并由古人对玉的阐释引出传统上人们对“温润如玉”的君子品质的向往；这还不够，作者又想到中国文学海洋中一位与玉息息相关的人物——贾宝玉，认为正是玉这样“富丽而又高寒”的圣洁之物使贾宝玉的人生更为不同；在最后，作者又更深一层地想到，人们自认为充分地了解玉、谈论玉，但玉背后的木石世界却远非人类眼中那样简单，“木石世界的深情大义又岂是我们凡人所能尽知的”。② 一种幽深、神秘的哲思意味在文字间蔓延开来，引人遐想。

以上文提到的《云南的茶花》和《玉想》为例，多者之间的联想往往立足于一个共同的基点：由“玉石”“茶花”为起点发散出去，联系到相关的事物、知识，便能使文章形式发散而中心坚定，呈网络化结构。

三、深度思维

（一）层层递进，思维深刻

思维的深刻性可理解为思维链条的长短，在面临具体问题之时便显化为解决办法的步骤和层次。简单来说，就是能想到几条路、在每条路上能走几步。所谓“远见卓识”，便指的是思维的深刻洞察力和长远度，是深度思维的典型表现。因而，深度思维的存在不仅能帮助人更好地解决现实问题，更能提高个人言谈的水准，让人具备笔扫千

① 刘勇，邹红. 中国现代文学史[M]. 3版. 北京：北京师范大学出版社，2016.

② 张晓风. 张晓风散文集[M]. 桂林：广西师范大学出版社，2019.

军、笔力独扛的能力，写出独具洞察力的文章。同时，文章的层次性将得到极大丰富，给读者带来更多的理解空间、想象空间。

如上文提到的汪曾祺先生的《云南茶花》，该篇开场写各地“选市花”这一活动，汪曾祺从中看出“人有闲情逸致，说明国运昌隆”，将选市花的层次拔高到了人的生活和国家发展状况上。随后他对昆明茶花极致繁盛、华贵不俗的热闹景致进行了描写，一方面是在说茶花的生命力蓬勃，另一方面是在说祖国繁荣昌盛的美好现实，歌颂祖国的日益强大。强健长寿的茶花，代表着“万古长青”，和祖国一样，这便使茶花的寓意更上一层楼。另外，他写到茶花向日本、美国及全世界的传播，暗示了中国与世界强国的交流与日俱增，中国正凭愈发雄厚的国家实力获得愈来愈高的国际地位。倘若只就花论花，单单赞美花的茂盛迷人，而忽略背后的人民和国家，文章的深刻性或许会大大降低。

由此可见，深度思维实际就是层层递进、步步深究的思维，要求从眼前事物看到其背后的原因、背景，探究事物发生的本质，以及预测事物未来发展趋势，形成多层次的、有前瞻性的视野。

（二）如何提升深度思维

1. 建立思维体系

深度思维和发散思维有一定的相似性和重复性，都对思维的灵活度和全面性提出了要求。要锻炼深度思维，除了借助前述两个发散思维的锻炼方法之外，还可以采用一定的思维技巧。

5W2H 分析法，又叫七问分析法，是从 What（是什么）、Why（为什么）、Who（谁）、When（什么时间）、Where（什么地点）、How（如何做）、How much（做到什么程度）七个方面来分析眼前问题的方法。[①] 这种方法不仅能准确而高效地拓展思考的广度和深度，提升思维的缜密度，而且有助于个人思维体系的形成。所谓思维体系，就是人在思考时采用的思维路径或思维模式，由多个不同的思考角度搭建而成。如在进行小说创作时，我们习惯从人物、环境、情节这三要素入手，这便形成了一个小说创作的基础思维体系。

在写作中，从思维体系的多个角度入手来分析问题，能使文章内容更加丰富、透彻。在议论文、说明文中，这种体系化、条目化思维的应用更为明显；在散文等抒情性文章中，则多通过象征、比喻等手法来含蓄地表达思想内涵。

2. 打破思维定式

思维体系的建立在某种程度上相当于思维定式的确立，在尽量全面而高效地解决问题的同时，容易导致思维的固化，淹没思维的独创性。因此，在建立思维体系的基础上，尤其是常规思维体系已不能满足当前情况的需求之时，我们需要打破思维定式，发挥思维的灵活性和创造性，伸出思维的触角，寻找新的角度来解决问题。这样能在相当程度上让思维摆脱平庸，呈现出独特的洞察力，想出别人之未想。汪曾祺在《人间草木·果蔬秋浓》里写《水果店》这一节，短短的篇幅里，用别具一格的手法，将生活之情趣、人类之情感从平常之物中发挥到了极致：

---

① 5W2H 分析法由第二次世界大战时期美国陆军兵器修理部首创，最初是一种战术层面的分析方法。

江阴有几家水果店，最大的是正街正对寿山公园的一家，水果多，个儿大，饱满，新鲜。一进门，扑鼻而来的是浓浓的水果香。最突出的是香蕉的甜香。这香味不是时有时无、时浓时淡、一阵一阵的，而是从早到晚都是这么香，一种长在的、永恒的香，香透肺腑，令人欲醉。

我后来到过很多地方，走进过很多水果店，都没有这家水果店的浓厚的果香。这家水果店的香味使我常常想起，永远不忘。

那年我正在恋爱，初恋。①

水果店、水果、果香三者在生活中是常见、常闻的，但汪曾祺用细腻的感触捕捉到了眼前水果新鲜饱满、果香浓郁醉人的特点，使平淡的生活瞬间有了色彩感。同时，他抓住果香绵延不绝的细节，“一种长在的、永恒的香”，使生活的缓慢绵长之感于笔下荡开，叩中了生活的真谛。最惊人的一笔在最后那句，“那年我正在恋爱，初恋”，原本平凡的一切都因初恋的到来而有了更加非凡的意义。为何果香那样浓郁醉人，正是因为初恋的甜蜜！作者把这一句放在文章结尾，令人倍感惊喜。

3. 转换思考视角

练就独特的思维眼光，可以从转换视角出发，如将我方视角转变为对方视角，这样有助于作出便于对方理解的表达。不过，在写作中也有作者不以“便于理解”为目标，其作品富含深意却晦涩难懂，比如现代作家冯文炳的众多作品，含蓄隐晦，却也因此有了独特的眼光和风格，给读者带来深邃感。

第三节　文思敏捷，下笔成章

在探究了思维与写作的关系、思维能力训练方法之后，本节从写作实践的角度来探索写作思维的理想状态：文思敏捷，下笔成章。这是在写作思维较成熟的状况下所达到的理想境界，与前期有意识地进行训练、积累不同，此时的思维更倾向于自然，注重灵感的迸发和捕捉。

一、写作思维的理想状态

写作者在写作前往往期待这样的场面：短时间内脑海中文思泉涌，下笔如行云流水、一气呵成；妙笔生花，写出的文章充实而深刻，将心之所想完整而清晰地表达了出来。整个过程可谓如有神助。这样的场面可以用“文思敏捷”“下笔成章”来形容，是一种理想的创作状态。显然，这种理想状态非一般人能实现，它不仅需要丰富的知识、阅历积累，更需要强大的思维能力，对思维的灵活性、创造性、成熟度都有极高的要求。

刘勰的《文心雕龙・神思》篇中以多位著名文学家、作家为例，介绍了这种写作思维状态：“淮南崇朝而赋《骚》，枚皋应诏而成赋，子建援牍如口诵，仲宣举笔似宿构，阮瑀据

① 汪曾祺. 人间草木[M]. 北京：北京时代华文书局，2017.

案而制书，祢衡当食而草奏，虽有短篇，亦思之速也。”[1]刘安、枚皋、曹植、王粲、阮瑀、祢衡均创造过这样的佳话，刘勰对此评价道“若夫骏发之士，心总要术，敏在虑前，应机立断”[2]，意为这些作家对主要的写作方法都是心中有数的，即已经形成了较成熟的写作思维，因而他们思维机敏，不加考虑就能当机立断。

二、如何接近理想的思维状态

与刘安、枚皋等人的神速相反，“相如含笔而腐毫，扬雄辍翰而惊梦，桓谭疾感于苦思，王充气竭于思虑，张衡研京以十年，左思练都以一纪。虽有巨文，亦思之缓也”[3]。刘勰认为，这是由于“覃思之人，情饶歧路，鉴在疑后，研虑方定”[4]，即心中思路过于复杂，几经疑虑才迟迟下笔，造成了写作过程的艰难。那如何才能接近理想的思维状态呢？上文介绍了要锻炼逻辑思维、发散思维、深度思维，除此之外，还有两种办法可以借鉴。

（一）增进见识，突出重点

“增进见识，突出重点”是后人针对此问题在《文心雕龙·神思》篇中找到的答案。文中提到，虽然刘安、司马相如等人写作的难易程度不同，但他们无疑都经历过阅读、写作等多方面的训练，有丰厚的写作基础，因此最终能写出好文章。而那种才能浅薄的人，不论写作速度快慢，其文章都难以取得大成就。同样是写作困难，思路、文辞复杂使文章内容杂乱，与思路短缺而使文章内容贫乏，是完全不同的两种情况。对此，“博见为馈贫之粮，贯一为拯乱之药，博而能一，亦有助乎心力矣”[5]，增进见识可以补救内容的贫乏，突出重点可以纠正文辞的杂乱，见识广博而又有重点，则对创作构思大有帮助。

（二）用心感知，捕捉灵感

“用心感知，捕捉灵感”是一种思维上的“无为”观，总结自道家的“自然”思想。在道家的思想体系中，“自然”包含“无为”“贵真”“朴素”三种层次，将这三个层次和写作融合在一起，就形成了另一种风格的写作思维。

1. 思维之无为

庄子主张“无为”，并不是否定人在世界上的位置，也非绝对消解人的主体性。在庄子看来，“无为”就是“为”的一种状态，只有在这种状态下，人的天性所能达到的最高能力才能得到充分发挥。

“无为”观同样适用于诗文创作，形成一种追求“无为”的文学理念。正如陆游《文章》一诗中写道：“文章本天成，妙手偶得之。”“天成”即是“自然而成”，“偶得”即是人的“无为”，强调创作意念的自然触发和一气呵成，表现出重视灵感和直觉的倾向。与“无为”相悖的，是行文矫揉造作、堆砌辞藻，力求险怪奇涩等种种“刻意”的作文行为。

---

① 刘勰．文心雕龙注（上、下）[M]．范文澜，注．北京：人民文学出版社，1958.
② 刘勰．文心雕龙注（上、下）[M]．范文澜，注．北京：人民文学出版社，1958.
③ 刘勰．文心雕龙注（上、下）[M]．范文澜，注．北京：人民文学出版社，1958.
④ 刘勰．文心雕龙注（上、下）[M]．范文澜，注．北京：人民文学出版社，1958.
⑤ 刘勰．文心雕龙注（上、下）[M]．范文澜，注．北京：人民文学出版社，1958.

2. 思维之贵真

本真的人性自然地得到表现，就是“真”。“贵真”即以抒发真实情感为作品的价值取向，以突破现实束缚为主体的个性追求，力求展现人性自然、本真的原貌。此外，“真”象征着事物的本质、规律。在写作中诚实地表现事物本真的状态，能使文章在自然、真实之外，更为深刻、动人。但是，把握人性的本真、事物的本质并非轻易之举，需要经过一定的生活积累，或具有敏锐、独到的眼光。

3. 思维之朴素

所谓朴素，于物是指未加文饰，保存其天然之貌；于人是指本性敦厚纯质，没有智巧仁义之心。在写作方面，“朴素”包括对文辞修饰之美的讲究，如老子所说“信言不美，美言不信”，摒弃辞藻的繁复和华丽。这一观念对后代文学家的审美取向产生了深远影响，当六朝以声律、骈辞、丽藻、繁典为时尚时，钟嵘标举“自然英旨”，李白提倡“清水出芙蓉，天然去雕饰”。

总体上，写作与生命状态密切相关。写作时的“自然”思维，强调的是真实生命力、创造力在文章间的自然流动。而要启发这种力量的苏醒，则要去接近真实，让内心平静，摒弃杂念，用心感知周围的世界，此刻相信的不是大脑思维，而是自己心中的感觉。这相当于一种思维的放松，但与前面强调的思维历练并不矛盾。这种“无为之为”，主要适用于对灵感、情感等作者的真实个性要求较高的文体，如抒情散文、诗歌等。当写作中思绪杂乱、艰难挣扎之时，这种思维也有助于写作者激发灵感，找到下笔的起点。[①]

课后写作练习

请充分运用联想、想象等多种思维能力来创作一篇文章。

家乡的雪

陈剑波

今天下雪了。

2018年末，武汉最像样的一场雪，终归是来了。很多人和我一样是喜欢雪的，如果能遇到一场纯粹的有模有样的雪，那么这个冬天就有个冬天的样子了，雪和冬天是分不开的。雪是纯净的，杂质极少，不含一点花色，从天上飘下来，如同翩翩起舞的少女，用婀娜多姿的舞态感染着世间的一切。

雪是特别能让人思乡的。一场雪下来，总有人想家，我也不例外。世人总认为北方的雪下得好，但和我家乡的雪比起来，少了些许亲切感。记忆中，家乡的雪格外让人着迷，让人心生偏爱。

家乡的雪，晚上下的时候特别多，也只有在晚上下的雪才更猛一些。夜里突然降温，窗外稀稀疏疏的影子夹杂着微弱的风声，我便知道这是下雪了，心里期待着早晨起来的雪景。这时候，奶奶总会举着手电筒，翻开木柜，给我加一张棉被，怕我着凉呢。

早晨天微亮，奶奶早已下床去生火。老家的卧室和主屋是分开的，卧室地面是木制的，下面有一间小屋，里面存放一些不常用的家具，煤块也堆在里面。我在床上听见奶

① 黄霖．中国文学理论批评史[M]．2版．北京：高等教育出版社，2018．

奶在小屋敲煤块的声音，便知道天亮了，应该起床了。在床上发了一会儿呆，估摸着火生旺了，就爬起来，穿上奶奶为我摆放在床头的衣服。突然想起昨晚下雪了，心里很激动，动作变快了很多。推开门，眼前豁然敞亮，看见满地雪白，不免心生欢喜。树枝上挂满了白色的银条，花丛、瓦片、远处的山、山上的树，都覆盖了厚厚的雪，仿佛世间的一切都肿了似的。我站在门口，竟舍不得踏出脚去，就好像找到了期待已久的宝贝，摸一下就满心欢喜和害怕。

爷爷是最后起床的，天冷的时候，奶奶总要给爷爷泡上一杯鸡蛋汤。她烧开水，倒进杯子里，加一个鸡蛋，拌均匀，再放两勺糖，让我给爷爷端去。爷爷很抠门，不会让我喝，只有极少的时候让我尝一小口。爷爷每天起来后，都会去大门前的石阶上做一套我看不懂的体操，碰上下雪天就不做了。爷爷也怕冷，站在门口，喝着香喷喷的鸡蛋汤，望着雪景，还会说上一句“瑞雪兆丰年啊”。

最开心的是和院子里的哥哥姐姐弟弟妹妹们一块儿玩雪。小时候，玩雪也有不同的花样。我们会打雪仗，几个人一组互相扔雪球，我总是在“挨打”的一组，看见打不过，就赶紧往后山上跑，裤管里、鞋子里都是雪。逃回家里，免不了一顿数落，裤子烤干了又接着跑出去玩，爷爷奶奶在下雪天是拉不住我的。我们还滑雪冰，主屋后面有一个小土坡，我们用铲子把雪压平压实，雪不够的地方就从旁边抱几团雪来填补一下，接着就坐在准备好的塑料口袋上面，从上往下滑下来，几次过后，土坡上的雪就变得异常光滑，不用口袋也可以轻松滑下来。在大人眼中，这是很危险的，年纪稍小一点的弟弟妹妹都会被叫回去，不然会挨打。可小时候我们很调皮，大人们一不留神，我们又赶紧溜出来，滑一两次便像得到宝贝般窃喜。等到茶余饭后，大人们忙着聊天和收拾东西的时候，管不着我们了，我们就肆无忌惮地玩了。

最有趣的是，我们从各个地方把雪铲到一块儿，垒成一个大雪堆，足足有两米高，然后在侧面挖洞，把里面掏空，钻进去，像因纽特人住雪屋一样，只留一扇门开着。我们轮流进去，为自己建的房子沾沾自喜，高兴得不得了。可大人们说钻进雪屋不吉利，硬是让哥哥们把雪屋拆了。我们都很丧气，但又怕挨打，便不再说什么，默默地把雪挤在一块儿，拼成一个大雪人，还偷偷把二爷爷不用的胶桶盖在上面，做雪人的帽子。做好后，我们就一起唱歌：“下雪天，真有趣，堆个雪人做游戏！你看他，笑嘻嘻，白白的脸蛋大肚皮！”这是爷爷教我的歌，我到现在还记得。

家乡的雪，不只在晚上下，白天也下。人们常说，北方的雪是狂野的，南方的雪是细腻的，我的家乡虽在南方，但下的雪丝毫不比北方的雪逊色。大雪纷纷扬扬地落下，一片片雪花在空中舞动着各种姿势，或飞翔，或盘旋，或直直地快速坠落，铺落在地上。有时候雪下得猛，裹挟着冷冽的寒风，像个可怕的鬼怪在嚎叫，天昏地暗，仿佛鬼哭狼嚎的呼声！下过雪后，世界都安静了，听不到一点声响，好像所有呼吸都停止了一般。雪静静地躺在花丛中、树枝上、瓦片上，远处的山、山上的树，都被雪盖得严严实实。偶尔的鸟鸣，伴着几道银条从树枝滑落，算作这雪天最好的点缀了，多一点都觉得多余。

江城的雪，是极美的；但在我心中，家乡的雪，才是最有味道的。每个人都爱家乡的雪吧，我也不例外。江城下雪了，我的家乡也下雪了，我欣赏着江城的雪景，心恋着家乡的雪！

消失的地平线

张淞

我像书里记叙的过往一样，闭着眼睛，等待阳光从糖罐架子上方的小窗口涌进来。是光！是光！但不是阳光，只是人造灯光而已。我有些失落，我的思绪钻进数百年前那醉生梦死的景致中，耳边充斥着一阵又一阵绝望的号哭："……塌了！又消失了！"我的耳膜差点被"轰"的一声巨响刺破，加上这嘈杂的人声，我有些恼怒，想起身去门外看看，门外的声音也愈发清晰。

"你知道吗？东部的几座城市也遭难了！"

"西部不也是嘛！唉……"

"还说那么远，我们邻市那片土地刚刚不就消失了，什么也没有了吗？挣扎这么些日子，还是消失了。"

"下一个会不会就是我们了啊……"

"咱们城向来风水好，这么多年没灾没难的，说不定能成这世上唯一幸存的城市，那叫啥来着，天选之城！"小唐嬉皮笑脸地闯入喧闹的人群里。

一座座城市消失的消息，接二连三地传来，人心惶惶，每个人都活在恐惧中，不知意外和明天哪一个先到来。小唐这一说，还正好安抚了大家的情绪，人群慢慢散去。

我从门边回到房间里，看见哥哥心事重重地坐在书桌旁，想必他也知道外面的事了。

"哥，他们说地平线消失那一天，地球也会消失，是这样吗？"我刚问完，便开始后悔，因为这个问题让哥哥的眉头更紧锁了。我担心着他的情绪，他却用一只大手扯着我的耳朵："一天天的瞎想什么呢，不会的，地平线永远不会消失。放心玩去吧你，你这小丫头片子！"

"哼！"

我又气又开心，以至于没有多想为什么哥哥要在墙上刻下"100"这个数字。

后来，我慢慢发现，身边的一些小伙伴没有了音讯，我跑去问哥哥："哥，为什么我找不到阿扬了？他的爸爸妈妈也不在，他是不是再也不理我了？呜呜……"

"不是的，不是的，阿扬他只是……只是他爸爸妈妈有事带他出去了，过几天就回来了。"

过了几天，阿扬仍然没有回来，我还是不知道他去了哪里，我只知道身边的好多人都一个接一个地消失了，凭空消失，不留痕迹，怎么找都找不到。我想，哥哥是在骗我。

后来我听到些传言，我们生存的世界撑不了多久了。周围的人接二连三毫无缘由地消失，连发达的现代科技都无法干预。有人说，是诅咒；有人说，是赎罪。但人人都说，"100"是人类最后的救命稻草，当世界上只剩下最后100人的时候，世界才会恢复原来的样子。所以，只有身边的人消失了，你才可以得到多活一天的机会。哥哥说他不相信这些伪科学，但没过几天，他便带着我离开了这个城市。我们算是踏上了逃难之路，向着一个于我们而言未知的城市逃去。

从农业文明到工业革命，从春天的蝴蝶到圣诞的初雪，一个仿佛真实却又像愚人节的虚拟世界。新闻里说：人类疯狂掠夺地球，终究遭到了反噬，大爆炸来临，地球的运转失衡，混乱与末日的恐惧席卷全球，科学家发现数千万年进化的人类体内有强大的生命能量能够为苟延残喘的地球续命，因此地球每天都会带走一个人的生命，权当作赎罪。当"100"的丧钟敲响时，这世界只能存活100人了。每个人都带着连接生命的计数器，这时代的生命与生老病死不再相关，每天都会有一个人离开。当曙光冲破黑暗的那一霎，活着的人计数器数字会跳动减少，而离开的那个人的计数器永恒地定格了。我常常不知道当自己的数字变化那一刻，是幸运还是不幸。

和哥哥离开的路上，我扒拉着车窗，看见一对情侣，前一秒相拥而泣，后一秒女子从袖中抽出匕首，毫不犹豫地刺进男子的后背。血腥味弥漫在空气中，那寒冰似的言语一字一句从她嘴里吐出："亲爱的，既然你爱我，为了我，去死吧。"

哥哥本想带我离开那个被"100"束缚的地方，他以为外面的世界会不一样，后来才发现一切都是徒劳，"100"的丧钟属于全人类，是躲不掉的。这个时代的世俗世界，好像都被剥离了，好像一切都在朦胧的雾气中。起初，我们还努力生活，拼尽全力改变世界，想在这艰难的尘世寻求一线生机，后来发现一切枉然，便只有离开了。

"哥，我们要在这里等世界消失吗？"

仿佛过了一个世纪的漫长岁月，哥哥才开口，像个饱经风霜的老人，缓缓地回答我说："老妹，你要记住，只要有人在的地方，地平线就不会消失，世界永远存在。即使地平线消失了，人也会让它重新出现的，万物皆永恒，只要心有所念，心中有希望，就有实现的可能。"话毕，Boom！Boom！新年的烟花一如既往地绽放开来，声音盖住了计数器跳动的声音。逃难的八十多天，我每晚睡觉时都担心醒来再也见不到哥哥了。城市，一座接一座地沦陷，有的是被核武器夷平的，有的是自己下陷毁灭的。至今无人知晓所谓的"100"丧钟是真是假，但我还是决定离开。我很自私，离别这种事不要留给我。哥，我要先离开了。借着烟花绽放声音的掩饰，我悄悄关掉计数器的电源，静候死亡。

可当烟花散去，我却还活着。悄悄掐掉了计数器电源的哥哥也还活着。不知我们是在彼此的梦里，还是那所谓的"100"丧钟只是谎言，我们还活在现实里。

我希望离开的每一个人都是去了另外一个国度，在那里，暖暖的阳光会把大家叫醒；我会望着远处的朝阳和嵌刻着金边的地平线，等待着我们重建它的那一天。

金如意

李婧

斑驳的树影下，一缕缕月光，枝杈上的鸟儿在新筑的巢里享受夜的静谧。突然，一颗石头不偏不倚地击中了鸟巢，力道太大，险些将鸟巢打翻。鸟儿跳上枝杈，嘲弄着偷袭者的无能，下一颗石头又应声而至。远处，一束光晃晃悠悠向这边靠近："刚子！……刚子！这小子跑……跑哪儿去了？刚子！"

又一颗石子飞出，林子惊起一群飞鸟。"哎哟，你下……下次能不……不能轻点？"秃子刘的五官疼得皱到一起，刚子又捡起一块石头。"先别……别玩了，回去给……给你看……看样好东西。"两人一前一后向林外走去，窸窣的脚步声惊起林子的好梦。

林边的小木屋里，秃子刘神神秘秘地拿出一个编织袋。"这……这可是兄……兄弟我费老大劲弄……弄来的。有了它，咱的事就……就成一半了。"里面是一把枪，但在刚子看来，那就是一根铁管楔进了木旮瘩里。"这……这可是兄弟赌……赌上命借回……回……回来的，那……那帮要钱不……不要命的孙子，一听兄弟我……我的计划，惊得连屁……屁都不敢放，临了才拿……拿出自己吃……吃饭的家伙。这……这是他们自己改……改的霰弹枪。”秃子刘又从腰间摸出一把手枪，“家伙是好……好家伙，就是子弹少……少了点，霰……霰弹两发，手枪三……三发。”刚子拿起霰弹枪对着窗外瞄准。“他们说了，最晚十五交货。”刚子平端着枪口对准了秃子刘的脑门。“唉！枪……枪……枪口别对着人，当心走……走火！你……你赶明儿用……用手枪试……试一次准头，咱……咱哥俩十……十三收拾东西，十四就住……住到镇上去。”刚子把枪扔回桌上，躺在小土炕上，看着空气中的灰尘在灯光下漫无目的地飞。“等……等咱干完这……这票，咱……咱换个地方快活。”秃子刘小心地收拾起桌上的枪。

十五的月亮从十四就开始亮了，一直会亮到十六。昨天收拾了树林里的木屋，拆了土炕，烧了破草席，秃子刘说不能让那帮孙子住那么舒坦，刚子木然地点了火，心里早想烧了它们了——他并没有觉得这些让他舒坦过。早知有今天，当初就该狠下心带她私奔。她是他的发小，也是他们村里唯一不嘲笑他还给他糖吃的小孩。也许从第一次吃她的糖开始，他就想和她一辈子在一起。上天也给了他们机会，但他说不出，她听不见。他说不出一句厌倦，她也听不到半点苛责。曾经认为最登对的理由，如今却成了难以逾越的鸿沟。她家里人认为，一聋一哑，再生个聋子哑巴，家里不成残联了？传出去闹笑话。有嘴快的把原话传给了他，还好心地加了几句：什么聋呀哑的，还是嫌你穷，大小伙子出去闯荡几年，硬铮铮的钞票码在她家桌上，哑巴也得说了话。他没听出多少好意，但还是为她收拾行囊，去投奔据说开发荒山发迹的表哥，想赚钱让她以后跟了自己不受苦。谁想钱没赚到，自己的本金也一去无回，和表哥被地下钱庄追债，被迫踏上不归路。

十五这天，镇上有庙会，南北大街两侧都是小摊小贩，熙熙攘攘的人群似乎要把大街撑炸。街南口的金饰店店门紧闭，小四一身挺阔的黑制服站在门口，不时透过玻璃门看一眼街道，又不时看一眼笑盈盈向顾客介绍的店长。尽管他极力克制自己，但他身上的每一个细胞都在向外传达：他在等人。

秋日的阳光在和寒风争夺人的笑脸。临近正午，行人渐少。他们事先约定好，刚子先到南街口的车站取好车票，再返回金店门口，秃子刘躲到店旁小巷里，刚子枪响后接应。刚子坐在金店门口的馄饨摊上，不时看一眼金店。橱窗里有一柄漂亮的金如意，老远都能看见上面红的、绿的、蓝的宝石，其他首饰在这柄金如意面前竟显得寒酸了。这时，刚子想起他和表哥事先没计划好抢金店里的哪件宝贝。两人就像突然想抢劫了，发神经似的立下宏图大志要劫金店。刚子冷笑一下，看见了店里的那个局促不安的小保安，似乎在哪里见过他，但又说不上来。

日影西斜，阳光正好照到金店的玻璃门上，刚子看到那柄金如意在阳光下更加光彩夺目了。“既然没想好，那今天就你了。”刚子暗想。时间差不多了，他望了一眼小巷，和暗处的表哥对视一眼，开干！他慢慢靠近金店，走到街中，迅速解下身后的枪带。店里的保安冲了出来，他并没有发现逐渐靠近的刚子。他对着街心招手。刚子端枪，瞄准，射击，一气呵成，玻璃门被击碎，如意的玻璃罩还完好，还需一枪！表哥冲出小巷接应。小四被刚子的枪响声震到，一时间头晕目眩，他竭力站稳，扑向正在举枪瞄准的刚子。乱作一团的人群中，突然爆发出一声怪异的嘶吼，一个女孩冲向了金店。刚子迅速开出第二枪，“嘭”声比第一枪更响。小四扑倒在刚子脚下，痛苦地扭成一团，表哥惊恐地看见刚子缓缓倒下去了，手里还握着那把已经冒烟的霰弹枪。刚子仰天看到绯红的天空，转头又好像看到了最爱的人奔向自己，他想冲她笑，但剧痛从胸口蔓延到头顶，表情定格在开枪后的惊恐。

金如意还在夕阳下闪烁着夺目的光，远处警笛声响起。

灵魂中转站

涂孟君

火车呼啸而过，带走了车站里燥热的空气，轰鸣声渐渐消去，站台依旧那么嘈杂，你拥我嚷，推挤着上下一辆列车。

他厌恶地撇了撇嘴，轻咳了两声，站台里弥漫的烟味让他十分难受。他低头看了看手表，又看了看站台的人山人海，微皱了眉，默不作声地继续排队。远处的人群中传来喧哗声，一位中年妇女的尖叫声刺透了站台上的噪音屏障，只见她慌乱地穿梭在人群中，怒吼着："该死的贼，还我钱包……"

中年妇女的声音又淹没在了人群中，他静静地观察着人们的一举一动：他们鄙夷地看着，嗤笑着，轻蔑地谈论着。这种情景他早已司空见惯，也懒得搭理。

人海中钻出来一个脏兮兮的小男孩，破烂的衣服，蓬松的头发，满是污垢的小脸。男孩轻扯着他的衣角，细细的声音艰难地传入他的耳朵："叔叔，要报纸吗？我这有……""不要，不要"。他敷衍地应答着。车来了，不能再磨蹭了。男孩眼中希冀的光渐渐淡了下去，沮丧地低下了头。他无奈地瞥了孩子一眼，准备离开时却僵住了。

"天津晚报，母子俩不慎跌入轨中，重伤死亡……"

他浑身哆嗦了一下，轰鸣的列车，嘈杂的声音，拥挤的群众，以及卖报的孩子，一切都不见了，只剩他手里的晚报，陪他在萧萧寒风中瑟瑟抖动着。

1965年秋，天津站台。

男孩甩开妈妈的手，决绝地冲向最后一列车。火车开动的话，他就再也不可能追上爸爸了。他慌乱地穿过人海，拥挤着，推攘着，哭喊着，恍惚列车近在咫尺，只要他轻轻一跃就能够到即将关闭的车门。可车还是开动了，没有逗留，而他却跌入轨道中。隐约中，男孩听见了妈妈绝望的呼喊。然后，世界的灯突然熄灭了……

男人手捧晚报，不住地抽泣着，泪水渗过手指，滴落在灰黑色的报纸上，似几朵晕开的花。是的，他恨自己的妈妈，一直都恨，若不是她一意孤行地要离婚，若不是她强横无理地将自己从爸爸身边夺走，一切的一切根本就不会发生。可是，原来那个时候她也跟自己一起走了么？她怎么会呢？她是那么自私的一个人啊！男人无力地倚在墙角，肩膀微微抽动着，他无法接受那么久以来支撑自己不要离开世间的执念竟都是多余的。

远处，亮起了一盏灯，烛光轻轻摇曳着，他在火光里看见挥手微笑的父母。是啊，过了那么久，这段往事也该沉淀了……

定风波

马温曼

且说今苏轼夜饮东坡醒复醉，归来仿佛三更。走在通家崎岖小径上，吟唱且徐行，忽然平地一声惊雷，疑是家童鼻息。苏轼半醒，抬手揉揉惺忪醉眼，只见朦胧月色之中，两个奇怪的身影正向这边走来。苏轼大惊，东坡之夜该市人行尽，只他这夜人行。细细打量似两人，一马，一驴，马在前，驴在后。前面那人打扮怪异，周身泛着冰冷的月光。

未等苏轼有所反应，前面那人猛地下马，拿着长枪向他刺来，嘴里高声叫道："这骑士！或者随便什么人吧！站住！快快交代你是谁，从哪里来，往哪里去，为何穿着如此怪异，所唱之声如同咒语，定是另一个世界的邪鬼妖精，或是中了魔法罢！"苏轼一个踉跄,倒地不起。所幸那人虚弱且狼狈,没多大气力。苏轼仍醉,喃喃道:“我只一介书生,并无汝所说功过。今与友人共饮,醉至此……”苏轼正想问其名讳,那骑驴的胖家伙突然用盖过江水之声叫道:“这是大名鼎鼎的在世界上数一数二的排得上号的伟大骑士堂吉诃德·台·拉·曼却,又称‘哭丧着脸的骑士’。”苏轼似哭非笑,两张邋遢狼狈的饱经风霜的老脸哑然相对,只剩滔滔江水声。

苏轼摸索到拐杖,换上欣喜表情,笑道:“‘哭丧着脸的骑士’,我与你无冤无仇,可否放我一命。今日有缘,虽酒已尽,但邀共赏长江水。”堂吉诃德见他尊重姿态,也觉有理,牵起驽骍难得,吩咐他的好侍从桑丘和他的驴待在有光亮的地方。这良民颇有眼力见儿,堂吉诃德想。

于是他俩一倚仗,一牵马,听江声。苏轼见其自称天下无双,却浑身破铜烂铁,瘦弱憔悴,牙齿竟也缺了不少,不禁心生同情,打听起他的身世。堂吉诃德却满脑子都是他那些骑士小说,什么国王啦,公主啦,民族啦,战争啦,封公赏爵啦,滔滔不绝,信手拈来。胡诌瞎扯,把自己吹嘘了一番后,当然还要提到他那高贵美丽的心上人女皇杜尔西内娅。至于为何沦落至此,他说:“任何一个骑士在受到国王赏识之前,得先在别处显身手,扬名气。天叫我生在这个铁的时代,要我恢复金子的时代,我这位来自曼却郡的伟大骑士要担负起光复圆桌骑士、法兰西十二武士和世界九大英豪的事业。这是我的使命,为此送命也是值的。”

苏轼半醉半醒间全然听不懂他在说些什么,只听出他意有所决,甚至愿命丧于此。苏轼颇有遇到知己的感觉,诗云:同是天涯沦落人,相逢何必曾相识。自己被贬至此,不就是为了坚持自己的原则么,维护百姓的利益,不正是自己的使命么。可惜事已至此,说再多也无济于事。长恨此身非我有,何时忘却营营。

夜阑风静縠纹平。苏轼向这位伟大的骑士欠了欠身,表示对他的珍重。堂吉诃德也行了一个骑士的礼节,牵着驽骍难得,离开江边,和他的侍从一起,消失在月色之中。苏轼一人倚杖听江声,高声吟唱:小舟从此逝,江海寄余生。遂书词曰《临江仙》。

第二日,黄州知州徐大受听闻此词,大惊。他与苏轼交情甚好,但苏轼毕竟是犯官,怎能逃去江海呢?什么江?什么海?慌忙跑来临皋亭看,苏轼正安睡于床。

第四课　写作构思——炼意、谋篇

课前引导

本课着眼于写作的构思环节，从炼意、谋篇两个步骤介绍行文构思方法。重点在于引导学生树立创新意识，在立意、布局上求新求变，以及培养学生把握文章结构、节奏的能力，掌握使文章生动、充实的方法。

第一节　炼　意

炼意指从材料中提炼出写作的主旨大意，即主题。在确定文章的主旨之后，写作时才能把握住文章核心，使文章内容聚散有序，始终围绕同一个中心。

一、炼意的基础

从含义可以看出，炼意是思维对材料进行加工处理、提炼升华的过程，因而至少涉及选材、运思两方面的内容。以此推出，炼意的基础有三。

（一）写作材料充足

写作材料充足能使写作视角全面，避免坐井观天。只有在充分观察、了解事物的面貌之后，我们才有资格对事物做出评价，从而不管行文时是采用正面角度还是负面角度，都能做到客观、完整，减少文章格局上的不足。

（二）谋划思考充足

要对材料进行充分的思考和挖掘，从多角度、多层次对其进行考察，既要看到表层之下的本质，又要看到背后的过去和前方的未来。在面对具体事件时，可以从多个事件主体的角度分别进行观察。如在分析“小伙扶起跌倒老人反被讹”这件事时，不仅要从小伙的角度评判老人道义上的短缺，还要从老人的角度分析老年人的心理状况，挖掘这件事的本质成因。心理咨询师武志红曾说，讹人者体现的是一种全能自恋心理，即认为一切都在“我”的掌握之中，当“我”突然遇到自己无法预料、无法掌控的事情（如突然摔倒）时，“我”的全能自恋就遭到了毁灭性的打击，便会下意识地寻找造成该局面的“罪人”，于是不分青红皂白地把错推到任何一个旁人身上，扶老人的小伙子当即就被当成了这个“罪人”。这一角度的思考，对老人讹人的原因给出了更深层次的解释，从表面的道义层面深化到了心理层面。① 且不论这一观点是否正确,就着眼点来看,它确实有一定的创新性、深刻性。

(三)有胆有识,求新求变

要敢于想他人之未想、写他人之未写,敢于质疑、批评前人的观点。在阅读过大量文本后我们会发现,有太多文章千篇一律,一味模仿前人的步伐而流于庸俗。那些伟大的作品往往或能把握人、事、物的本质,或具有超高创新性而开了领域先河,或因其远见卓识点出了至深的真理,靠立意的深远和形式的独特在浩瀚的文学海洋中脱颖而出。

二、炼意的要求

炼意有三个要求:一是以全面为前提,二是深刻,三是新颖。此外,大部分文本都应做到主题鲜明和主题集中。值得注意的是,在文学领域,一部文学作品总是有多个主题,可以从多方面来理解阐释,因此文学作品的炼意对鲜明性和集中性的要求并不非常严格。但也不是一通乱写、不知所言就可以形成一篇完整的作品,作者在言之有物、言之有序与呈现宽敞的想象空间三方面间应有较好的把握,这需要在写作中不断锻炼。

第二节 谋 篇

谋篇就是谋划文本篇章的结构安排,即谋划文章内部的组合和构造。其作用在于,使无形的思想内容转化为一个有形的有机整体。谋篇较好地发挥了思考的统帅作用,完成了材料的取舍调度,完善了文本的结构安排,在写作过程中占十分重要的地位。

一、谋篇的基本环节

(一)确定思路

思路就是写作者的思想脉络,反映了写作者认识问题的顺序过程。思路的客观依据在于事物本身具有的客观规律,思路之安排便是写作者对事物进行观察、理解、认识的反映。写作者在对事物进行观察、理解、认识过程中逐渐把握了事物的内在规律,由此形成对事物的某种感受和评价。写作者对这些思想内容进行反思和整理,使之符合事物客观规律,就是思路。

(二)安排布局

布局则是对思路的具体化。思路确定了文本内容的大致走向和基本次序,整体奠定了文本的结构基础,布局即是在这一基础上安排具体内容。

① 武志红.拥有一个你说了算的人生·活出自我篇[M].北京:民主与建设出版社,2019.

二、谋篇的具体内容

在进行谋篇布局时，首要考虑的是文本结构和节奏。

（一）结构

1．结构的含义

结构可以理解为对文章各部分内容在位置上的编排，是作者写作思路的体现。提前安排结构，相当于提前确定文章的大体框架、明确行文的路径方向，能使之后的行文更顺畅有序。

2．结构的类型

按照文章层次间的关系，结构主要分为四种：总分式结构、并列式结构、对照式结构、递进式结构。

1）总分式结构

总分式结构是把文章内容整体划分为总和分两个层次，两者间密切联系，一般情况下，“分”是对“总”的分析、分解，“总”是对“分”的整合、总结。常见的总分式结构有“由总到分”“由分到总”“由总到分再到总”。散文中的总分式结构非常常见，尤其是常见的生活散文，总是在平淡朴素的生活琐事之中，升华出生活与人生的道理，这些“道理式”的内容就常作为“总”出现在文章开端或结尾。

2）并列式结构

并列式结构即文章内容可被划分为性质、地位相同的几个部分，各部分间相互并列。这种结构是从多个平行的角度、层面来行文的。像郁达夫创作的《故都的秋》，从北方秋天的槐树、秋蝉、秋雨、果树这几个方面分别描绘了自己印象里北方的秋天。①

3）对照式结构

对照式结构是一种以对比为主要行文思路的结构。对照既可以发生在两个不同的事物之间，如《故都的秋》将南国之秋与北国之秋作对比；还可以发生在不同时间、空间的同一个事物身上，展现事物的发展变化。文学中常用的欲扬先抑、对比衬托等表达技巧都能创建一种对照式结构。

4）递进式结构

递进式结构即文章内容的含义越来越深、层次越来越高，呈阶梯状递进的结构。茅盾在《白杨礼赞》中赞美白杨树时，先赞美白杨“外貌”之美——挺拔、伟岸，又赞美白杨“品质”之美——朴质、严肃、坚强不屈，再由此赞美像白杨一样自强不息的北方农民，以及像白杨一样傲然挺立、意志刚强的守卫家乡的哨兵，最后还赞美了像白杨一样团结、力求上进的民族精神。② 层层递进中，茅盾使白杨的意义不断丰富、升华，以小见大，带给读者心灵上的震撼与视野上的开拓，给写作领域也提供了一种启发。

对以上四种结构形式的选择并不是非此即彼的，不同形式可以交叉使用，如在“总—分—总”结构中，“分”的部分内部可以选用并列式、对照式或递进式结构。但交叉

① 郁达夫.故都的秋[M].昆明：云南人民出版社，2016.

② 茅盾.白杨礼赞[M].南京：江苏凤凰文艺出版社，2018.

使用时应确保结构有序，要提前规划好不同结构形式间的关系，避免杂乱。

3. 结构安排的目标与原则

“清晰顺畅”是结构安排的目标之一。写作者提前确定文章框架，将自己的写作思路呈现于纸面，方便写作的开展，也有利于读者的理解。

“新颖独特”是结构安排的目标之二。结构包括上述四种基本类型，但这是从写作的基础层次来考量的。在写作中，我们应注意结构的灵活变化，适当寻找新颖独特的文章结构，使自己的作品更加独特。

在此过程中，有两个原则需要坚守。一是结构完整统一，结构完整意味着文章“有因有果”，即使是在结尾戛然而止、设置悬念，也须把必要的内容元素介绍完整，不可使文章没头没尾，读者读了一头雾水；结构统一意味着文章前后没有矛盾之处，笔法、风格一致，前后内容贯通顺畅。

二是结构有序，即文章“有章法”。结构新颖有助于为文章增添色彩，不少著名作品就以其精妙的结构为亮点。在小说创作上，设置悬念，采用倒叙、插叙、平叙等手法，都能使作品结构更加有趣。但是在琢磨结构的独特性之时，要保证表达内容的完整，讲究“乱中有序”，切不可本末倒置，以结构之难、杂、乱为新奇，最终阻碍内容的表达。

（二）节奏

1. 节奏的含义与意义

“节奏”一词来自音乐领域，指的是长短不一的音符组合造成的乐曲进程的快慢，当音符组合紧凑时，我们说节奏快，反之则是慢。节奏存在于万事万物中，日月星辰的流转、四季的轮回，都体现着一种节奏。节奏是一种生命力的表现。

在写作领域，节奏常常跟随情感表达、故事发展而变化，这两者的发展线路都有一个从开端到高潮再到平淡的过程，符合事物发展的客观规律。节奏的存在使文章更加生动、刺激，能激发读者的阅读兴趣，引发读者情感的变化和思维的活动。如当读到节奏快、情节紧凑的故事时，读者内心会跟随故事内容而兴奋激动；而当读到节奏缓慢、故事情节发展慢的内容时，读者则会对内容有更详细的品味和思考。

2. 语言的节奏

朱光潜先生在《诗论》中说，语言的节奏“是三种影响合成的。第一是发音器官的构造。呼吸有一定的长度，在一口气里我们所说出的字音也因而有限制；呼吸一起一伏，每句话中的各字音的长短轻重也因而不能一律……其次是理解的影响。意义完成时的声音须停顿，意义有轻重起伏时，声音也随之有轻重起伏。这种起于理解的节奏为一切语言所公有，在散文中尤易见出。第三是情感的影响。情感有起伏，声音也随之有起伏；情感有往复回旋，声音也随之有往复回旋”①。语言的节奏受到呼吸、语义、情感的三重影响，因而有波动和起伏。

在各种文体中，语言的节奏首先影响着诗的节奏，诗是最讲究情感变化的文体。朗诵诗歌时，在感情舒缓的部分，我们总是把语调放慢、节奏放缓；在感情激昂愤慨的部分，我们便使语调高昂、节奏加快，增强语言的气势。如黄巢有诗《不第后赋菊》：“待到

① 朱光潜. 诗论[M]. 上海：华东师范大学出版社，2017.

秋来九月八，我花开后百花杀。冲天香阵透长安，满城尽带黄金甲。”第一句暗含期待的心情，气势淡入，语调较慢；第二句情绪开始上扬，语气开始加重，气势进一步增强；第三句情绪紧张而激动，朗读时语速突然加快、语气加重，蓄势已达到相当高的程度；最后一句气势如排山倒海而来，语气变重、语调变缓，“黄金甲”字字铿锵有力，气势达到顶峰。

节奏是语言的一个特点，会出现在一切文章的语句之间。其中，那些节奏较为生动的，尤其值得品味。汪曾祺的文字历来具有简洁明快、生动活泼、富有诗意的特点，他的小说《受戒》结尾一段读来节奏感极佳：

> 芦花才吐新穗。紫灰色的芦穗，发着银光，软软的，滑溜溜的，像一串丝线。有的地方结了蒲棒，通红的，像一枝一枝小蜡烛。青浮萍，紫浮萍。长脚蚊子，水蜘蛛。野菱角开着四瓣的小白花。惊起一只青桩(一种水鸟)，擦着芦穗，扑鲁鲁鲁飞远了。①

这一段文字，语言简洁明快，有跳跃感，短短的音节组合一个接一个地从嘴中蹦出，组成了一首欢快的歌谣。其中有关事物的描绘是很丰富的，先用几个字描摹出总体的样子，再用一个个词语在后面进行补充和点缀，使得语言节奏在初落笔时明快，随后又缓下来。当这一段把几个事物连到一起描述时，那节奏便起伏起来，快慢交替，形成一道优美的波浪。这种把长句子隔断开，将词语一个个拎出来的表达方式，更符合儿童的语言习惯，显出了一种天真的童趣。

3. 内容编排的节奏

这里要探究的是谋篇布局时对文章节奏的把握。文章节奏由内容编排的结构来决定，例如在记叙文体中，事件的脉络分为开端、发展、高潮、结尾四个阶段，在编排中各部分篇幅的长短、在整体事件中占据的位置，都影响着文章节奏。一般来讲，在开端、发展阶段，节奏较慢，由前到后愈来愈快，即情节愈来愈紧凑。到了高潮时，节奏变化速度到达顶峰，写作者和读者的情绪也随之紧张、兴奋、激动到了顶点。高潮过后，节奏便又渐渐归于缓慢、平淡。

在篇幅宏大的叙事作品中，节奏的变化更加丰富，因为整部作品中除了整体的开端、发展、高潮、结尾外，还有无数段细小的开端、发展、高潮、结尾分布其中。

可以说，把握好节奏是讲好一个故事、写好一篇文章的关键。节奏是生命力的一种体现，能使人物鲜活、故事生动、情感真实，使整篇文章仿佛具有生命一般，和作者、读者同时一呼、一吸、一呼、一吸。这样的作品具有魔力，是真正的迷人。

节奏在所有文体中都发挥着重要作用，好的节奏能给文章增色添彩。但各种文体在对节奏的需求上还是不同的，诗歌、小说等情感性、故事性强的文体对节奏要求更高，说明类、议论类文体则要求相对要少。

4. 提升节奏感的方法

1）遵循事物发展的客观规律

万事万物都有其演变、发展的节奏，遵循事物发展的客观规律是发现事物节奏的基础。因此在写作中，提升节奏感的基础做法便是承认事物发展的节奏性，并诚实地将其描绘出来。比如在诗歌创作中，可以表达出富有变化的真情实感；在小说创作中，可以

---

① 汪曾祺. 受戒[M]. 南京：江苏凤凰文艺出版社，2018.

关注事件的每个关键节点，形成跌宕起伏的故事脉络。如在《骆驼祥子》中，祥子本是个朴实、健壮的青年，坚信靠自己的力气能使生活越来越好。他“凡是卖力气能吃饭的事儿全都做过了”，随后选了拉车这一行，饱受车主剥削的他一直渴望有一辆属于自己的车。在努力了三年后，祥子终于攒够钱买了一辆新车，可是不久车就被军队抢走了，祥子也被拉去当了壮丁；随后祥子通过卖骆驼以及拼命拉车、省吃俭用再次攒齐了买车钱，却又被孙侦探夺走；生活处境艰难，祥子在无奈中娶了车厂厂主刘四的女儿虎妞，虎妞为祥子买了一辆车，但后来虎妞难产之时，祥子又被迫卖掉了车；在这时，饱受打击的祥子还未对生活完全丧失希望，并于曹先生处找到了一份活计，可当他喜欢的女子小福子自杀去世后，他的人生就彻底走向了毁灭，祥子自暴自弃起来，完全沦为了城市的垃圾。[①] 祥子命运的起伏，既展现了当时社会的黑暗——不给平民百姓留活路，也呈现了人生的复杂和艰难，而后者在任何时代都是存在的。因此，祥子命运的起伏为文章增添了节奏感，也给了读者真实感，其中不少情节都能引起读者共鸣。

2）内容编排上详略得当、增加曲折

节奏的快慢在文章中具体体现为每一层次篇幅的长短。若某一段过于冗长，则会耽误下一段的到来。在内容编排上应详略得当、分清主要和次要，最好能提前对各个事件节点的位置有所把握，架构好每一阶段发展的快慢，以使节奏恰当。当写作者在某一段落的写作中忘乎所以，写下了大篇幅的文字时，若这一段在文中地位并不重要，则会影响整个故事的节奏，这是一种写作技术不成熟的表现。

同时，文章还要适当地增加曲折，所谓“文似看山不喜平”，波荡起伏的情节更能给人节奏感。比如，成功路上的困难虽然阻碍了主人公的前进、延缓了成功的速度，甚至从整体上拖慢了成功的节奏，但是困难的出现与解决正是于整个大事件中插入了其他小事件，因而插入了变化，带来节奏感上的变动，这样的故事读来更有趣。

3）运用平仄、排比等手法

平仄和排比主要促成语言上的节奏感。

（1）平仄

平仄是诗歌节奏的重要组成单位。如：白日——依山——尽，黄河——入海——流，平仄交替之中，音节的组合使诗句铿锵和谐，朗诵时声调起伏，形成节奏感。

（2）排比

首先，排比能通过音节组合编排的紧凑，增强语言气势。如范仲淹的《岳阳楼记》中有一段：

> 至若春和景明，波澜不惊，上下天光，一碧万顷；沙鸥翔集，锦鳞游泳；岸芷汀兰，郁郁青青。而或长烟一空，皓月千里，浮光跃金，静影沉璧，渔歌互答，此乐何极！

四字句成排比句，整齐而有气势。

其次，排比能调整语气的轻重缓急，使语言节奏富有变化。如臧克家的诗歌《有的人》中有一段：

> 有的人活着/他已经死了；/有的人死了/他还活着。/有的人/骑在人民头上：“呵，我多伟大！”/有的人/俯下身子给人民当牛马。

① 老舍．骆驼祥子[M]．武汉：长江文艺出版社，2017．

每一组诗句内都包含着对比，作者贬低前者、赞扬后者。在朗读中，语意的不同造成了语气的不同：对于贬低部分，语气应当更轻、更急，对于赞扬部分，语气则应更重、更缓，以达到强调的效果，表达出鲜明的情感倾向。

课后写作练习

请创作一篇文章，并注意在主题、结构、节奏三方面的表现。

交换余生

叶婧

周末行走在街头，忍不住掏出手机将镜头聚焦到了这样一幅画面：一位老爷爷在过马路时本已走到半道，回头看了一眼自己的老伴，又折回去牵她的手一起走。老爷爷左手提着刚买好的菜，右手伸出两根指头让老伴拉着，老奶奶紧紧握着这两根指头，驼着背，努力大步跟上老爷爷的步伐。

虽然之前在网上看过很多类似的照片，但第一次亲眼见到，还是感到一阵温暖。我一直远远地走在他们后面直至不同的岔路口，看他们消失在转角处。环顾四周人来人往，我不禁想起钱钟书先生对妻子杨绛说过的话："遇到你之前，我没有想过结婚；遇到你之后，我结婚没有想过和别人。"也许这就是那个年代最美好、最真挚的感情，没有鲜花，没有钻戒，没有浪漫誓言。有的只是不离不弃，相濡以沫，只要身侧之人是自己认定的那个人，足矣。

回忆起小时候与外公外婆一起生活的场景，那段时光不仅有我的快乐，还有两位长辈的柴米油盐。每天清晨，我都会早起跟着外婆去鸭舍掏鸭蛋，然后和她一起去街边卖菜，每天的菜量装满一个小菜篮子，不多不少。每到入冬，外公的哮喘就会比平时严重，外婆总让他别走长路，在院子里散散步就行，但外公喜欢和我们一起上街看摊。回家的路需要经过一段长斜坡，外公总会落在后面喘着粗气，外婆就会怪他："你这个老头子啊，让你别来别来，就是不听。"但又不放心地三步一回头，时不时停下来等他，而我就像个停不下来的小猴子，在两人之间跑来跑去。到家之后，外婆有时还忍不住要唠叨几句，发发牢骚，手上动作却利索，一直没停下来，招呼外公赶紧坐下，把藤椅搬到门口，让他躺着晒晒太阳，随后又倒上一杯水给他。外公偶尔咳嗽几声，渐渐平静下来，闭上眼睛，享受冬日的温暖。外婆有一个习惯，每天晚上她都会把热水壶拿上楼放在床边，提前倒好一杯水放在床头，以便外公随时需要。在我记忆中，外婆睡觉虽然闭着眼睛，但只要外公咳嗽，她就会察觉到，替他盖好被子，或者轻轻拍几下。

外公最后在医院的那段时间，外婆经常偷偷流泪，她几乎日夜守着外公，寸步不离。即使有时候外公神志不太清楚，脾气暴躁，外婆也始终细心、耐心地照顾他，安抚他的情绪。外公知道自己的情况，他告诉儿女想要回家。在老家的最后一个晚上，外婆一直坐在床头，紧紧握着外公的手，没有说话，只是默默地陪着他。微弱的灯光给整个房间蒙上淡黄的光晕，墙上相互依偎的两个影子无声无息，四周非常安静，仿佛世界只剩下他们彼此的心跳。外公艰难的喘息声好似时间沉重的脚步声，一步一步踏在我们心头，每一呼每一吸都舍不得让它溜走。外婆看着外公无声地流泪，两个人的手一直紧握着。外公虽闭着眼睛，却能分明地感受到外婆一抽一抽的颤抖，他的眼角也会突然流下一滴泪，顺着脸颊滑落在枕头上。外公是大陈岛第一批垦荒队员，自上岛之后就一辈子扎根在这里了，尽管条件艰苦，外婆从未想过离开。此时此刻，他们脑海中浮现的应该是彼此在一起的点点滴滴。就这样，外婆送别了自己相依相伴一辈子的人。现在每到冬至，外婆在做冬至圆的时候还常和我说：“你外公以前也喜欢吃，他牙好，不像我，老是把假牙粘住。”外婆脸上虽然挂着微笑，但眼眶却湿润了。

陪伴是最长情的告白，现在有一句特别流行的话“嫁给爱情”，很多人这么说自己。我不知道该如何定义爱情，但在老一辈人身上，我看见了家庭，看见了生活。不一定轰轰烈烈，完美无缺，可以有拌嘴争吵，可以有柴米油盐，但自从你来了，就始终在身边，未曾离去。交换余生，手心紧握，记忆紧扣。

洗衣者说

杜栖桐

上大学以后，我总是和朋友说：“我每天都在洗衣服、晾衣服、收衣服、折衣服中度过。”听起来可能有些荒诞，但的确如此。尤其是，我还十分不幸地患着被称为现代病之一的拖延症，衣服总是堆到不能再堆，才端到水池边怀着沉痛的心情洗掉。友人戏称我有着美国人的生活习惯，有 Laundry day。我回敬道：“那敢情好，我就是 Laundry lady 了，每个 Laundry day 都是我一个人的狂欢，谁也别想跟我抢。”

我讨厌洗衣服，对此我毫不避讳。洗衣服多累呀，孤零零地勾着腰，机械地把布料揉来搓去、过水清洗，等洗完衣服，手也皴了，腰也酸了，人也脱力了。在所有的家务活中，它最没劲。每次洗衣服的时候，我都是满腹的不情不愿，心情犹如上刑场。我也推己及人地猜想，白雪公主和灰姑娘在为小矮人和后母洗衣服的时候，心里想的肯定不是什么真善美，而是一股恶气：“老娘一定要过回幸福的生活，最起码再也不要亲自洗衣服。”

说来惭愧，在来到大学之前，我很少自己洗衣服。通常情况下，我的脏衣服会被丢在阳台的洗手池上，过上两三天，它们就会带着香气，整整齐齐地在我的衣柜里躺好——感谢我的母亲。我现在才意识到，不用自己洗衣服的日子有多舒心愉快。王子、公主不用自己洗衣服，超级英雄不用自己洗衣服，我曾经的日子在某些方面也如童话故事一样奇幻，令人向往，可是往事不可回首。英语中，“走向社会”叫作“step into the real world”（走进真实的世界），我想“真实的世界”就是再没有人帮你洗衣服了。我现在在真实世界里，对我过去的童话生活表示沉痛的怀念与哀悼。

可笑的是，囿于一些片面印象和刻意吹嘘，我的许多亲朋至今认为我是一个独立的人，并且在教育自家孩子时以我为度量衡：你看人家姐姐，一个人在家煮饭吃哦。这又能算什么独立呢？我现在想，我只是没有把自己饿死。我还没有自己洗过衣服呢！是我的母亲在我恬不知耻地接受谬赞时，默默地在阳台上把我的衣服洗好，维护我那自欺欺人的童话故事。

我家阳台朝西，母亲在下午洗衣服的时候，她的身影会被夕阳剪出一个轮廓，这画面印在我心里，像是一张单薄的窗花。母亲就这样把自己无数个黑黑的剪影涂抹在我的衣服上，用昏黄的余晖涤荡清洗，再借着月光晾干。

后来再有人被称赞为“独立”时，我就会情不自禁地设想此人在一片晨光暮影中洗衣的样子。独立独立，独自立在水池边洗衣，也算是我的古话新说了。

古往今来，“洗衣”这个意象从来就不曾单纯过。从若耶溪边的浣纱女西施，到“长安一片月，万户捣衣声”，洗衣这件事似乎成了女性的“特权”，充满柔和美，它与期待、思念、默默付出有关。女人们将这些千丝万缕的情意揉搓进手中的衣物（可能是丈夫的，也可能是孩子的），再让它们顺着流水漂走。

有一次离开寝室去上课，室友让我抬头往上看：“你看，那是我们的阳台。”我抬眼看见阳台上晾晒着五颜六色的衣服，突然被一阵感动击中。后来我走在街上，无论是堆叠的高楼，还是僻静的小巷，那些晾晒着的衣服总是会吸引我的目光，它们在阳光下轻轻摇晃，暖洋洋，沉甸甸，像是一面面旌旗，也像是昭示主人日常生活的酒幡。我从中嗅出了岁月静好的意味，并为之欢欣。

或许以后，我还可以以“洗衣者”来介绍自己。

长安不见月，一户捣衣声。

有　海

刘方迅

在住在海边的孩子心里，英雄和恶魔都是海。

小格见过平缓得近乎停滞的波浪，水花翻滚着露出白色肚皮和凉气，舔舐细腻的沙。他和妹妹常在月光下用铁夹子把陷在沙滩腹部的杂物找出来，扔进垃圾袋，偶尔会遇到硌脚的贝类，里面装着一小片平静的海。

牙疼不是病，疼起来真要命。妈妈要他早晚刷牙，也不是没有道理，而且要刷够三分钟，一直到豌豆粒大小的牙膏化成绵密的泡沫，滴在洗手台的白色漩涡里。一入夜，牙疼得更要命，他辗转反侧。窗外忽然飘来类似手风琴的声音，他在电视上看过一种奇怪的乐器，像某种深海的鱼，悠扬绵长，呼唤水的涟漪。他探出头去，只有海风拂过。

他爱吃鱼虾，煮得通红的螃蟹，以及扇贝类，白水过一遍、蘸酱过一遍，吃进胃里，好像风“呼”地灌进身体，凉得皮肤起小疙瘩。他仍旧养着贝壳里的那一小片海，妹妹也想要自己的一小片海。

她看起来机灵极了，单眼皮，眼睛却很大，可惜结巴，不大会讲话，一开口就被别的小孩儿模仿嘲笑。她心里酸气翻滚、熔岩流淌，干脆就不再和人讲话了。但哥哥除外，可哥哥也会长大，不一定会永远容忍、亲近她。如果有自己的一片海，那波涛、风暴、生命的悸动就全是她的。可是哥哥牙疼，她不好意思和他讲。

家里是开民宿的。早上母亲去客房一床一床叠被子；父亲开着掉漆的白色汽艇带游客去海上，那些人举着相机，戴着反光墨镜，女孩儿的泳衣鲜艳又明亮。以前住在河道边时，河道不比海宽广，但能看见大船，汽笛鸣响像是在炫耀，从浅蓝水波上缓缓驶过，惊起一滩鸥鹭。

渔船消失很多年了。爷爷最喜欢可爱的妹妹了，愿意清晨带她出海，允她抚摸偶遇的白色小鲸鱼，妹妹不认得那是什么品种，只记得手掌心又凉又滑，小格羡慕得牙痒痒。突然有一天，村里不许爷爷出海了，妈妈说，每捕一条鱼，天上就会少一颗星星。爷爷除了打渔什么都不做，有一天他告别小格，驾船走了。妹妹看着他的背影驶向海天一色的边缘，突然就拔腿往海里追。小格追不上她，她不停地跑，泪水似珍珠。沙子、尖利的贝类、死鱼、奄奄一息的海星……妹妹摔倒了，又爬起来，直到跑下了海。小格把妹妹捞上岸来时，她几乎成了把声音出卖给女巫的小美人鱼，咿咿嘤嘤说不出一整句话。

妹妹再也不学游泳了，只是坐在亮晶晶的沙滩上，抱着腿看来自五湖四海的人们在海里嬉闹，拿着小格的贝壳，放在耳边听海。

“世界上还有很多你不理解的事情，因为你还太小了。”小格吻吻妹妹的额头，并不愿意把那一小片海给她。说不定爷爷是《老人与海》里的英雄，过些日子就会划船回来呢。“带回来一副这么大的鱼骨架。”小格给她比画。最近学校掀起了一股养宠物的热潮，同桌把小乌龟从塑料盒子里提溜出来，瞪大眼睛看它不紧不慢地爬。没有人愿意把自己的宠物硬生生割成两半分给别人，再亲近也不行。

妹妹听得懂，但不可避免地有些怨他。墙上的地图已经好多年没有换过，边角泛黄，像婴儿的脚趾一样蜷着。游客多半来自地图另一端有高楼大厦或绿荫草地的地方，但从未见过海。漂亮的女人端着小巧的相机给自己拍视频，编简单的发辫，散发的则点缀上颜色明媚的发带，清一色地妆容精致，身形圆润或纤细，像沙滩间遗落的珍珠。她们喜欢逗妹妹说话，给她涂好看的口红，念妹妹从来没听过的歌谣：

我看见一艘大船
船帆是丝绸做的
桅杆是金子做的
船舱里有糖果和苹果

我看见一艘大船
船上所有的东西
都是为你准备的

妹妹坐在一个大女孩怀里，女孩黑亮的长发尾端落到妹妹的肩膀上，可以闻到防晒乳奇特的香味。肌肤相触的温热让妹妹有些害羞，没人告诉过她该怎么回馈这些善意。小格走了过来，他穿着浅色的短裤，膝盖上消不掉的瘤痕比肤色更白。他漫不经心地告诉客人：“水开了可以吃泡面。”妹妹抱着膝盖，看他一声不吭地收起巨大的遮阳伞，她今天依旧没有说一句话。哥哥觉得这样不好，但是妹妹拉住他：“我……不想……要……海……了。”

小格并不觉得指缝里被妹妹不小心抹上沙子有什么不好。小颗粒像无法捉摸的雾纱笼罩着皮肤，他把遮阳伞扛在肩上后才用那只干净的手摸摸她的脑袋，并不说话。

也许有一天，小格和妹妹都会离开这片海，他们毫无阅历，毫无准备，一头扎进自己的命运里。贝类里的一小片海，包裹着一颗柔软的心，匆匆忙忙之余，还能抬头看看天边，是否有人乘船归来。

第五课 语言表达能力训练

课前引导

表达能力指的是写作者运用语言媒介，将思想、观念、经验、感觉等传达出来的能力，其核心是对语言的运用能力。本节课将介绍写作中语言运用的要求，介绍五种语言表达方式，带领学生学习具体的提升语言表达能力的方法。

第一节 语言与写作

语言是作者表达思想的载体，具有指向事物、表达概念、建立人际交流关系的功能，语言表达能力是写作能力的基础。同时，写作也对语言提出了基本要求——简洁、准确、生动。在文学创作中，优秀的文学语言能够为作品添色，使人物形象更为鲜活、故事情节更为精彩。语言表达能力的提升需要不断探索方法、进行写作实践积累。

一、语言的功能

（一）语言具有指向事物的功能

在索绪尔的结构语言学中，语言指向事物的功能用“意指作用”“能指”“所指”三个紧密相连的概念来阐释。意指作用表示下述两者的关系：一方面是表示具体事物或抽象概念的语言符号；另一方面是语言符号所表示的具体事物或抽象概念。索绪尔把前者称为能指，而把后者称为所指。能指指单词的词形或词音，所指指单词所表示的对象或意义。例如，作为语言符号的“桌子”这个词是能指，作为具体事物的桌子是“桌子”这个语言符号的所指，同时也是这个语言符号的意义。

（二）语言具有表达概念的作用

概念指的是具有一定内涵的成形的思想，概念的表达和传递离不开语言的帮助。我们在学习知识的过程中，总要接触一个又一个概念，有的由老师口头教授，有的由书本文字传达，口语和书面语是语言表达的两种重要形式。在概念表达的过程中，语言应尽量通俗易懂、深入浅出、严谨准确、科学客观，方便人们对概念的理解与接受。这对语言表达能力提出了较高的要求，因此需要一定的语言能力训练。

（三）语言具有在人与人之间建立交流关系的作用

人与人之间交流的方式有很多种，语言、动作、表情、神态等都可以在人们之间传达、交流信息，帮助人与人相互理解。其中，语言起主导作用，是人们交流沟通时采用的主要方式。但语言对人类交流关系的作用是双面的，这取决于语言表达能力的高低，或语言使用的好坏。有句俗语说，“良言一句三冬暖，恶语伤人六月寒”。善意的语言能温暖人心，使双方关系和谐，而恶毒刻薄的语言则会伤害人心，阻碍双方建立友好关系。另外，语言准确、简洁能够使个人意念传达更为到位，促进双方交流效率提高，而语言逻辑混乱、驴唇不对马嘴或限制条件不清则容易导致歧义，为双方的交流增加阻碍。

二、写作对语言的要求

（一）准确

1. 用词准确

用词准确指的是选择合适恰当的词语来准确地表达概念，而不使语言产生歧义。这是一种严谨性的表现，如果“用词不当”，则会闹出笑话。在记叙文中，用词的准确有助于对事件的清晰描述；在抒情文体中，用词的准确有助于情感的准确表达；在说明文中，词语的准确性尤其重要，说明文对语言的客观性、严谨性、科学性要求高，以使事物的原貌得以准确再现。因此，准确用词是创作一篇好文章所必不可少的能力。

为达到这个目标，写作者首先要学会区分多种近义词，如“必须”和“必需”，前者是一定要做某事，后者是一定要具备某事物。再如“包含”和“包涵”，都有“容纳”的意思，前者更多地指物的构成，像“血型包含 A 型、B 型、AB 型、O 型、RH 型五种”，而后者则指人的原谅、宽恕，形容人的心底宽容，比如我们常说“招待不周，还请您多多包涵”。近义词的数量有很多，在阅读以及实际说话中，我们应当多留心观察、有意积累。在写作中，也有不少作者特地借助“近义词”来故意制造误会，设计出有趣、滑稽的对话或情节。

其次，写作者要注意词语的感情色彩，这就要观察用词的语境和场合。感情色彩是用词者为词语赋予的主观感情倾向，分为褒义、贬义、中性三种。在表达同一个意思时，不同感情色彩的词语带有不同的味道，听者也将产生不同的感觉。《论语》中有“君子周而不比，小人比而不周”，意思是君子合群而不与人勾结，小人与人勾结而不合群，“合群”和“勾结”都有“与人聚集靠拢”的意思，但前者倾向一种友好的团结，后者则倾向带有卑鄙目的的结党营私。因此，感情色彩充分代表了写作者对笔下事物的褒贬态度。不过，随着历史文化的前进，词语的感情色彩也发生着变化，如现在的“小人”一词一般指刁钻狡猾、懦弱卑劣的人，而古代的“小人”还有其他意思，如在前辈、长辈面前对自己的谦称，小孩子或小一辈的孩子，以及对自己平民身份的称呼等，并没有严重的贬低色彩，只不过随着社会环境的改变，后面这几种意思的使用率渐渐下降了。

2. 用句准确

写作时，用句要符合基本的语言规范，符合逻辑而不前后矛盾。关联词能指示上下句子间的关系，为理顺句子逻辑提供有效帮助，能提升用句的准确性。常用的关联词组合有：因为……所以……（表因果关系）、虽然……但是……（表转折关系）、要是……

就……(表假设关系)、既……又……(表并列关系)、要么……要么……(表选择关系)、只要……就……(表条件关系)等。此外还有许多关联词组合,不胜枚举。在平时的阅读、说话中,我们可留心观察积累,学会运用关联词来为语言增彩。但这并不意味着关联词是必需的,有时候关联词太多,也会造成语言啰嗦、麻烦。在作者、读者都理解句意的情况下,适当省略、简化关联词的使用,有助于文章的简洁美观。

除了灵活使用关联词外,用句的准确度有赖于大量的阅读练习和写作练习。这是为了提升写作者的语感,要注意的是,这不是口语语感,而是一种书面语语感,两种语感在语气、用词的准确度上是有区别的。同时,要通顺而准确地写下语句,离不开对句子语法规则等的熟悉。在用外国语言写作时,我们往往要提前学会语法,才能把句子写对。在使用母语写作时,我们同样需要学些语法,这能有效减少句式杂糅、语序不当、搭配不当等常见语病,让句子更完整、正确。

(二) 简洁

“简洁”即干净、简练、简单,简洁的语言能够用尽量少的字数表达尽量多的含义,达到言简意赅的效果。语言简洁的魅力不仅在于缩短文章的篇幅、提高文章阅读的效率,更在于它展现了一种较高的语言运用能力,相比长篇累牍、拖沓空洞的文章而言,它更大限度地发挥了汉字的作用。中华文化博大精神的关键之处在于汉字的丰富和深邃,一个汉字可以表达多种含义,因此文字的简洁、凝练相当于极大地提高了汉字的使用效率,也使文章增添了语言文字上的美感。人们常赞叹诗歌的美,不仅是因为诗歌有充实的意象、动人的情感,更在于诗性语言的美,一个字就可胜过千言万语。与此同时,简洁的语言便于读者集中注意力,尽快接收信息,也为读者提供了更多的想象空间。所谓言简义丰,就体现出了语义的延展性。不过,语言简洁的前提是不妨碍写作者思想情感的表达,不能不分语境地一味追求语言简练,如果不将意思表达清楚,就容易导致歧义。

作家阿城笔下的文字极具简洁特征。《棋王》中写了一直承受饥饿的几个伙伴一同来到街上吃饭的画面:

> 可是大家仍然很兴奋,觉得到了繁华地界,就沿街一个馆子一个馆子地吃,都先只叫净肉,一盘一盘地吞下去,拍拍肚子出来,觉得日光晃眼,竟有些肉醉,就找了一处草地,躺下来抽烟,又纷纷昏睡过去。[①]

此处语言简练干脆,三言两语就把大家大吃一顿肉食的前后情况说清楚了,尤其“肉醉”一词,恰当地表达出了他们爽快、过瘾的感觉。

那如何提升语言的简练度呢?上文提到,诗的语言具有简练的美感,因此多读诗甚至尝试写诗,都有助于锻炼这种能力。除诗之外,新闻报道也有语言简洁的特点,因而也可成为学习的材料。新闻要求在较短时间内以较少的字数来叙述某一事件,确保事件的开头、结尾、过程中的关键点都被叙述清楚,在新闻评论中还要对事件进行评价,这都是对语言能力的重要锻炼。

(三) 生动

语言生动指的是文章在表达思想内涵、描绘事物时用词灵活、画面感强、感染力强,

---

① 阿城.棋王·树王·孩子王[M].南京:江苏凤凰文艺出版社,2016.

使文章展现的事物如在眼前。语言的生动性体现在多方面,可具体从以下几个角度入手分析。

1. 立体感

立体感形容语言生动使得所描绘之物几乎可以触碰,有明暗、软硬等感性体验,给人身临其境之感。阎连科在小说《年月日》中有这样两段描写:

千古旱天那一年,日子被烤成灰烬,用手一捻,日子便火炭一样沾在手上烧心。

先爷走上梁子,脚下把日光踢得吱吱嚓嚓。从东山脉斜刺过来的光芒,一竿竿珠子样打戳在他的脸上、手上、脚尖上。[①]

在这两段文字中,阎连科把岁月、日光变成了可触摸的实物,赋予了它们温度、声响,给人一种不可思议的立体感,这使其笔下的事物都鲜活起来,奇异而独特。

2. 音乐美

音乐美首先指语言和音乐一样有一定的节奏感、韵律感,如诗歌中讲究押韵、平仄,讲究节奏、律动感等。音乐美还指语言对声音有较强的表现力,将原本或许普通单调的声音变得生动奇特。如"老呵呵的声响如文火炒豆般又沙哑又脆生"(阎连科《年月日》),就体现了声音描写上的形象生动。

3. 装饰美

装饰美指通过运用多种修辞手法来增强语言的画面美,使语言表达更丰富而不单调无聊。沈从文在《边城》中有一段对翠翠的出色描写:

翠翠在风日里长养着,把皮肤变得黑黑的,触目为青山绿水,一对眸子清明如水晶。自然既长养她且教育她,为人天真活泼,处处俨然如一只小兽物。人又那么乖,如山头黄麂一样,从不想到残忍事情,从不发愁,从不动气。[②]

沈从文用充满灵性的文字,把翠翠描绘成自然生养的精灵。他笔下文字中的"装饰美",第一来自颜色的丰富,从名字"翠翠"、黑黑的皮肤、青山绿水到清明如水晶,都呈现出色彩上的美感;第二来自人物神态、情态的真实生动,翠翠不仅有明亮的眼睛,还有活泼、朴实、宽容的性格,"俨然如一只小兽物",那种自然赋予的生命力跃然纸上。

4. 幽默美

幽默美指语言兼具外在的可笑性和内在的深意性,这内外两种特征决定了幽默并不是搞笑,要实现幽默还得肚子里有些内容。钱钟书先生的文字是公认的"幽默的文字",他在《围城》中用幽默、辛辣、讽刺的语气刻画了道貌岸然的知识分子、学者形象:

唐小姐妩媚端正的圆脸,有两个浅酒涡。天生着一般女人要花钱费时、调脂和粉来仿造的好脸色,新鲜得使人见了忘掉口渴而又觉嘴馋,仿佛是好水果。她眼睛并不顶大,可是灵活温柔,反衬得许多女人的大眼睛只像政治家讲的大话,大而无当。古典学者看她说笑时露出的好牙齿,会诧异为什么古今中外诗人,都甘心变成女人头插的钗,腰束的带,身体睡的席,甚至脚下践踏的鞋,可是从没想到化作她的牙刷。[③]

---

① 阎连科.年月日[M].郑州:河南文艺出版社,2010.

② 沈从文.边城[M].长沙:湖南文艺出版社,2014.

③ 钱钟书.围城[M].北京:人民文学出版社,2017.

唐小姐的真实相貌倒是次要的，关键在于作者对政治家、古今中外诗人、古典学者暗示性的讽刺，辛辣而有趣。这样的幽默绝非浅薄，相反，需要较深厚的内在做支撑，才具备让人细细体味并从中品出乐趣的空间，嬉笑之外又有无限余味。钱钟书先生的幽默是“威力十足”的，那股厉害劲儿使人联想到作家毕飞宇的一句话，“幽默有时候是很歹毒的，它十分地辛辣，一棍子能夯断你的骨头”①。

余光中的《我的四个假想敌》，也是经典的幽默散文，他在此文中把四个未来的女婿当成自己的假想敌，设想了一系列双方交战的场景——“信箱被袭”“电话中弹”，最终女儿被他们从“我”手里“抢去”。字里行间可见作为父亲的余光中对四个女儿的疼爱，也可见他语言运用能力的高超，对各种事物的描写、评论都信手拈来，充满诙谐风趣。这种幽默更加温和恬淡，戏谑着发出几支不含攻击性的箭，本质上是一种玩笑和打趣。

总体来讲，语言的生动性可从多个角度来理解，它们都使语言变得新奇有趣、画面感强、内涵丰富、有较大的品味空间。

在具体做法上，首先，运用多种表达技巧如不同的修辞手法，能在很大程度上提升语言的生动性。其次，动词的灵活运用也很关键，一个有趣的动词好过一串拖沓冗长、无聊的形容词，能够有效增添语言的生机活力。《水浒传》中武松打虎的段落堪称动词使用的经典。“大虫”拿人时一扑、一掀、一剪，武松先是一闪，后拿起哨棒一抡、一劈，再用双手一搭、一揪、一按，“大虫”就被武松捺定在了地上。② 单把这几个动词拎出来，人物的动作细节都得以呈现，画面立刻生动、具体起来。动词的重要作用可见一斑。对动词的把握十分考验写作者的语言运用能力，像贾岛的“推敲”一样，是需要认真学习与练习的。一方面，可以在广泛阅读中关注优秀作家笔下的动词；另一方面，则要在个人写作训练中有意识地揣摩动词的使用，将动词作为句子的核心来锤炼。

第二节　语言表达的方式

表达方式是指人在说话、写作时所采用的语言运用的基本方法和形式。写作领域主要有五种表达方式：描写、叙述、抒情、议论、说明。

一、描写

描写是对人、事、物的状貌与情态进行描绘，以传达人的内心想象和对周围世界印象的手段。从表现形式上看，描写分为详细描写和简要描写，前者是对事物的主要特征做细致入微的描绘，后者是抓住事物的特征对其做简洁传神的描绘。二者分别适用于不同的写作需求。从描写对象的类别上看，描写可分成三种：一是人物描写，包括肖像、行动、心理、语言描写；二是景物描写，包括自然环境、社会环境描写；三是场面描写，是对场面中出现的各要素及场景的整体面貌进行描绘。

① 毕飞宇. 小说课[M]. 北京：人民文学出版社，2017.

② 施耐庵，罗贯中. 水浒传[M]. 北京：人民文学出版社，1997.

（一）人物描写

人物描写包括肖像描写、行动描写、心理描写、语言描写四部分，从人物的外貌衣着、行动表现到心理活动、语言表达，从外到内地多方面展现人物信息，如身份地位、性格特征、思想感情等。优秀的人物描写是深具个性化的，能够与人物的人生经历、人格特征相贴合，在作者高超的刻画功力之下，人物栩栩如生、如在眼前。

在古往今来的文学作品中，有不少优秀的人物形象被塑造出来。作家生动的笔触，赋予了他们可感的生命。曹雪芹在《红楼梦》第三回“林黛玉进贾府”中有一段经典的人物描写，给历代读者留下了深刻印象。

一语未了，只听后院中有人笑声，说：“我来迟了，不曾迎接远客！”黛玉纳罕道：“这些人个个皆敛声屏气，恭肃严整如此，这来者系谁，这样放诞无礼？”心下想时，只见一群媳妇丫鬟围拥着一个人从后房门进来。这个人打扮与众姑娘不同，彩绣辉煌，恍若神妃仙子：头上戴着金丝八宝攒珠髻，绾着朝阳五凤挂珠钗，项上戴着赤金盘螭璎珞圈，裙边系着豆绿宫绦、双衡比目玫瑰佩，身上穿着缕金百蝶穿花大红洋缎窄裉袄，外罩五彩刻丝石青银鼠褂，下着翡翠撒花洋绉裙。一双丹凤三角眼，两弯柳叶吊梢眉，身量苗条，体格风骚，粉面含春威不露，丹唇未启笑先闻。黛玉连忙起身接见。贾母笑道：“你不认得他，他是我们这里有名的一个泼皮破落户儿，南省俗谓作‘辣子’，你只叫他‘凤辣子’就是了。”黛玉正不知以何称呼，只见众姊妹都忙告诉他道：“这是琏嫂子。”黛玉虽不识，也曾听见母亲说过，大舅贾赦之子贾琏，娶的就是二舅母王氏之内侄女，自幼假充男儿教养的，学名王熙凤。黛玉忙陪笑见礼，以“嫂”呼之。这熙凤携着黛玉的手，上下细细打谅了一回，仍送至贾母身边坐下，因笑道：“天下真有这样标致的人物，我今儿才算见了！况且这通身的气派，竟不像老祖宗的外孙女儿，竟是个嫡亲的孙女，怨不得老祖宗天天口头心头一时不忘。只可怜我这妹妹这样命苦，怎么姑妈偏就去世了！”说着，便用帕拭泪。贾母笑道：“我才好了，你倒来招我。你妹妹远路才来，身子又弱，也才劝住了，快再休提前话。”这熙凤听了，忙转悲为喜道：“正是呢！我一见了妹妹，一心都在他身上了，又是喜欢，又是伤心，竟忘记了老祖宗。该打，该打！”又忙携黛玉之手，问：“妹妹几岁了？可也上过学？现吃什么药？在这里不要想家，想要什么吃的，什么玩的，只管告诉我，丫头老婆们不好了，也只管告诉我。”一面又问婆子们：“林姑娘的行李东西可搬进来了？带了几个人来？你们赶早打扫两间下房，让他们去歇歇。”

说话时，已摆了茶果上来。熙凤亲为捧茶捧果。又见二舅母问他：“月钱放过了不曾？”熙凤道：“月钱已放完了。才刚带着人到后楼上找缎子，找了这半日，也并没有见昨日太太说的那样的，想是太太记错了？”王夫人道：“有没有，什么要紧。”因又说道：“该随手拿出两个来给你这妹妹去裁衣裳的，等晚上想着叫人再去拿罢，可别忘了。”熙凤道：“这倒是我先料着了，知道妹妹不过这两日到的，我已预备下了，等太太回去过了目好送来。”王夫人一笑，点头不语。[①]

1. 肖像描写

这段文字对王熙凤进行了详尽、全面的外貌描绘。穿衣打扮上，可谓珠光宝气、翠

① 曹雪芹，高鹗. 红楼梦[M]. 长沙：岳麓书社，2016.

绕珠围、靓装炫服、金装玉裹、彩绣辉煌，恍若神仙妃子，这体现出王熙凤外表之美丽、身份之高贵、财富之显赫；五官相貌以及神态上，字里行间透露出“精明干练”四字，而其“威不露”和“笑先闻”的特点，也充分展现了她个性张扬、不怒自威的气质。

2. 动作描写

动作描写是对描写对象的动作、行为，以及其行为方式、处事方式等的描写。在进行动作描写时，应选取最有意义、最能够体现对象个性、心理、身份等信息的动作。

王熙凤人未到而笑先闻，尽显其张扬之派。而摆上茶果后，又亲为捧茶捧果，这一细节显出她对人情的熟练掌握，以及头脑的精明。细节捕捉是动作描写的重点，动作的细节之处更能体现人的行为习惯、内心活动、人格特征等，还能进一步增强文字的画面感。

3. 心理描写

心理描写是对人物的心理活动、思想活动进行描写，是对人物的直接刻画和说明，往往用人物的内心独白来展现，也常用梦境描写、幻觉描写来展现。心理描写不仅能透露人物的思想感情、反映其性格，还能起到推动剧情发展的作用。心理描写应做到细腻、贴切，符合人物个性。

如上文对林黛玉心理的描写。林黛玉听到王熙凤进门前的笑声时，在心里产生思索：“这些人个个皆敛声屏气，恭肃严整如此，这来者系谁，这样放诞无礼？”黛玉这一思考，是其性格的重要体现。黛玉内敛含蓄，心思细腻敏感，擅长察言观色，初来贾府的她悄悄观察着周围的一切，很短时间内就察觉到了各人的小心谨慎、恭肃严整，因此更为王熙凤张扬自信的笑声而暗暗吃惊。

值得一提的是，心理描写往往是复杂、充满挣扎的，正如人的内心总是复杂、充满挣扎一样。丰富、多层次的心理描写蕴含着充实而深沉的情感情绪，我们能从中看到世界的多样、人性的复杂。

4. 语言描写

语言描写包括独白(自言自语)和对话两种，能够个性化地反映人物的思想感情，体现人物的性格、身份等信息。

前文中王熙凤的语言占了大量篇幅。初见黛玉，她先是在贾母、王夫人面前对黛玉一顿夸赞，表达对妹妹身世的同情，再对妹妹的生活情况做一番详细的询问，涉及多方多面，以表示对黛玉的关心。这一方面显示了王熙凤为人的热情活泼，反映了她心思全面缜密，另一方面也透露出王熙凤在家族中地位之高、权威之大，一切尽在其掌握之中。随后王熙凤回答王夫人关于缎子的询问时，她又能立马给出最体面的回答，尤其是不表现出自己的失职，可见她头脑灵活、为人精明。

曹雪芹在这短短的一段人物描写中，不仅把人物的外貌、性格特点生动地表现出来了，更营造出人物本身特有的氛围感，甚至通过人物性格、地位的刻画描绘了其生命的状态，读者从中或许能一窥其命运的端倪。

总体上，人物描写从根本上是人物的个性化反映，应对其进行多元化的描绘，注意各特征间如丝如缕的微妙联系，甚至营造独属于该人物的世界和氛围，使人物立体、生动、鲜活。这是一种以个体人生为焦点的写作视角，其前提是对每个人物独特性的承认和观照，因此对于重要人物不宜进行概括化、模糊化处理，而应从外貌到内心赋予其鲜活的生命。当然，若出于描绘群体的需要，则可以概括群体的共同特征、捕捉集体人格，把群体当成一个整体来描绘。

（二）景物描写

景物描写即环境描写，包括自然环境描写、社会环境描写两种。在自然环境描写中，写作者有时会严谨、客观地描绘自然景物，向读者展现其原貌；有时会加入主观因素，在客观自然物上渗透个人感情，实现情景交融，眼前景物也因此鲜活起来。就像王阳明所说，“你未看此花时，此花与汝心同归于寂，你来看此花时，则此花颜色一时明白起来，便知此花不在你的心外”[①]。英国浪漫主义诗人华兹华斯在《水仙》一诗中写到“我”与水仙花的相遇，当“我”凝视着那缤纷繁茂的水仙花时，有了心旷神怡之感。幽然冥想间，仿佛不知不觉找到了心灵的倚靠和寄托，收获了内心的喜悦与平和。在这里，花与人一同走出了寂寞，达到了和谐相融的境地。[②]

自然环境与社会环境也是相互联系、相互渗透的。在《与朱元思书》中，吴均描绘了优美自然、清新怡人的山水风光，呈现了一种闲适宁静的心境，表达了对自然环境的欣赏与喜爱，将个人情怀寄托于山水之上。[③] 这正好反衬出现实环境尤其是政治环境的黑暗。为官之人、知识分子处世困难，为功名利禄所束缚，不得不对美好的自然山水抒发自己挣扎、郁结的思绪。

游记是一种典型的以景物描写为主的文学体裁。写作者对自己的游历进行记录，少不了描绘当地的自然环境与社会环境，以及加入个人的观感和评价。《徐霞客游记》《马可·波罗游记》都是举世闻名的优秀游记，他们所记录、描绘的当地自然景物、文化风俗、社会面貌等，都具有突出的历史、地理、文化意义，因而是珍贵的研究资料。当代作家余秋雨所著的《文化苦旅》《行者无疆》，也是对自己在海内外讲学、考察途中的所见所闻进行了记录和评价，其亮点在于余秋雨以开阔的视野，联系古今中外相关的历史文化知识，对各地文化进行了注视和解释，展现了文化的多样性、丰富性。在这背后，是他对中国繁荣兴盛的文化大地的走近和钦佩，对中华民族上下五千年历史的追溯和凝视，还有对整个人类文明发展进程的思索与追寻。

总体来说，景物描写展现的不仅是客观的自然环境、社会环境，其实也是写作者的心理图景，这在古诗词中常以托物言志、借景抒情的形式出现，成为中国文人心照不宣的含蓄的表达方式。在描写景物时，应当关注到多方面因素，建立起人物感情、社会文明、自然生灵等之间的联系，用一种整体与部分相结合的视角来观察环境。

（三）场面描写

场面描写指的是对特定时间、地点内环境与人物活动总面貌的观察概括。场面描写离不开对场景中精彩部分的详细描绘，也离不开对整个场景的总体概括。此外，在场面描写中，常常静态与动态交融、客观与主观具存、直接和间接交替出现。总之，有多种描写的角度和手法，呈现出一个场景的多元素性、丰富性，使场景真实生动、具有画

---

① 王阳明.传习录[M].沈阳：辽海出版社，2017.

② [英]威廉·华兹华斯.华兹华斯诗选[M].北京：外语教育与研究出版社，2018.

③ 曹道衡.汉魏六朝文精选[M].北京：商务印书馆，2018.

面感。

福楼拜的著作《包法利夫人》中有一段经典的场面描写：

> 艾玛一进餐厅，就感到一股温暖的气味，夹杂着花香、衣香、肉香和块菰的香味。枝形大烛台上的蜡烛，在银制的钟形罩上，显得光焰更长；多面体的水晶，笼罩在不透明的水汽里，折射着淡淡的光辉；长长的餐桌上摆着一簇簇鲜花，排成一条直线，餐巾折得像主教的帽子，放在宽边的盘子里，每个折缝中间摆了一块小小的椭圆形面包。龙虾煮熟了的红色爪子伸出盘外；大水果一层又一层，堆在镂空花篮的青苔上；鹌鹑蒸时没有脱毛，更加热气腾腾；膳食总管穿着丝袜和短裤，打着白色领结，衣服镶了花边，庄严得像一个法官，在两个宾客的肩膀中间上菜，菜已一份一份切好，他只用勺子一舀，就把你要的那一份放到你盘子里。瓷器大炉子下面是根小铜柱，上面有一座妇女的雕像，衣服从上到下都有波纹褶裥，她一动不动地看着满屋子的人。①

从多种香味、华丽而讲究的装饰、诱人的美食，到看上去令人尊敬的膳食总管，这些是包法利夫人一进到餐厅就首先注意到的细节，无不令她向往。福楼拜的描写详细而又独特，在每一物的描写中都突出了重点，即抓住了最令包法利夫人惊讶与向往的那一点。

在场景描写上，值得关注的一个技巧是，根据时间、空间顺序来描绘场景，架构出一个具有时间感的立体空间。在时间上，既可以写不同时间内同一事物的发展变化，营造"物是人非事事休"的历史感、沧桑感；还可以写同一时间内不同事物的面貌，形成一种共时性的对比，如在同一个教室里，有的学生正凝神聚气、专心听讲，而有的学生却左顾右看、走神开小差，以此形成对照。在空间上，可以按照方位顺序，即按东、西、南、北的顺序来描绘场景中出现的事物，还可以按照上、下、左、右的顺序描绘，这样有助于理清写作思路，也方便读者想象和理解。

二、叙述

（一）叙述的含义

叙述是把人物的经历和事件的发展过程表达出来的一种方式，它广泛应用于多种文体，是最常见、最基础的表达方式。

1. 叙述的人称

叙述人称即叙事的立足点与角度，共有三种：第一人称、第二人称、第三人称。第一人称即"我"，通过"我"传达事件，让读者感觉更为亲切，但叙述的人与事只能是"我"活动范围以内的。林海音的《城南旧事》采用的就是第一人称写法，"我"即英子，用童稚的目光观察生活中的一切，写出了独属于小孩的情思，令读者感到十分亲切。第二人称即"你""你们"，在写作中多为读者，在信件中为收信人，或是代表作品中的人，能为读者增加亲切感。如余光中的《鬼雨》第四部分，就采用了第二人称写法，使用了书信体，如泣如诉，读者能够直接感受到写信人的凄苦与悲伤。可以说，第一、第二人称都在无形中

① [法]福楼拜. 包法利夫人[M]. 许渊冲，译. 南京：译林出版社，2019.

拉近了文本和读者的距离,第三人称则相反。第三人称即“他”,叙述时采用全知视角,不受时间、空间、生理、心理的限制,叙事范围更广阔,好似一个旁观者,无形中拉开了读者和文本的距离。总体上看,第三人称的使用比第一、第二人称更为常见。

2. 叙述的线索

线索即为结构在叙述中的体现,往往是贯穿始终的情节演进脉络。线索在内容上包括单线和复线,复线还可进一步划分为主线和副线;线索在形式上则包括明线与暗线。

3. 叙述的表现形式

叙述的表现形式包括概括叙述和具体叙述,一般情况下,两种叙述在作品中都会出现,但概括叙述更多用在开头或结尾,描绘出所述人或事的整体面貌。两种叙述形式都应做到语言简洁、明了,即概括清楚、指代明确、因果照应、用语贴切。

(二) 叙述的具体方式

叙述的具体方式有四种:顺叙、倒叙、插叙、平叙。

1. 顺叙

以时间的顺序展开,使事件的顺序十分清楚,脉络清晰。顺叙更贴近人思考时的逻辑顺序,有助于写作者清晰地讲解故事,但在使用不当、详略不分的情况下,事无巨细地进行描述则可能会导致流水账。

2. 倒叙

倒叙是一种将结局或最突出的部分放在文章前端,而其他部分依次进行的叙述方式。倒叙可以分为结局性倒叙和局部性倒叙两种,前者可以引起悬念,吸引读者继续阅读;后者选择精彩部分,同样能引起读者注意,激发读者阅读兴趣。鲁迅的小说《祝福》,采用的便是倒叙手法,开头先写“我”在老家过旧历新年,前一天遇到了在街头祈祷的祥林嫂,描写了相遇时她的悲惨现状,后来“我”得知她突然去世,便引出祥林嫂的不幸经历。①

3. 插叙

插叙是出于表达的需要而中断原来的叙述,插入另一段叙述的叙述方式。在此过程中,插入部分是亮点和重点,该部分与故事情节有关,并对情节有补充、推动作用,常常是事件的背景、原因等。插叙分追叙和补叙两种,前者是插入过去的记忆,即所谓的追述;后者是对上文进行的补充以及对下文进行的交代。林海音《爸爸的花儿落了》就采用了插叙手法,以小学毕业典礼的召开为主要事件,在中间插叙了“我”小时候因赖床而遭到爸爸痛打以及后来又得到爸爸关心的事,对这一往事的回忆进一步丰富了爸爸的人物形象,为文章增添了平淡而温暖的浓浓亲情。②

4. 平叙

平叙指的是对同一时间不同地点发生的事件进行的叙述,即拓展写作空间的广度,

① 鲁迅.彷徨[M].天津:天津人民出版社,2016.
② 林海音.城南旧事[M].合肥:安徽教育出版社,2015.

将故事设置于平行空间内。意识流写作是一种特殊的平叙写作，与有情节、有时空、有逻辑的传统叙事不同，意识流打破了时空限制，把真实与梦幻、过去与未来、此地与彼地联系在一起，有较强的联想力、想象力，作品往往没有清晰的情节或情节不完整。普鲁斯特的《追忆似水年华》、亨利·詹姆斯的《螺丝在拧紧》都是经典的意识流作品。

三、抒情

抒情即抒发感情，是写作者用富有感染力的文字把自己的思想感情表达出来的一种方式。

（一）抒情方式

1. 直接抒情

直接抒情即直抒胸臆，是将自己内心的真实情感毫无阻碍地表达出来，使文章情感更加强烈直白，感染力更强。在古诗词中，有许多句子采取了这种抒情方法：在说“愁”上，李白有“抽刀断水水更流，举杯消愁愁更愁”（《宣州谢朓楼饯别校书叔云》），李清照有“这次第，怎一个愁字了得”（《声声慢》）；在抒发爱国情怀上，岳飞有“莫等闲，白了少年头，空悲切”（《满江红》），林则徐有“苟利国家生死以，岂因祸福避趋之”（《赴戍登程口占示家人》）；在写离愁别绪上，杜牧有“门外若无南北路，人间应免别离愁”（《赠别》），李清照有“此情无计可消除，才下眉头，却上心头”（《一剪梅》）。

2. 间接抒情

间接抒情是用含蓄婉转的方式来抒发情志的手法，常常要借助一定的外物，或使用某些表达技巧如借景抒情、融情于景、托物言志，以及象征、比喻、暗示等。

如古人王冕的诗《白梅》有“冰雪林中著此身，不同桃李混芳尘。忽然一夜清香发，散作乾坤万里春”，周敦颐的散文《爱莲说》有“予独爱莲之出淤泥而不染，濯清涟而不妖”，以及当代作家席慕蓉的《贝壳》有“比起贝壳里的生命来，我在这世间能停留的时间和空间是不是更长和更多一点呢？是不是也应该用我的能力来把我所能做到的事情做得更精致、更仔细、更加地一丝不苟呢”[①]，都是借助他物来抒发自我情志的例子。

（二）抒情体裁

五种表达方式（描写、叙述、抒情、议论、说明）在写作中常常共同出现，一篇完整的作品常常同时采用多种表达方式。但当某种表达方式占主导地位时，就形成了相应的体裁，如记叙文、说明文、议论文，分别以记叙、说明、议论为主要表达方式。而谈及抒情这一方式时，首要的便是诗歌和散文这两种体裁。

1. 诗歌

《尚书·舜典》中有“诗言志，歌永言，声依永，律和声”，南宋诗论家、诗人严羽的《沧浪诗话》有“诗者，吟咏情性也”。这都是对诗歌本质特征的一种探讨，他们认为诗歌具有表达诗人情怀志趣、思想感情的功能。

不论是在中国的古代、现代，还是在西方国家，人们在诗歌的欣赏、创作实践中往往

① 席慕蓉. 前尘·昨夜·此刻[M]. 武汉：长江文艺出版社，2013.

高度关注“情”的抒发。“情”不局限于喜悦、悲伤等单层次的情绪，而是涵盖了作者的情绪、情怀、志向、情趣等多方面的、深具个性的内容，因此诗歌可以被看作一种注重自我表达的体裁，具有较强的主观性和感性。当读者与诗人产生共鸣时，相似的生活经历、生命体验是他们建立联结的关键，而共通的人类感情是生命体验中不可或缺的一部分，构成人们热爱文学的基础。

2. 散文

散文包括记叙散文、说理散文等多种类型。与诗歌相似的是，散文同样具有情感真挚、语言优美、形式自由的特点。

即使是以说理、叙述为主的散文，也因其中融合的情感而显得十分动人。汪曾祺、席慕蓉的散文，或记叙生活中的琐事，或描绘一种花草瓜果，文字信步而行、自由随性，其言语间展现的生活平淡温馨，令人感动。杨绛笔下的哲理散文，情理相融、意蕴深广，如她写“‘用什么料，充什么菜。’假如是一个萝卜，就力求做个水多肉脆的萝卜；假如是棵白菜，就力求做一棵瓷瓷实实的包心好白菜”[①]。在表达人生哲理的同时，选取平实朴素的例子，采用有趣诙谐的语调，深入浅出，正说明了杨绛先生看待人生的通透豁达。

（三）抒情的要求

对于抒情的要求，有三个方面。第一，要有真情实感，基于生活体验得到情感体验，使一切情感都有其根基，因此真实、踏实。切勿矫揉造作、为文造情、情感虚假。第二，要有健康之情趣，正确处理真与善的关系。第三，注意情感的丰富性、复杂性。

四、议论

议论即以抽象的概念、概括的语言来反映人物、事物的普遍特点，或对特定事物、主题发表自己的看法，是一种直接作用于议论性文本的表达方式。

（一）议论思维

在写作议论性文本时，习惯性的思维方式是从论点、论据、论证三个角度，依照逻辑关系来有序开展论述。首先，写作者针对眼前的事物或议题提出自己的论点（观点），论点分为主论点和分论点，后者显然是对前者的细化。其次，写作者搜寻论据，为论点提供材料支撑。最后，写作者要将论点和论据相结合，呈现一个论述的过程，这需要对论点进行充分剖析和对论据进行充分解释，使二者较好地融合。

论点、论据、论证被称为议论三要素，它们方便写作思路的开展和切入，但这三要素也存在一定的局限性。比如，在确立论点的前提下寻找论据，以“是否符合论点”为标准，提前认定论点是正确且合理的，这就忽视了论点如何产生、是否有失偏颇的问题。

（二）议论方法

在论述方法上，具体有归纳论证、演绎论证、举例论证等，对应着归纳、演绎、联想等多种思维能力，因此论证的完整性、清晰度一定程度上有赖于创作者思维能力的高低。

① 杨绛．将饮茶[M]．北京：生活·读书·新知三联书店，2015．

掌握论述技巧如议论三要素、多种论述方法等，可有效提高论证效率，找到表达的“捷径”。但是，当形成固定的议论框架、模式时，文章结构将千篇一律，除非观点新颖、语言有力，否则文章气势难以彰显，易沦为平庸。

1. 论证原则

在论述时应坚持这样三个原则：全面性原则、本质性原则、具体性原则。这三个原则为论证过程增加合理性、完整性，同时弥补议论三要素的不足。

2. 全面性原则

全面性原则是指论证时要考虑全面，多角度分析。应建立起辩证思维，从正反两方面阐述论点，并自觉地发掘、勇敢地面对论点自身或者与其他方面间的矛盾问题，在剖析矛盾的同时将论点阐释得更为完整。

3. 本质性原则

透过现象看本质，是增进文章深刻性的重要途径。本质性原则即要求论述者不局限于眼前层面，而是由外入里探索事件或现象背后的原因，抓住其本质。可运用演绎、归纳、分析、推理等思维方式，呈现递进式的文章结构。

4. 具体性原则

具体性原则要求文章内涵丰富而具体，不停留于抽象宏大的概念，找到具体的点来对概念进行解释和落实。具体性既能够提升文章的层次性，又能使论述深入浅出、详细全面，增强表达的合理性。

五、说明

（一）说明的含义

说明是用简明扼要的文字，把事物的形状、性质、构成、功能、特征等方面解说清楚的表达方式，可以理解为对某事物的详细介绍。被说明的对象，有的是具体的实物，如自然事物、人工制造物等；有的是抽象的概念，如观点、想法、道理、原理、技术等。

以说明为主要表达方式的文体是说明文，说明文以解说事物为主要内容，传递信息较多，科学性、实用性强，常见的广告、说明书、注释文字等都属于说明类文体。其他文体如记叙文、议论文也会用到说明这一表达方式来介绍事物的面貌或解说某一观点。

（二）说明的类别

根据说明对象的不同，可以把说明分为事物说明和事理说明。

1. 事物说明

事物说明的对象以物为主，着眼于物的外形、构造、功能、性质、类别等特征。叶圣陶先生的《苏州园林》就是一篇事物说明文，介绍了苏州园林的相关知识。此外，事物说明文还有《核舟记》《中国石拱桥》等。

2. 事理说明

事理说明的对象以理为主，即事物本身存在的原理、道理、规律等。如《大自然的语言》就介绍了多种自然现象（物候）产生的原因及发展结果，展现了大自然的丰富与神奇。这篇文章以介绍自然科学道理为主要内容，是一篇典型的事理说明文。

事物说明和事理说明也常常同时出现，二者并不是完全对立的。比如《大自然的语言》这篇文章，虽以阐述自然科学道理为主，但也介绍了较多自然现象，将事物说明与事理说明相结合。

（三）说明的语言

为达到展现事物或事理原貌的目的，说明时不能对说明对象加入过多主观上的改动。因此，说明使用的语言首先应讲求科学性、客观性、准确性。在此基础上，说明语言的风格分为平实和生动两种。

1. 平实的语言

平实的语言朴素而平淡，不讲求语言的美观性、艺术性，只追求表达内容的完整、客观、准确。《大自然的语言》这篇文章在介绍物候现象的因素时采用的就是平实的语言：

> 物候现象的来临决定于哪些因素呢？
>
> 首先是纬度。越往北桃花开得越迟，候鸟也来得越晚。值得指出的是物候现象南北差异的日数因季节的差别而不同。中国大陆性气候显著，冬冷夏热。冬季南北温度悬殊，夏季却相差不大。在春天，早春跟晚春也不相同。如在早春三四月间，南京桃花要比北京早开 20 天，但是到晚春五月初，南京刺槐开花只比北京早 10 天。所以在华北常感觉到春季短促，冬天结束，夏天就到了。①

2. 生动的语言

生动的说明在语言艺术性、表达手法上都有较多讲究，常使用多种修辞手法或引用诗词歌谣，总之是通过丰富有趣的语言来形象地解说对象，语言的美感、灵活性更强。例如：

> 杏花开了，就好像大自然在传语要赶快耕地；桃花开了，又好像在暗示要赶快种谷子。布谷鸟开始唱歌，劳动人民懂得它在唱什么："阿公阿婆，割麦插禾。"这样看来，花香鸟语，草长莺飞，都是大自然的语言。（《大自然的语言》）②

显然，以《大自然的语言》为例，平实的语言和生动的语言可以在一篇文章中同时出现，在安排合理的状态下，二者并不会有较大的冲突而使文章前后出现违和感。相反，在不同的写作情况下，灵活变换语言风格，能使文章既冷静客观，又不过分刻板。

（四）说明的方法

在说明的过程中采用合适的方法，有助于增强文章的表现力和说服力，让解说更加清晰完整、严谨科学。以下内容将以具体文段为例子，介绍五种最常见的说明方法。

1. 下定义

为了表达和理解的高效，在介绍事物、说明道理的时候，我们有时习惯以"下定义"为起点，用说明性文字简明扼要地阐述对象的主要内涵。在定义之后，我们才从多角度对事物开展进一步的分析和介绍。

---

① 竺可桢，宛敏渭. 一门丰产的科学——物候学[J]. 科学大众，1963(1)：6-8.

② 竺可桢，宛敏渭. 一门丰产的科学——物候学[J]. 科学大众，1963(1)：6-8.

无性繁殖的英文名称叫“Clone”，译音为“克隆”。实际上，英文的“Clone”起源于希腊文“Klone”，原意是用“嫩枝”或“插条”繁殖。时至今日，“克隆”的含义已不仅仅是“无性繁殖”，凡来自一个祖先，经过无性繁殖出的一群个体，也叫“克隆”。这种来自一个祖先的无性繁殖的后代群体也叫“无性繁殖系”，简称无性系。（《奇妙的克隆》）①

2. 做比较

通过比较两者或多者的异同，说明对象的特点能够得到更显著的体现。

我国的建筑，从古代的宫殿到近代的一般住房，绝大部分是对称的，左边怎么样，右边也怎么样。苏州园林可绝不讲究对称，好像故意避免似的。

苏州园林与北京的园林不同，极少使用彩绘。（《苏州园林》）②

3. 举例子

在抽象的文字描述略显复杂或空洞、难以理解之时，举例子能够提供一个具象的目标，使文字内涵具体化、真实化。同时，为避免“空口无凭”，举例子还能大大提升文章的说服力和表现力。例如：

物候对于农业的重要性就在这里。下面是一个例子。

北京的物候记录，1962 年的山桃、杏花、苹果、榆叶梅、西府海棠、丁香、刺槐的花期比 1961 年迟十天左右，比 1960 年迟五六天。根据这些物候观测资料，可以判断北京地区 1962 年农业季节来得较晚。而那年春初种的花生等作物仍然是按照往年日期播种的，结果受到低温的损害。如果能注意到物候延迟，选择适宜的播种日期，这种损失就可能避免。（《大自然的语言》）③

4. 列数字

数字或数据可谓是科学性、客观性、准确性的代表。列数字是一种较为直白的说明方法，能在很大程度上增强文章的严谨性。但数据搜集是说明之前的一个难点，数据应当真实准确且具有代表性。例如：

永定河上的卢沟桥，修建于公元 1189 到 1192 年间。桥长 265 米，由 11 个半圆形的石拱组成，每个石拱长度不一，自 16 米到 21.6 米。桥宽约 8 米，路面平坦，几乎与河面平行。每两个石拱之间有石砌桥墩，把 11 个石拱联成一个整体。（《中国石拱桥》）④

5. 打比方

这里的“打比方”不同于传统思维中的“举例子”，主要是指一种比喻、比拟、类比的修辞手法，能增强文章的形象性、生动性。

石拱桥的桥洞成弧形，就像虹。古代神话里说，雨后彩虹是“人间天上的桥”，通过彩虹就能上天。我国的诗人爱把拱桥比作虹，说拱桥是“卧虹”“飞虹”，把水上拱桥形容为“长虹卧波”。（《中国石拱桥》）⑤

将拱桥比作虹，生动有趣且富有想象力。

---

① 谈家桢. 克隆是什么[J]. 语文世界(高中版)，2004(Z2)：39.

② 叶圣陶. 叶圣陶散文[M]. 北京：人民文学出版社，2018.

③ 竺可桢，宛敏渭. 一门丰产的科学——物候学[J]. 科学大众，1963(1)：6-8.

④ 茅以升. 中国石拱桥[M]. 武汉：长江文艺出版社，2018.

⑤ 茅以升. 中国石拱桥[M]. 武汉：长江文艺出版社，2018.

课后写作练习

请从描写、叙述、抒情、议论、说明五种表达方式中任选一种或多种写一篇文章。

洞　庭

李浩

“庆历四年春，滕子京谪守巴陵郡。越明年，政通人和，百废俱兴……”这是我早就熟知的《岳阳楼记》的开头。清晨七点钟，岳阳的一辆公交车上，只零零散散坐了几个老人，悠闲自在。乘车表的一侧正印有《岳阳楼记》，供人欣赏，也供人背诵。

辗转到洞庭湖边时是上午十点钟左右，岳阳楼前、洞庭湖畔已是游人如潮。我仔细看向一旁的岳阳楼，好像并没有什么特别之处，没有黄鹤楼高，但偏黑色的墙体倒是比内部装有电梯、现代感倍佳的黄鹤楼更显得古风古韵。城墙正门处刻有“瞻岳门”三字，实际上我并不是专门来看岳阳楼的，我是为洞庭湖而来。因此，我只是将岳阳楼当作一个特定的地点——一个可以在高处俯瞰洞庭湖的地点，一个可以看到范仲淹眼中的“春和景明”，感受到他“先天下之忧而忧，后天下之乐而乐”情感的地点。

门口有一个背诵全篇《岳阳楼记》便可免费登楼的活动。我抱着“证明自己”的想法果断放弃了买票的决定。可惜只背到“感极而悲者矣”，我便败下阵来，真是“感极而悲”了。于是我放弃了登楼。看到熙熙攘攘的人群、如长龙般的队伍，一时间觉得岳阳楼和黄鹤楼没有什么两样，便转身径直走向洞庭湖。

后羿射杀修蛇的巨大雕像后便藏着横无际涯的洞庭湖。南方的太阳把湖水镀成一片银白，湖面因船只经过而波澜起伏，一只只载客的游船从岸边的码头出发，驶向湖中的君山岛。天空泾渭分明，云软软地聚拢在一起，蓝色的天显得更为剔透；湖面上空飞着白鸟、黑鸟，陆地上空飞着各种风筝。这里的游客比起岳阳楼下排队的人，看起来悠闲许多，没有边际的湖岸任人行走。在湖边辗转许久，期待却没有见到锦鳞游泳的画面。

乘船去往湖中的君山岛，回来时已是傍晚。从船边小窗看去，银白色的湖水渐渐地变为金红，船快速驶过带起的水花像迎面打来的潮水一般，伸出手去便可以触摸到。太阳在西边岛的上方，发出四散的光，湖水中一串太阳将我和远处隐隐可见的湖中岛接连在一起，仿佛抓住它便可以把岛拽到身边来。水面皱起又平滑，偶尔会被水花打破，一滴滴溅起在镜头上。

回到岸边，在岸边目送太阳离去，看它从高悬的天空落到船中。离开前有幸看到一片孤舟，“孤帆一片日边来”的景象着实引人注目。它划过静影，带着沉璧离去，我也与它一起离去了。

虽然没有感受到范仲淹的家国天下情怀，但“春和景明”“沙鸥翔集”，我确实见到了的。

高　考　论

胡隽隽

高考者，盖选拔贤者之良机也。举国上下，皆通行之。然其公平与否，时人莫衷一是，议论如云。或曰：试题难易参差不齐，取人之分相差甚大，谈何公平？余以为饮食、出行、住所此等小事尚有地域之分，一卷何以通天下？故无以高考为不公。

论今之高考，其公平者有三。其一，只以推贤举能为重，长幼贫富皆为轻。故国人皆可应试，以求深造之路。其二，国域辽阔，四方差距甚大，教育水平不一。若通行一卷，则如马驹各负米粟一袋。驹不堪其重，而马健步行之。虽马与驹皆为上，驹亦难敌马也。卷分等级以补此短，何为不公？其三，凡为应试者皆遵其规则，舞弊则去其名。程序规范，公开透明。

自丁巳年高考恢复，得贤能者不计其数，国家以此富强。若高考不公，当权者必先以权谋私，应试者必倾力投机取巧，致使有才之士报国无门，无能之徒滥竽充数，志气不振，社会动荡，今之盛世何来？故高考之公平毋庸置疑。橘生淮南为橘，橘生淮北为枳，橘本无错；作弊之器日益精巧，迁居他乡以谋低分之利，此乃庸人之哗众取宠也，高考本无弊。

呜呼！未尝听闻有玉无瑕！今之高考，虽增益甚多，仍可推行改革之道，力求公正，以惠天下学子。如此，国可如虎添翼！

脊　兽

高紫玥

"脊"是个很微妙的字，读到它时，不仅脑海中会产生极为生动的画面，手似乎也会触摸到隆起之感。脊，对于人而言，是人挺直腰板的必要因素，可以说，是支撑我们的支架。对于屋顶来说，又是能使其有棱有角更加立体的关键部位。中国传统里，重要的东西往往都有吉祥的神兽仙人保佑，因此在屋脊上常常有极富象征意义的东西镇宅，一个不够，于是古人请来一群。

首先触及云天的，是两端昂首的"吞脊兽"。单凭遥望，是很难在脑海中构想到其规模的，直到我发现一张现代工人修缮屋顶的照片时，才不禁惊叹这惊人的比例。不过转念一想，作为天下最核心、最重要、顶级的制高点，它们必然是庄严华贵的象征而受到皇帝热烈的亲迎，也就不那么奇怪了。

"吞脊兽"，鸱吻，便是螭吻。它是龙的最末子。龙向来有所向披靡、神圣不可侵犯的象征，螭吻也不异之，而样貌却丑陋些。龙头鱼尾，与"虎头蛇尾"有异曲同工之妙。相传它是好望喜吞的，"汉柏梁台灾，越巫上伏胜之法。起建章宫，没有鸱鱼之像于屋脊，以压火灾，即今世之鸱吻是也"。因此，它用来当作屋宅镇火的象征，再适合不过了。金銮殿虽富丽堂皇，但毕竟是木制结构，难逃火烧命运。明代毁过三次，到康熙皇帝时也被烧毁过。康熙帝自责不已，于是迎了吻兽回来，不惜大量的物力、财力，尽己所能保住金銮殿。

大吻背上还有一剑柄，也有人说是扇把。相传大小太子争位，小太子遭到陷害，背后被大太子插了一剑，这才被镇住。而制作大吻之时，虽将神兽最英勇的身姿记录下了，却没有抹去这一段不光彩的传说在它身上留下的印迹。或许，人们恐惧于神兽的强悍，何况还是大吻这样有些暴虐的神兽，若失了剑柄这一征服、镇压的象征，神兽便会成为威胁本源。因此，为了更好地尽到服务于人的目的，这一代表败笔的剑柄便留在了屋顶上。

与大吻不同，脊角兽并非威武狰狞的，而是群体性的庄严肃穆。当然，庄严的群体中不包括作为首领的骑鸡仙人。仙人微微颔首，眯缝着眼，面颊圆长，耳垂厚且沉沉地垂着，看上去是慈眉善目的模样。仙人又称真人或冥王，据说是遇风搭救逢凶化吉的齐闵王化身，也不知冥王是否是闵王音的讹传。

自仙人向后数，整齐地排列着一队神兽。这些神兽的数量安排，是古代等级制度的缩影。一般而言，“万物负阴而抱阳”，檐角兽多为象征阳的一、三、五、七等单数。而为了凸显皇权的至高无上，代表着十全十美的行什，列在了最尾端，成为独一无二的特殊存在。神兽各显神通，有的寓意无限尊贵，有的代表地位至尊，有的防火灾，有的避水患，有的镇污秽之物……总而言之，神兽们各司其职。为了保障自己的平稳生活，请神兽也是对生活的尊重，是保护自己生命的必做之事。

与上述主观作用不同，屋脊兽还有些客观实际的作用。它们位于屋顶坡面、飞檐的连接处，起着固定与排水的关键作用。工匠们的聪明之处在此展现了出来，此种设计不仅使屋顶大气磅礴，还使脊兽实用吉祥，成为单调屋顶上的点睛之笔。难怪梁思成评价道：“使本来无趣笨拙的实际部分，成为整个建筑物美丽的冠冕。”

神兽们一个个眺望、企盼着，似乎要高喊、翱翔。或许在夜里，它们真的会像通灵的猫一样“下班”。它们本就是民间传说与自然的深切融合，用来彰显权势，强加了为人所用之处，镇守了屋顶几百年。现如今，倘若只带着欣赏文物的目光去看它们，你会发现，它们还是美的，是恬静、安详、神气的，就如同它们本来的模样。

第二部分

儿童绘本创作

绘本是一种特殊的儿童文学样式，日本著名儿童文学出版专家松居直在《日本图画书的历程》一文中，将绘本用数学式表示为：文＋画＝有插图的书，文×画＝图画[①]。朱自强先生也曾说："如果仅有文字，或者仅有图像，或者有文字又有图像，但仅仅是单摆浮搁地叠加在一块儿，不能生成出新的艺术信息的时候，我觉得这还不是好的图画书。典型的、优秀的图画书，往往都是文图之间具有乘法关系的作品。"[②]绘本由此跟插画书、连环画、漫画等同样图文兼备的文学样式区分开来，强调图文共奏，故事的内容和韵味由图画和文字共同演绎。

谈及绘本，就不可避免谈到伦道夫·凯迪克，作为现代绘本的奠基人，这位儿童插画大师在现代绘本的发展史上有着举足轻重的地位。凯迪克的主要作品有《杰克盖了个大房子》《约翰·吉尔品趣事》《红桃皇后》等，在创作过程中他首次凸显图画的叙述作用，图画之间构成了连续的故事，不再是文字的陪衬和说明，主要的人物和故事情节都由图画呈现，同文字相辅相成，形成独特的阅读体验。凯迪克的作品已经初步具备现代绘本的雏形，莫里斯·桑达克认为其开启了现代绘本的进程，凯迪克也因此被誉为"现代绘本之父"。1938年，美国图书馆学会设立"凯迪克奖"来纪念这位伟大的绘本画家，这个奖项也成为美国最权威的绘本奖项。

世界上公认的第一本现代绘本是由"现代绘本之母"比翠克丝·波特创作的《彼得兔的故事》[③]，1902年在英国出版。《彼得兔的故事》衍生于比翠克丝·波特写的图画信，当时好友的儿子患上猩红热，比翠克丝写了一个兔子彼得的故事来安慰这位可怜的小朋友，并配上了兔子彼得的图画。这部绘本用彩铅和水彩勾勒出了栩栩如生的小兔子彼得，画风明亮温暖，经久畅销。《彼得兔的故事》在绘本发展史中的影响是巨大的，可以说其开辟了儿童文学的新纪元。

绘本的创作在第一次世界大战期间经历了短暂的萧条，在20世纪20年代逐渐复苏，绘本创作的主流从欧洲转向美国。1928年，婉达·盖格的《100万只猫》出版，作为美国第一部真正意义上的绘本，它拉开了"绘本黄金期"的序幕。1936年，曼罗·里夫的《爱花的牛》一经出版便受到热捧，被翻译成60多种语言远销海外，书中那头热爱鲜花的公牛成为"反战"和"和平"的先驱。1938年，多箩西·莱斯·罗普凭借《圣经中的动物》成为凯迪克奖的第一位获奖者，绘本忠实于《圣经》文字，用黑白线条严谨地绘制出31个动物的故事。

第二次世界大战之后，绘本创作遍地开花，美国、日本、欧洲都有经典的绘本作品产出。20世纪60—70年代，我国台湾地区受到日本绘本业的影响，也开始了绘本的引进、创作和研究工作；大陆的第一批绘本引进出版工作是在1999—2000年展开的，春风文艺出版社和二十一世纪出版社引进出版了部分绘本，但是反响平平。2003年，我国出版社引进部分获得凯迪克奖、安徒生奖、凯特·格林纳威奖等国际大奖的经典绘本作品，明天出版社推出信谊精选绘本系列，南海出版社出版了爱心树世界杰出绘本系列，二十一世纪出版社推出蒲蒲兰系列绘本，[④]《逃家小兔》《失落的一角》《大卫不可以》《活了100万次的猫》等经典作品都在其列，绘本受众也由此越加广泛。

21世纪以来，绘本引进和出版工作开展得如火如荼，这也推动了我国原创绘本创作的蓬勃发展。余丽琼和朱成良的《团圆》、熊亮的《和风一起散步》、郁蓉的《云朵一样的八哥》、

---

① [日]松居直.我的图画书论[M].季颖，译.长沙：湖南少年儿童出版社，1997.

② 梅子涵，朱自强，彭懿，等.中国儿童阅读6人谈[M].天津：新蕾出版社，2008.

③ 缪小云.儿童绘本阅读与创作研究[M].厦门：厦门大学出版社，2020.

④ 缪小云.儿童绘本阅读与创作研究[M].厦门：厦门大学出版社，2020.

郭婧的《独生小孩》等绘本作品在国际上屡获奖项。当然，也有很多绘本创作者基于中国文化底蕴创作出一系列具有中国特色的绘本作品，比如《洛神赋》《北冥有鱼》《灶王爷》《一园青菜成了精》等，拓展了绘本创作新的维度。

绘本目前已经成为中国童书的潮流，国外优秀绘本作品熠熠生辉，中国原创绘本上也同样备受期待。本部分内容将焦点集中在绘本的创作上，把绘本创作理论与同学们在课堂中创作的绘本结合起来，试图让绘本创作理论可视化，引导同学们进行完整的绘本创作。但绘本创作不拘泥于理论，任何新颖可行的尝试都将为绘本带来新的魅力，同学们的奇思妙想也是绘本创作的重要一环。

第六课　什么是绘本

课前引导

绘本或图画书的概念呈现出历史性的发展进程，早期绘本的内涵较为宽泛，指带有插图的文学作品。如今，绘本指的是图画和文字相辅相成构成的儿童文学样式。本课我们将从绘本的概念入手，具体分析绘本的图画与文字，探究这两部分在绘本中起到什么作用。除此之外，我们还将从绘本的书本结构入手，分析绘本是由哪几个部分组成，分别起到什么作用。

第一节　绘本中的图画与文字

松居直在《我的图画书论》中指出："现代的被称为图画书的读物，并不只是有很多插图的儿童书，而是指一种特定的少儿读物的形式。所谓'图画书'，文和画之间有独特的关系，它以飞跃性的、丰富的表现方法，表现只是文章或图画都难以表达的内容。"[①]绘本是将图画作为一个重要表意元素运用于文学表现的一个特殊的儿童图书门类。广义的绘本包含各类含有插图的童书，但狭义的绘本则主要指由图画与文字共同讲述一个完整故事的图书。[②]

绘本最重要的特征就是用图画和文字这两种叙事符号共同完成叙述，两者共同协作完成一个表达，图画的色彩、视角和细节与文字的韵律、措辞、表达相辅相成。但是也有部分绘本没有文字，也就是所谓的"无字书"，这类绘本只用图画完成整个故事的叙事。然而大量的绘本都是通过图文的互动和交织传递信息的，往往在最优秀的绘本中，图画和文字在阅读体验中扮演同样重要的角色。

一、图画的细节

图画是"绘本"概念的中心词之一，也是绘本最特殊的一个构成部分。由于绘本主要是为儿童创作的图书，因此，形象直观的插图在绘本中承担着重要的意义表现功能。[③] 同时，绘本中的图画与插画书中的插画是不一样的。插画往往是对部分文字的图解，难以从插画中得到完整的故事信息，但是绘本中的图画是连贯且有逻辑的，这些

① ［日］松居直．我的图画书论［M］．季颖，译．长沙：湖南少年儿童出版社，1997.

② 方文平．幼儿文学教程［M］．北京：高等教育出版社，2012.

③ 同上。

图画往往由特殊的叙述线索联结。

图画利用色彩、线条、视角和细节来传情达意。一般说来，灰暗的、冷调的色彩，所传达的往往是忧伤、恐惧、难过等不愉快的情感内容；明亮的、暖调的色彩，所传达的则往往是愉悦、安全、温暖的感觉。饱满度高的明亮色彩通常意味着欢快的气氛，而暗淡的色彩则更多地与阴郁的氛围相关。[①]

在绘本《大猩猩》中，有一幅图画(图2-1)的色彩对比十分明显。爸爸没有时间陪伴安娜，安娜只能一个人待在空荡荡的房间中与电视机为伴，电视机的光芒投射在安娜身上，成为整个房间中唯一的光源。安东尼·布朗在图画中隐藏了很多细节，安娜被唯一的光圈笼罩，在这个光圈中有粉绿相间的墙纸、五颜六色的蝴蝶、灿烂的金色太阳花和红底白点的蘑菇，在光圈之外只有狰狞的几何图案和灰暗的墙壁。强烈的色彩对比强调着安娜所处环境的孤独和冷清，也暗示着主人公此时低沉失落的情绪状态。

图2-1 安东尼·布朗《大猩猩》

在图画中，画笔的线条也是一种语言。通常情况下，弧形、柔软的线条总是给人以安稳、温暖的感觉，而过于不规则和棱角分明的线条，则可能带来一种压抑、紧张的氛围。[②] 在绘本《生气的亚瑟》中，有一幅表达亚瑟生气的图画[③][图2-2(a)]：亚瑟气呼呼地坐在客厅的一角，周围的家具乱七八糟地倒在一边，十分凌乱；完整的客厅被不规则的线条分为多个碎片，其中还有一条闪电状的裂痕将整个画面撕裂为两个部分，如同破碎的镜面。在这样破碎的线条之下，读者很容易感受到亚瑟生气的情绪，整个氛围也显得紧张起来。而在故事的最后[图2-2(b)]，亚瑟想不起来自己为什么生气了，便在床上呼呼大睡起来，此时的线条走向柔和，碎石的棱角也被磨平，世界又安稳了。

图画的细节也有着丰富的情感表达意义，图画所表现的是视觉化的对象，它不像文字那样可以直接描写人物的内心世界或者故事的情感内容。[④] 但是，图画有着自己特殊的细节语言，它们能够传达微妙的故事氛围或角色细小的情感体验。有的时候，图画

---

① 方文平.幼儿文学教程[M].北京:高等教育出版社,2012.

② 方文平.幼儿文学教程[M].北京:高等教育出版社,2012.

③ [英]希亚文·奥拉姆.生气的亚瑟[M].[日]喜多村惠,绘;柯倩华,译.石家庄:河北教育出版社,2009.

④ 方文平.幼儿文学教程[M].北京:高等教育出版社,2012.

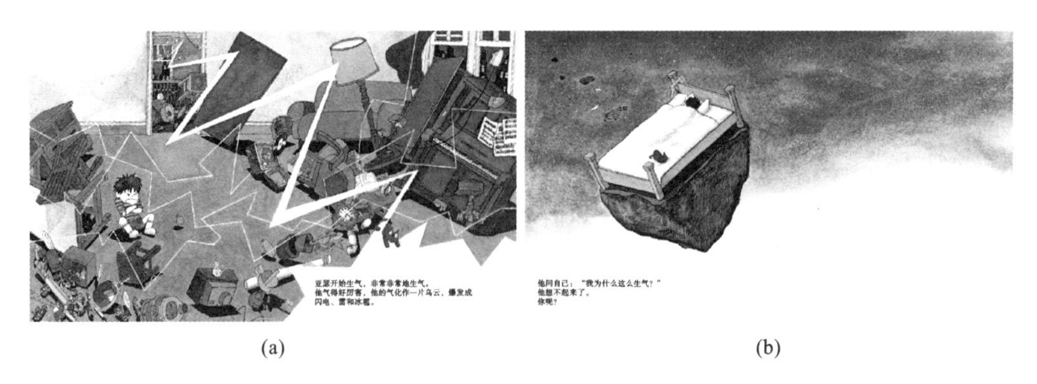

(a) (b)

图 2-2 希亚文·奥拉姆《生气的亚瑟》

语言具有比文字更细腻的表现能力。

绘本《我的爸爸叫焦尼》讲述了一个温馨的故事，小男孩狄姆是一个离异家庭的孩子，他不能经常见到爸爸焦尼，然而只要能和爸爸在一起，每一分钟都是快乐的；他告诉热狗店的阿姨、电影院的伯伯、比萨店的邻居，告诉所有人他身边站的就是他爸爸。[①]《我的爸爸叫焦尼》中刻画了一个关于围巾的细节(图 2-3)，爸爸的围巾是红色的，妈妈的围巾是绿色的，而狄姆的围巾是红绿交织的。故事中的爸爸和妈妈似乎并不愿意相见，他们让狄姆站在站台不要动，等着爸爸或是妈妈。两人之间发生了什么我们不得而知，但是他们对狄姆的爱却是相同的，围巾的细节暗示着即使在离异家庭，狄姆依旧得到了爸爸妈妈充足的爱，又或者是说，狄姆渴望得到爸爸妈妈的爱，渴望每天都可以在爸爸妈妈的怀抱中依偎。

(a) (b)

图 2-3 波·R.汉伯格《我的爸爸叫焦尼》

在同学们创作的绘本中，也有着相当多的细节可以品味。杨炀同学创作的绘本《大鱼》中，有一幅暗示性很强的画面[图 2-4(a)]，墙上爸爸和妈妈的结婚照充满着哥特风，

① [瑞典]波·R.汉伯格.我的爸爸叫焦尼[M].彭懿，译.武汉：湖北美术出版社，2007.

但是整个画面中并没有妈妈的身影,只看见门打开着,有两只脚在挣扎。文字提示读者爸爸回来了,要和妈妈好好谈一谈,在这样的细节暗示下,我们可以把握爸爸正在家暴妈妈的事情脉络。《大鱼》的封面上同样有一个细节可以体会,封面的马桶里有一条鱼[图 2-4(b)],在绘本阅读中可以得知爸爸喜欢鱼[图 2-4(c)],马桶中的鱼正是爸爸鱼缸中的那一条,所以是谁将鱼扔进了马桶,是女儿?还是妈妈?而鱼被扔进马桶也暗示着对家暴行为的反抗。

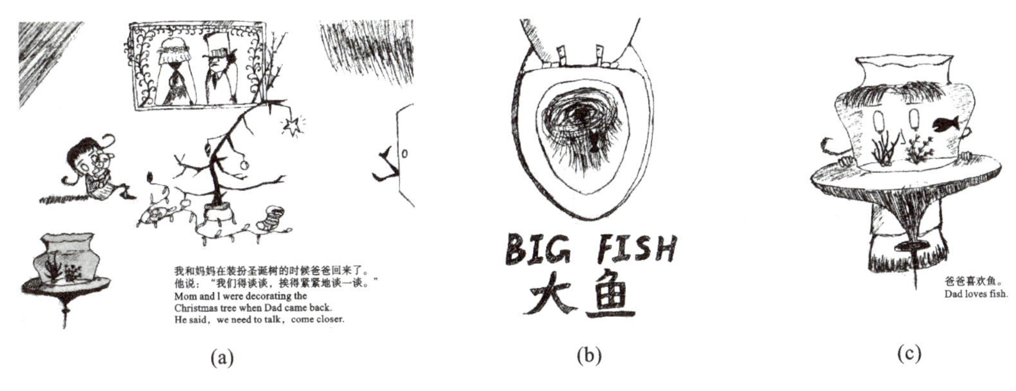

(a)　(b)　(c)

图 2-4　杨炀《大鱼》

二、文字的作用

绘本的另外一个重要组成要素是文字,绝大部分绘本由图画和文字两个部分构成,并由二者配合表现特定的内容。尽管绘本中的文字部分篇幅大多十分短小,但是却承担着重要的表现功能。[①] 很多时候,如果没有文字的参与,绘本的“图画语言”便模糊不清,只有在图画和文字的配合下,我们才能得到一个完整的叙事过程。

曾经两次获得过凯迪克奖金奖的芭芭拉·库尼直言:“图画书像是一串珍珠项链,图画是珍珠,文字是穿起珍珠的细线,细线没有珍珠不美丽,项链没有细线不存在。”[②]由此可见,图画和文字在绘本中的地位和作用是一致的。佩里·诺德曼在《儿童文学的乐趣》中说:“一本绘本就至少包含着三个故事:一个是文字讲述的故事,一个是图画暗示的故事,还有一个是文字与图画相结合而产生的故事。”[③]图画和文字的配合往往有以下几种关系。

第一种关系是图画与文字相互补充,文字对图画的内容进行描述,图画对文字进行视觉上的观感呈现。[④] 以绘本《下雪天》为例(图 2-5)。

“Crunch, crunch, crunch, his feet sank into the snow. He walked with his toes pointing out, like this:”[⑤]文字引导我们去看图画中所展现的事物,与画面相互补充。在这样的关系里,文字的作用是帮助作者构建一个完整的故事,使读者更好地理解图画

① 方文平. 幼儿文学教程[M]. 北京:高等教育出版社,2012.
② 彭懿. 图画书:阅读与经典[M]. 3 版. 南昌:二十一世纪出版社,2008.
③ [加]佩里·诺德曼,[加]梅维丝·雷默. 儿童文学的乐趣[M]. 3 版. 陈中美,译. 上海:少年儿童出版社,2008.
④ 彭懿. 世界图画书阅读与经典[M]. 南宁:接力出版社,2011.
⑤ [美]艾兹拉·杰克·季兹. 下雪天[M]. 上谊编辑部,译. 济南:明天出版社,2008.

图 2-5 艾兹拉·杰克·季兹《下雪天》

的内容。

在同学们创作的绘本中，也有采取这种构建模式的，以《辰辰的星世界》为例（图2-6）：辰辰是星世界的掌控者，月亮和太阳都住在辰辰的口袋里，黑夜和白天由辰辰决定。书中的两幅图画展现了黑白的交替，文字将交替的缘由和方式讲述出来，为读者呈现出一个奇妙的星世界。

辰辰从口袋里拿出太阳，光一下子泄了出来。天亮了。

(a)

“辰辰，该睡觉啦！”哎呀，时间到了。辰辰接过下落的太阳，让月亮升了起来。

(b)

图 2-6 もも工坊《辰辰的星世界》

第二种关系是图画和文字滑稽对照[①]，在这样的关系里，真实的故事往往展现在图画之中，隐藏在文字之下。绘本《母鸡萝丝去散步》就是一个明显的对照的例子。[②] 约翰·洛威·汤森在《英语儿童文学史纲》中提及：“《母鸡萝丝去散步》叙述的重点在于隐藏在文字背后的事实。”[③]

---

① 彭懿. 世界图画书阅读与经典[M]. 南宁：接力出版社，2011.

② [英]佩特·哈群斯. 母鸡萝丝去散步[M]. 上谊出版部，译. 上海：少年儿童出版社，2006.

③ [英]约翰·洛威·汤森. 英语儿童文学史纲[M]. 王林，译. 长沙：湖南少年儿童出版社，2020.

《母鸡萝丝去散步》真的在讲萝丝走过院子、走过池塘、走过磨坊、走过篱笆、走过蜜蜂房然后回家的故事吗？从故事的时间走向来看，或许的确如此，母鸡萝丝的确散了一圈步，然后按时回家吃完饭[图 2-7(a)]。但是在图画之中出现了一只狐狸，一只不断追赶母鸡萝丝的狐狸，并且这只狐狸在试图抓住母鸡时不断受挫、不断失败，直到萝丝回到了家，这只可怜的狐狸也没有抓到母鸡萝丝[图 2-7(b)]。文字所讲述的是母鸡萝丝散步的故事，而图画在文字背后展现的是狐狸抓母鸡频频失败的故事，文字中的母鸡最后按时吃到了晚餐，而试图抓住母鸡当作晚餐的狐狸却一无所获，图画和文字形成了对照。

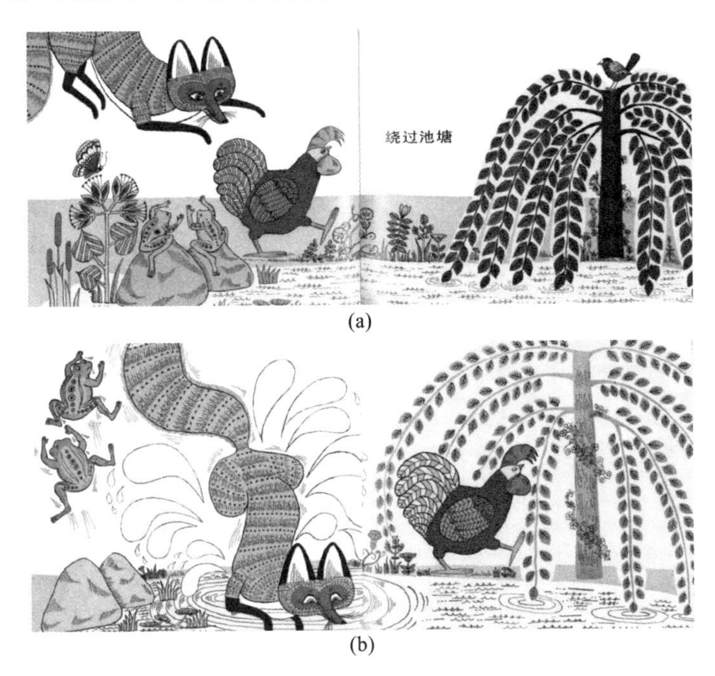

(a)

(b)

图 2-7 佩特·哈群斯《母鸡萝丝去散步》

第三种关系则是图画和文字的分别叙述[①]，也就是说图画和文字叙述的故事不一致。但是，图画和文字的分别叙述并不代表图画和文字之间没有联系，它们往往在细节和故事走向上相互呼应，达到整体的叙事效果。以《莎莉，离水远一点》[②]为例：

该绘本中描绘了两条故事线，一条是爸爸妈妈在海边静坐，一条是莎莉不断进行冒险。爸爸妈妈不断对莎莉提出要求，“要小心你的新鞋，不要踩到脏东西”“不要摸那只狗，谁知道它去过什么地方”“这是我第三次也是最后一次问你，莎莉，要不要喝水？”等[图 2-8(a)]，但是莎莉并没有对这些要求进行回复，而是沉浸在自己的冒险世界里，并不断违反爸爸妈妈提出的要求。在这本绘本里，爸爸妈妈的画面没有发生变化，而莎莉的故事线却在持续且连贯地变化着，她航海，登上了海盗船，和海盗进行斗争，最后和小狗一起找到了宝藏[图 2-8(b)]。在这里，或许文字描述的是现实的世界，而图画表现的是莎莉想象的冒险世界，比如妈妈说“扔石头要看清楚地方，别打着人”，而此时的莎莉正在用刀剑和海盗拼搏。

① 彭懿．世界图画书阅读与经典[M]．南宁：接力出版社，2011.

② [英]约翰·伯宁罕．莎莉，离水远一点[M]．宋珮，译．石家庄：河北教育出版社，2008.

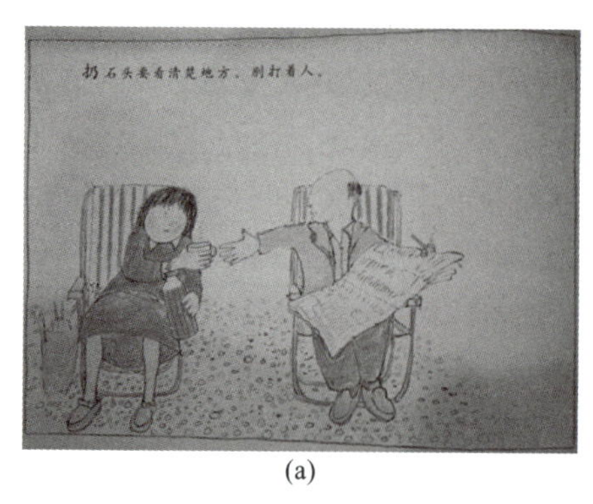

(a)

(b)

图 2-8 约翰·伯宁罕《莎莉，离水远一点》

第二节 绘本的组成部分

绘本和诸多书籍一样，有封面、封底、衬页、扉页等具体组成部分(图 2-9)。但是，由于绘本的独特性，绘本创作者们往往会在封面、封底等部分通过图画设置独特的细节。在本节中，我们将具体展示绘本的封面、封底、环衬等为何物，带领大家具体地认识绘本。

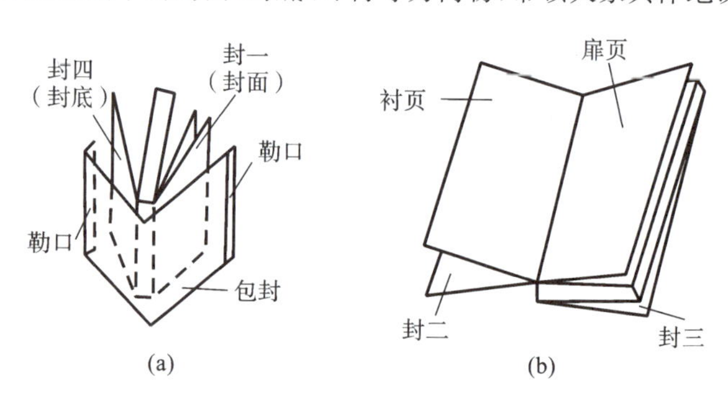

图 2-9 书的组成部分

一、封面

绘本的封面是我们拿到一本书时最先看到的部分。在开始阅读一本书之前，封面是影响读者期待的最重要因素。封面或护封上的图画通常涵盖了故事中最关键的要素，是对作品绘画风格、故事基调、基本情绪氛围等的预示。

(一) 从封面可以猜故事

封面上的画面暗示故事的走向和情节，涵盖作品的风格。封面能引发读者最大的好奇心。如绘本《勇敢者的游戏》封面中，有推门而入的女孩、巨大的猩猩、厨房[①](图 2-10)，诡异的画面意味着一个奇妙的故事，让读者产生心理期待。

① [美]克里斯·范·奥尔斯伯格. 勇敢者的游戏[M]. 杨玲玲，彭懿，译. 海口：南海出版公司，2011.

图 2-10 克里斯·范·奥尔斯伯格《勇敢者的游戏》

《五岁老奶奶去钓鱼》也有着让人产生好奇心的封面[①](图 2-11),画面中的奶奶明明已经长满了皱纹,怎么还会只有五岁呢?这便激起了读者阅读的兴趣。

图 2-11 佐野洋子《五岁奶奶去钓鱼》

(二)专门创作的封面

多数绘本的封面都取自正文里的一幅图画,但并不总是如此。[②] 专门创作的封面往往蕴含了绘本中重要的要素,或者是人物的合集,或者是重要的时间节点,但是这幅画并不会出现在正文里面。换句话说,专门创作的封面更像是正文元素的集合,比如《巴巴爸爸的诞生》[③](图 2-12)。

① [日]佐野洋子.五岁老奶奶去钓鱼[M].唐亚明,译.南宁:接力出版社,2008.

② 彭懿.世界图画书阅读与经典[M].南宁:接力出版社,2011.

③ [法]安娜特·缇森,[法]德鲁斯·泰勒.巴巴爸爸的诞生[M].谢逢蓓,译.南宁:接力出版社,2010.

图 2-12 安娜特·缇森、德鲁斯·泰勒《巴巴爸爸的诞生》

在原创绘本工坊中，同学们创作的绘本同样也有专门创作的封面，比如绘本《姐姐》的封面(图 2-13)，主要的元素是一把红色的伞。这把红色的伞是贯穿整本绘本的关键元素，已经忘记很多事情的外婆依旧没有忘记拿着自己的红雨伞去接孙女。在略有些灰暗的封面上，红色的雨伞显得十分亮眼，具有冲击力的颜色很容易吸引读者的视觉。

图 2-13 《姐姐》

(三) 和封底相关的封面

绘本的封面往往也会蕴含大量的细节，部分封面甚至会与封底形成互动关系。绘本《讨厌黑夜的席奶奶》(图 2-14)，封面和封底需要连在一起看，构成一幅完整的图画。[①]

在封面的设计上，同学们的绘本也蕴含了不少的细节。由陆涛涛、黄雨蒙、赵英攀、张玺凤、涂孟君同学共同创作的绘本作品《月亮侠盗》(图 2-15)，其封面和封底形成递进

① [美]凯利·杜兰·瑞安，[美]洛贝尔. 讨厌黑夜的席奶奶[M]. 林良，译. 石家庄：河北教育出版社，2009.

图 2-14　凯利・杜兰・瑞安《讨厌黑夜的席奶奶》

关系,两张图画所展现的内容均为小男孩望着月亮,但是男孩和月亮的距离却并不相同。封底上的小男孩离月亮更近一些,仿佛触手可及。这个距离的变化,是否暗示着小男孩就是月亮侠盗?如果他是月亮侠盗,他真的偷到了月亮吗?在绘本中,你可以找到答案。值得一提的是,该作品中还有很多微妙的小细节,值得大家去发现、探讨。

(a) 封面

(b) 封底

图 2-15　《月亮侠盗》

二、护封

护封即书籍封面外的包封纸,印有书名、作者、出版社名和装饰图画。护封一般都有一个向内折的折口,又叫勒口。[①]

三、环衬

环衬是连接封面与书芯之间的一张衬纸,通常一半粘在封面的背后,一半是活动的,因其以两页相连环的形式被使用,所以叫"环衬",也有人把它形象地称为"蝴蝶页"。书前的一张叫前环衬,书后的一张叫后环衬。[②]

环衬在绘本中经常被读者忽略,但其实环衬上往往隐藏着一些作者的小巧思,有些环衬上甚至有绘本的隐藏结局。在阅读绘本的时候,千万不要放过任何一幅图画或者

① 彭懿.世界图画书阅读与经典[M].南宁:接力出版社,2011.

② 彭懿.世界图画书阅读与经典[M].南宁:接力出版社,2011.

一抹色彩，仔细阅读就会发现惊喜。

前后环衬往往是遥相呼应的。《好饿的小蛇》[1]就是一个很明显的例子(图 2-16)。贪吃的小蛇一路上看见什么吃什么，最后它竟然爬到一棵长满了苹果的大树顶上吞下了整棵树。惨了，它的身体根本装不下这么大的一棵树啊！看到这个结尾，大家都以为小蛇死了，可是在后环衬中还能看到前环衬右边第四棵树吗？消化掉大树的小蛇笑着对我们说：“啊——真好吃。”

(a) 前环衬

(b) 后环衬

图 2-16　宫西达也《好饿的小蛇》

当然，还有一部分环衬是形成对照的，如《我们要去捉狗熊》[2]的前后环衬在色彩上形成了强烈的对照(图 2-17)。故事讲了一家人又蹦又跳地去捉狗熊，结果狗熊没捉到，一家人反而被狗熊追得落荒而逃。其前后环衬都是同一场景，都是一片看得见熊洞的海滩，但前环衬风和日丽，远处有帆影，天上还有海鸟在飞翔；而后环衬里，不但天变黑了，帆影、海鸟也不见了，只有一头孤零零的狗熊失落地走在阴霾满天的海滩上。

图 2-17　迈克尔·罗森、海伦·奥克森伯里《我们要去捉狗熊》

① [日]宫西达也. 好饿的小蛇[M]. 彭懿，译. 南昌：二十一世纪出版社，2007.

② [英]迈克尔·罗森，[英]海伦·奥克森伯里. 我们要去捉狗熊[M]. 林良，译. 石家庄：河北教育出版社，2010.

环衬配上图案的绘本不在少数，千万不要以为它仅仅起装饰作用。《我爸爸》[图2-18(a)]这本幽默的绘本塑造了一个令人笑破肚皮的爸爸形象：这个爸爸整天穿着长长的睡衣，他不怕狼，一跳就可以跳过月亮，吃得像马一样多……安东尼·布朗将绘本的环衬设计为爸爸睡衣的一角。除了《我爸爸》这部经典绘本，安东尼·布朗还有一本姊妹作品《我妈妈》[图2-18(b)]，让人惊喜的是，这本绘本的环衬是妈妈的睡衣的局部。两本作品在环衬上遥相呼应，让读者感受到作者的良苦用心。

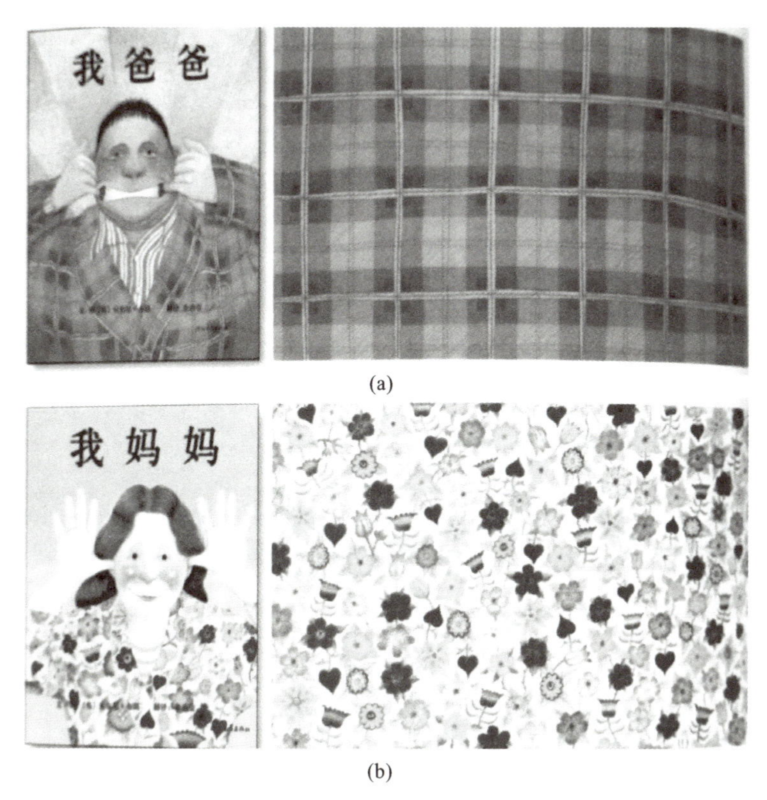

图 2-18　安东尼·布朗《我爸爸》《我妈妈》

王锦慧、陈佳琪、杜栖桐、罗子祎同学共同创作的绘本《才不呢》，其环衬(图2-19)同样展示了创作者的良苦用心。这是一本专门为女孩子创作的绘本，它试图在图画和文字中打破社会套给女性的枷锁，其环衬是一张孕肚。从环衬开始，整本绘本便打开了其对女性的关照，女性作为新生命的孕育者，她们有伟大之处，但并不是因为女性孕育生命才获得平等和尊重，平等和尊重是因为女性作为独立个体应得的社会地位。《才不呢》的环衬上还有一朵花，是送给所有母亲的礼物。

四、扉页

扉页又叫主书名页，是环衬之后、书芯之前的一页，上面一般有绘本的书名、著作责任者，以及出版社的名称。绘本一般是从扉页开始就有图画。扉页也会承担一定的表达任务。

扉页会告诉读者哪一位是主人公，[①]如绘本《女巫温妮》(图2-20)。

① 彭懿.世界图画书阅读与经典[M].南宁：接力出版社，2011.

图 2-19 《才不呢》

图 2-20 瓦拉里·托马斯、科奇·保罗《女巫温妮》

扉页会暗示故事的情节，在绘本《三个强盗》①的扉页（图 2-21）上，暗蓝色的背景中，三个强盗宛如剪影一般，今天晚上他们要去干什么呢？绘本《大卫上学去》②的扉页（图 2-22）是一个没有脸但看起来很生气的女人，这留给我们一个很大的疑问：这个

① ［法］汤米·温格尔．三个强盗［M］．张剑鸣，译．济南：明天出版社，2009．
② ［美］大卫·香农．大卫上学去［M］．余治莹，译．石家庄：河北教育出版社，2008．

女人是谁？淘气的大卫这回在学校又闯了什么祸呢？绘本中有图画的地方我们都不能放过。

图 2-21 汤米·温格尔《三个强盗》

图 2-22 大卫·香农《大卫上学去》

五、正文

正文即绘本的主体，不仅有文字，也包括图画。关于一本绘本是如何创作出来的，我们将放到后面去分析。

六、封底

封底是绘本的最后一部分。绘本的封底一般会印上一些相关的作品推荐文字，其图画大多是从内文中取来的某个画面。合上一本绘本时，绘本故事就已经讲完了吗？有时是这样，有时却不是。

《大卫，不可以》[①]的封底画的全是“NO”(图 2-23)，因为正文中的每一张画上都写了“No”和“David”，而且那是当时的大卫唯一会拼写的字。在这本绘本中，故事在封底之前就已经结束了。《第一次上街买东西》[②]将故事延续到了封底(图 2-24)，讲述了一个小女孩第一次上街去买牛奶的经历。小女孩回到家里又会怎样呢？作者一直把故事讲到了封底上。

七、开本

开本是表示图书幅面大小的一个行业用语。绘本的开本有大有小，小的不过巴掌大，大的有时甚至超过半张报纸。由于长、宽的比例不同，还有横开本和竖开本的区别。[③] 设计者之所以会把绘本的开本设计成各式各样，主要还是基于读者对象与内容的考虑。

---

① [美]大卫·香农. 大卫不可以[M]. 余治莹，译. 石家庄：河北教育出版社，2007.

② [日]筒井赖子. 第一次上街买东西[M]. [日]林明子，绘；彭懿，译. 北京：新星出版社，2014.

③ 彭懿. 世界图画书阅读与经典[M]. 南宁：接力出版社，2011.

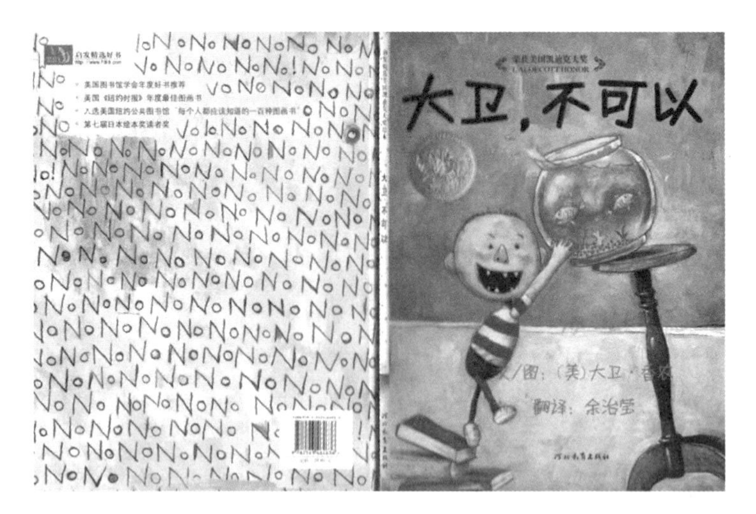

图 2-23　大卫·香农《大卫，不可以》

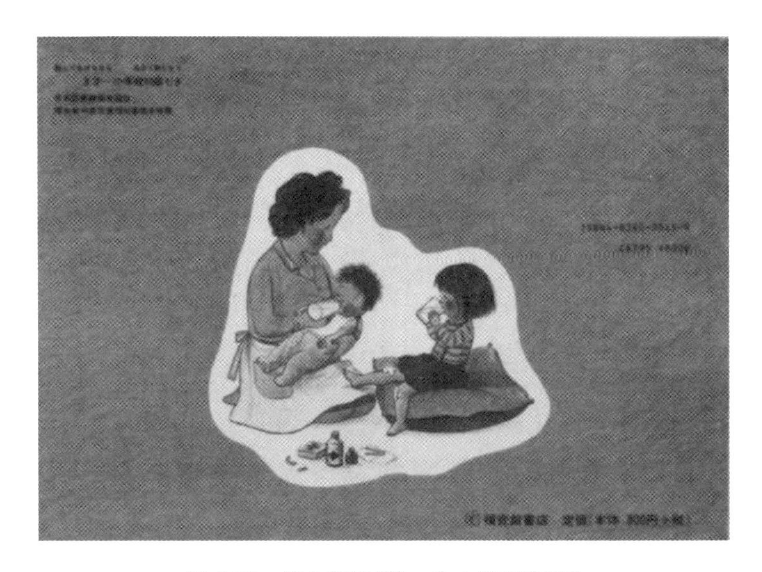

图 2-24　筒井赖子《第一次上街买东西》

第七课　如何创作绘本

课前引导

在这一课中，我们将分别从图画、文字以及主题三个角度来谈谈如何创作一本绘本。对初学者而言，创作绘本最初要掌握的技能就是模仿，对其他绘本的叙事结构、图画构造、视角选择和逻辑构造进行学习，掌握基础的绘本创作方法和构图策略，进而掌握更多新颖的元素，从而进行创新。本课讨论绘本主题的目的在于，提供一个基本的绘本内容框架，但值得注意的是，绘本作为一种特殊的儿童文学样式，同样具备文学的多样性。绘本的主题千千万万，在这里我们也只是罗列一部分主题供大家学习、思考和发散。

第一节　图画的创作

在创作绘本的过程中，绘制图画往往会占据创作者大量的时间。除了思考构图、色调、质感、线条等绘画要素之外，考虑到绘本的叙事性，创作者还应该思考如何在数十张图画中构建出合理的叙事和逻辑。时空如何更迭、事件如何发展、人物情感如何波动、视角如何转化，都是创作者们应该要思考的问题。

一、逻辑的构建

（一）画面的连贯和叙述

绘本通过一幅幅图画将故事叙述出来，使读者直观地了解故事的发展与推进。如何将画面连贯起来成为叙述故事的重点。儿童文学家彭懿认为绘本是由一根结构线串连起来的，只不过这根线时隐时现。[①]

看得见的结构线是什么样子的？例如，谢尔・希尔弗斯坦《失落的一角》[②]是一本用简单的黑白线条描绘的绘本（图 2-25），它的结构线就是每一页画面上都存在的路，这条路连接了所有的图画，缺了一角的它一直在路上寻找自己的另一角，这份追寻也写在了路上。这本绘本可能是你最快读完的一本书，但恐怕也是得花很长时间咀嚼的一本书。希尔弗斯坦以最简洁有味的线条和文字，阐释了一则有关“完美”与“缺憾”的寓言，

① 彭懿.世界图画书阅读与经典[M].南宁：接力出版社，2011.

② [美]希尔弗斯坦.失落的一角[M].陈明俊，译.海口：南海出版公司，2008.

令人们思索无限。行进中的它，行进中的自己，好不容易追寻到那失落已久的一角，却无法与自己一同前行，该失望？该快乐？该守候？还是该继续前行？

图 2-25 谢尔·希尔弗斯坦《失落的一角》

《阿罗有支彩色笔》[①]同样也有着一根看得见的结构线（图 2-26）。小男孩阿罗，在他天马行空的世界里，凭借一支彩色笔画出了自己的世界。这本绘本中满是简单的线条，这些线条既构成了主要的图画，也像拉链一样连接每一张图画。阿罗先是画了一个月亮，然后画了两棵果树；线条还在继续，于是阿罗又画了一只恶龙，他被这只龙吓到了；于是用手中的画笔画出海面，又画出了一条小船，并且在船上画上了帆。画面在阿罗的手上不断延伸，他画了热气球，画了高楼大厦，最后阿罗累了，画了一张小床睡着了。整本绘本只有一种颜色的线条，这种颜色就是画笔的颜色，画笔把所有的故事联系在一起，让我们领略了一个属于儿童的奇妙世界。

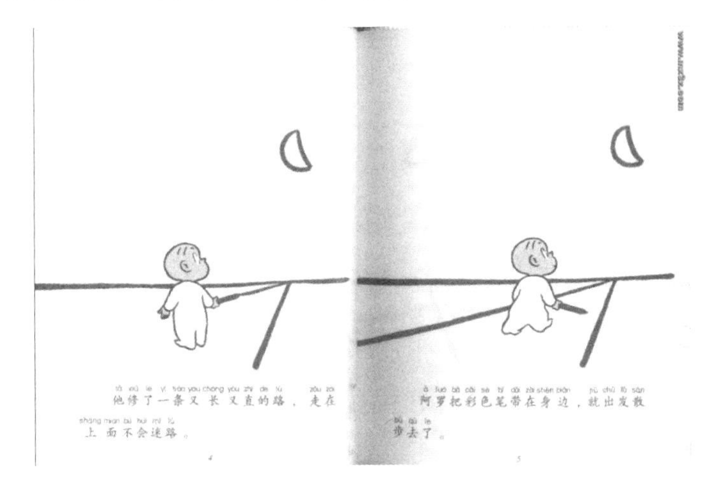

图 2-26 克罗格特·约翰逊《阿罗有支彩色笔》

当绘本中没有这样一条明显的结构线作为图画串连的支撑时，往往是靠故事情节的推进把画面连接起来的，彭懿称之为情节推动线。他将这条看不见的结构线分为以下三种类型。[②]

第一种是渐进式的情节推动线。这种类型的结构线用一个又一个强烈的悬念来连接画面，如史蒂文·凯洛格《神奇的蝌蚪》[③]。麦卡利斯特叔叔给路易斯带来了一个非

① [美]克罗格特·约翰逊. 阿罗有支彩色笔[M]. 孙晓娜，译. 南宁：接力出版社，2010.

② 彭懿. 世界图画书阅读与经典[M]. 南宁：接力出版社，2011.

③ [美]史蒂文·凯洛格. 神奇的蝌蚪[M]. 彭懿，杨玲玲，译. 贵阳：贵州人民出版社，2009.

常特别的礼物——一只从苏格兰带来的蝌蚪。他给蝌蚪取名叫阿方斯，他盼望阿方斯快点变成一只青蛙，可是阿方斯越来越大，他终于明白过来，阿方斯不是一只普通的蝌蚪。阿方斯一开始住在瓶子里，后来搬到了水池里，然后搬到浴缸里，最后搬到了游泳池里……每当阿方斯大到无法生活在原来的容器里时，读者便开始好奇它接下来会去哪里生活？应该如何解决这个问题？这便形成了渐进式的情节推动线，水瓶、水池和浴缸并不是难以寻找的事物，但是爸爸妈妈却承担不了游泳池的费用，解决问题的难度也呈现出一个渐进、递增的趋势。当路易斯最后找到宝藏成功修筑游泳池时，关于阿方斯这只神奇的蝌蚪该在哪里生存的问题得到解决，可是这时舅舅又送来了一个新的生日礼物，或许一条新的情节推动线又要开始了。

渐进式的情节推动线也为同学们所运用。李津、张淞、徐丽颖、孙恩惠组成的“什么队”，在绘本原创活动中创作了《黑黑去哪儿》，这本绘本便学习了如何利用情节推动线去表现自己的故事。黑黑是一个小煤球，但他不知道自己是谁，他想要去寻找。他在角落里寻找，在湖边寻找，在花丛中寻找，但似乎并没有找到自己是谁。最后故事进入高潮，黑黑来到了一个工厂，里面全部是和自己一样的小煤球，故事在这里便结束了。个体的迷失是《黑黑去哪儿》想要表达的主题，这个主题在黑黑寻找自己的过程中不断被展现。绘本的最后一页也是全书的高潮，在众多和自己一样的煤球面前，到底是融入无差别的团体还是继续做独一无二的个体，绘本并没有给我们答案。

第二种是旋复式的情节推动线。有些绘本是靠一个接一个重复的情节与句型来连接画面的，如 1972 年凯迪克奖金奖作品诺尼・霍格罗金《晴朗的一天》[①]。在晴朗的一天，一只狐狸偷喝了老婆婆的牛奶，被老婆婆砍下了尾巴，为了要回自己的尾巴，狐狸不得不去寻找奶牛要牛奶，却被告知需要用青草来换牛奶，而青草又需要用水来换，水需要用水罐来盛，水罐需要用蓝珠子来换，蓝珠子需要用稻谷来换，就这样一环扣一环，不同的人物和新的故事随着一个又一个重复的情节和句型展现出来。但是这样的情节和句型并不能一直无限循环下去，作为一本绘本，其故事需要有一个结局。在这样旋复的故事里，这样的结局或许会成为一个闭环，或许会因为情节的不断累计而戛然而止。《晴朗的一天》的结局便是形成了一个闭环，狐狸得到了谷子，还回了牛奶，最终也得到了自己的尾巴。而在同样具有旋复式情节推动线的绘本《和甘伯伯去游河》[②]中，结局却是大家都摔进了河里，这样有些出人意料的结局也不失为结束旋复式情节推动线的一种好方式。

第三种是放射式的情节推动线。在一些绘本中并没有一条连续的故事线，它如散沙一般将一幅幅图画聚拢在一起，这种特殊的结构线被称为放射式的情节推动线。以约翰・柏林罕的《你喜欢……》[③]为例。绘本里面充满了一个金发男孩的奇思妙想：你喜欢大象喝你的洗澡水还是老鹰抢走你的晚餐？你喜欢小猪穿上你的衣服还是河马睡在你的床上？你喜欢在城堡里吃早餐、在热气球上吃早餐还是在船上喝茶？这些无厘头的，甚至有些狂野的想象实际上都直指同一个具体的主题——儿童的自由恣意、天真无邪的童趣。

采取这种放射式结构线的绘本有很多，上文提到的由“遛弯儿工坊”创作的《才不呢》，也是这种结构模式。妈妈说，女孩就适合粉色；他们说，女孩子就要文静一点；他们说，女孩子不适合学数学；他们说，女孩子要简单点；他们说，女孩子一定要矜持；他们

① [美]诺尼・霍格罗金．晴朗的一天[M]．阿甲，译．石家庄：河北教育出版社，2009.
② [英]约翰・伯宁罕．和甘伯伯去游河[M]．林良，译．石家庄：河北教育出版社，2008.
③ [英]约翰・柏林罕．你喜欢……[M]．上谊出版部，译．济南：明天出版社，2010.

说，女孩子一定要做家务……对于这样的观念，《才不呢》给出了自己的答案："才不呢！"任何一个女孩子都应该有一个美丽而自由的人生，在"才不呢"的解答中，这本绘本鼓励所有的女孩子活出自己，独立而高傲，不受任何人支配。

（二）潜在的结构

多数绘本都有一个一气呵成的故事，情节环环相扣、不重复，这便是单一的结构。设置单一的结构，就像写一部独幕剧，情节单纯，结构紧凑。当然这只是一种比喻，绘本和戏剧还是有很大差别的。[①]

《小恩的秘密花园》[②]（又名《园丁》）是一部单一结构的作品，它所有的文字都是通过一封又一封信件展现给读者的，也就是说，这本绘本里面没有对话，只有信件中的三言两语和图画，读者据此揣测人物的性格和故事的走向。这个故事并不复杂，小恩的爸爸失业了，只好把小恩送到舅舅家借宿寄养，舅舅总是不苟言笑、闷闷地皱着眉头。看见眉头深锁的舅舅，她萌生了想逗笑舅舅的念头。小小年纪的小恩很会种花，于是她用自己种植的植物，一点一点地把灰暗的住宅布置得很明亮。最后，小恩带着舅舅参观她细心照料而成的秘密花园，这个秘密花园就是小恩逗笑舅舅的最佳方法。这个故事是在一封又一封的信件中被连贯地展现出来的，一气呵成。因此，单一的结构就是连续地讲一个故事，什么时候发生，在哪里发生，为什么发生，如何解决冲突，结局如何。

然而，还有一类绘本，会有一个不断重复的结构，如果找出它的规律，把一幅幅画面按小组排练，就会看到一种类似音乐节拍的节奏。这种重复的结构和我们在上文所说的旋复式的情节推动线其实是对应的关系。森久保仙太郎的《图画书的世界——作品介绍与入门讲座》一书里，专门讲到了这种节奏：

> 画面如何排列呢？把一定的节奏作为图画书展开的手法之一，是其中的一种类型。这种类型的图画书通过两拍、三拍、四拍这样的排列方式不断地重复，让人产生一幅幅看下去的乐趣，并预想接下来的场面，盼望着翻页，渐渐地接近故事的高潮。幼儿非常喜欢这类型的图画书，一是因为它有一个重复的结构，他们听上几遍就记住了，二是他们尝到了预测结果的快乐。[③]

用色彩和图案变化加强节奏是一种很好的方式，相比情节和语言，色彩和图案能够给读者更多视觉上的冲击。绘本《我的连衣裙》[④]中小白兔用天上飘下的一块白布为自己做了一条连衣裙，连衣裙上的图案随场景的变化而变化。例如，走在花田里，连衣裙变成花朵的图案；遇见下雨，连衣裙变成雨点的图案……一个场景三幅图画，就这样1、2、3，1、2、3……重复转换着，图案的变化加强了绘本的三拍节奏。

在同学们创作的绘本中，展现出一种特殊的重复结构，整本绘本就是一个节拍，其重复的次数是无限的。这种结构出现在李婧的作品《小哺的家》里。小哺是一只织布鸟，它不喜欢自己的家，因为家里吵闹且拥挤不堪，小哺受够了想要离开。于是它带着自己的行李离开了，至于要去哪儿，和谁在一起，它也不知道。这本绘本十分有创意，作者将所有的图画组成了一个圆，从某种意义上来说，这本绘本并没有结局，因为它没有

---

① 彭懿. 世界图画书阅读与经典[M]. 南宁：接力出版社，2011.

② [美]萨拉·斯图尔特，戴维·斯莫尔. 小恩的秘密花园[M]. 郭恩惠，译. 石家庄：河北教育出版社，2007.

③ [日]森久保仙太郎. 图画书的世界——作品介绍与入门讲座[M]. 东京：偕成社，1998.

④ [日]西卷茅子. 我的连衣裙[M]. 彭懿，译. 济南：明天出版社，2008.

叙述意义上的最后一张图画，它的结局和开头相连，所以小哺一直陷在“讨厌自己的家—离开—寻找—讨厌自己的家—离开—寻找”的循环里面。这样恰如其分的循环，往往会给人更多思考，小哺在个性和共性之间的选择和判断，在欲望和不满足之间的矛盾和挣扎，让这部作品有了更多的内涵，因而它的受众也远远不止于儿童，成人中有着更多和小哺一样的存在。

二、时空的营造

时间的移动和空间的转换，是一个故事重要的组成部分，它们展示了整个故事的更迭，让读者对绘本有更为明确的理解。

（一）时间和空间的表达

绘本有各种各样的方式来表现不同的空间，但大概只有一种方式来表现时间，那就是透过图画让时间看得见。[①] 画家们常常会在绘本里穿插关于时间的细节，只要我们能够找到，前后对比，就会发现时间的变化。要想让时间被看见，最常见的方式就是通过天空的色彩去表达，用亮丽的颜色表示白天，用黑色的云朵表示夜晚。或者使用一种更为直接的方式，在天空或窗外画一个月亮或是太阳，这样就不会弄混。

在很多绘本中都可以发现这样的表达方式，在原创工坊创作的绘本中也不例外。比如，“一起偷月亮”工坊《月亮侠盗》里面的月亮，“什么队”《黑黑去哪儿》里面的色彩变化以及日月交替。空间的表达则更加多样化，它的表达方式和内容是无穷无尽的，合理就是最好的空间表达。

通常在创作绘本时，同一幅画面会展示多个时间或者多个空间，这样的表达能展现出绘本的动态结构，提升绘本的空间维度。松本猛在《图画书论——追求新艺术表现的可能性》[②]中提出了“异时同图”，即一个画面展示多个时间。婉达·盖格的《100万只猫》[③]便运用了这样的方法（图2-27）。作者在展示老爷爷的行进状态时，写道：“然后，他翻过一座座太阳照耀的山丘，穿过一个个阴凉的山谷，带着他所有的猫回家了，他要让老奶奶看看这些漂亮的猫。”图画是如何刻画出这一行进状态的呢？作者画出一条狭长的路，老爷爷在路的一端，远方的路都是他走过的行程。吉田新一在《图画书的魅力》中指出：“这是一种在同一个平面上描绘时间的推移的手法。”

图2-27　婉达·盖格《100万只猫》

① 彭懿.世界图画书阅读与经典[M].南宁：接力出版社，2011.

② [日]松本猛.絵本論——新しい芸術表現の可能性を求めて[M].东京：偕成社，1982.

③ [美]婉达·盖格.100万只猫[M].2版.彭懿，译.海口：南方出版社，2010.

这一表现手法，也为同学们在创作过程中所模仿。“一起偷月亮”工坊创作的《月亮侠盗》，在展现小男孩被月亮跟踪的时候（图 2-28）也采取了同《100 万只猫》相似的手法；“仿生人会撸猫吗”工坊创作的《姐姐》，在展现女孩寻找外婆的画面时（图 2-29），也模仿了这种同一画面展现不同时间的方法。绘本《姐姐》还有另外一种展现多种时间的绘画方式，即将画面分为上下两个板块，通过人物动作的变化展示时间的动态变化，这让绘本有了动画电影的味道，人物动作一帧一帧地刻画表现出来。

图 2-28 “一起偷月亮”工坊《月亮侠盗》

图 2-29 “仿生人会撸猫吗”工坊《姐姐》

以上，我们了解了如何用同一画面表现不同的时间，那么同一画面如何表现不同的空间？加拿大女画家菲比·吉尔曼的《爷爷一定有办法》[①]给我们进行了示例（图2-30）。这本绘本讲述了约瑟的成长以及一块毯子的变化史，约瑟的爷爷在约瑟出生时用布料为他缝制了一块毯子，随着约瑟的长大，毯子不能再用了，一定有办法的爷爷将毯子改成了件外套，当外套也小了的时候，爷爷将它变成了一件背心。后来，这件背心又变成了领带，领带变成了手帕，手帕变成了纽扣。我们在阅读的时候可以发现，作者在同一幅画面展现了很多个空间，她将楼房纵切开来，使读者能够在同一画面中观察到不同空间人物的动作。令人惊喜的是，菲比·吉尔曼在房屋的地板下面刻画了老鼠的空间和

① [加]菲比·吉尔曼. 爷爷一定有办法[M]. 宋珮，译. 济南：明天出版社，2008.

家庭，每当爷爷对布料进行裁剪的时候，那些破碎的布料便被地板下的老鼠们拾去，成为老鼠宝宝们各式各样的物件。老鼠家庭和约瑟家庭在不同的空间中相互对应，让读者形成一种奇妙的观感体验。

图 2-30 菲比·吉尔曼《爷爷一定有办法》

(二) 视角的选择

视角是指观察的俯仰角度。角度是构图富于戏剧性变化的重要因素，它像迷人的色彩一样，不但会配合主题，让一个故事的视觉语言变得跌宕起伏，还会唤起人们的情感。一本绘本的画面，往往会因为视角的不同而产生明显不同的效果。[①]

俯角是一种居高临下的视角，视野开阔。在绘本的创作中，俯角的使用适于宽阔的故事背景和恢宏的大场面，能使画面融入众多元素，为故事的叙述和表达提供广大的背景，营造浓郁的大氛围，赋予作品深刻的内涵、厚重的底蕴和非凡的气概。

新美南吉的绘本《小狐狸买手套》[②]讲述了一个可爱的小狐狸买手套的故事(图2-31)。狐狸妈妈让小狐狸去镇上买一副手套，并将小狐狸的一只手打扮成人手的模样，可是小狐狸在买手套的时候却因为紧张而伸错了手，但并没有因此出现什么问题，小狐狸反而在买完手套回家的路上感受到了人类的温情。动物与人和谐共处的场面在浪漫的雪中显得尤为动人。该作品的图画部分运用了多个俯视的视角设计，白雪皑皑的森林，狐狸妈妈和小狐狸在雪地上奔跑，远处闪着灯火的城镇，小心翼翼打开商铺大门的小狐狸……广阔的俯视视角引领读者一步步领略这个故事的魅力。

鸟瞰是一种更为极端的俯角。[③] 在鸟瞰的视野中，往往会有强烈的物体大小对比，房屋、汽车等平时高大的事物会在视角主体的眼中变得渺小，形成极大的反差。凯迪克

---

① 彭懿.世界图画书阅读与经典[M].南宁:接力出版社,2011.

② [日]新美南吉,[日]黑井健.小狐狸买手套[M].彭懿,周龙梅,译.北京:北京联合出版公司,2018.

③ 缪小云.儿童绘本阅读与创作研究[M].厦门:厦门大学出版社,2020.

图 2-31 新美南吉《小狐狸买手套》

奖金奖绘本作品《高空走索人》[①]中有非常多的鸟瞰视角(图 2-32),配合着整本绘本的故事叙述。1974 年,纽约世贸中心双子星大楼即将竣工之际,法国杂技艺术家菲利普·帕特在两座楼之间拉起了一条钢索,他在 400 米的高空钢索上行走、舞蹈,做着各种各样的表演,时间长达一个小时。《高空走索人》便是对这一场景的重绘,在这样的故事背景下,鸟瞰可谓是不可避免的表达方式。莫迪凯·葛斯坦用其精妙的画技展现了身临其境的鸟瞰视角,其中有一幅水平拉页的设计:广袤的纽约在主人公脚下一览无余,除了双子星大厦,其他的房屋如同棋盘一般罗列在地面,我们甚至看不见地面的人群。在这样的视角下,读者所感受到的是实现梦想的自由和畅快。读者仿佛也身处双子星大厦的顶部,与走索人一同去体会高空走索的激情和豪迈,心中充盈的是视万物如尘芥一般的登高临下感,从而形成极强的视觉表现力和艺术感染力。

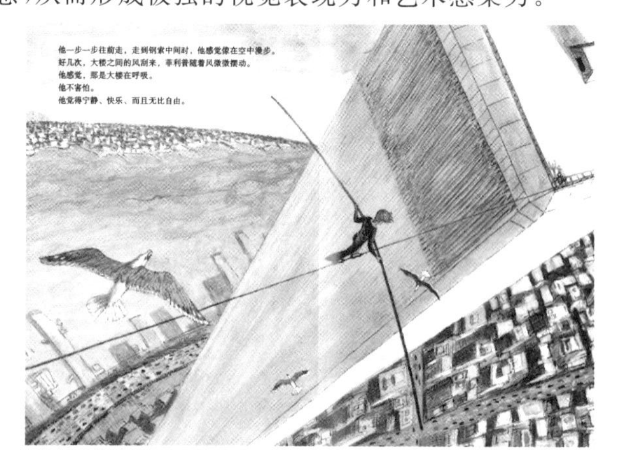

图 2-32 莫迪凯·葛斯坦《高空走索人》

① [美]莫迪凯·葛斯坦.高空走索人[M].王林,译.海口:南海出版公司,2011.

仰视是指眼睛居于艺术对象之下，视线向上仰望。在绘本的创作中，仰视角度的画面有向上的气势，具有强烈的视觉冲击力。仰视的视角设计，有利于表现艺术对象的强大、崇高，给人征服感、压迫感，并借此反衬仰视主体的渺小、脆弱、卑微。仰视角度的图画作品容易给人身临其境之感，从而带给读者强烈的参与感和现场感。在安东尼·布朗的经典绘本《我爸爸》[①]中便有很多仰角镜头(图2-33)，"我爸爸像房子一样高大""他一跳可以飞过月亮""还会走钢索(而且不会掉下来)"等一系列的画面描绘，都是以仰角的方式进行的。在仰角的叙述下，爸爸在"我"面前犹显高大，读者身临其境，这般高大的爸爸也给读者带来了强烈的安全感。

图2-33 安东尼·布朗《我爸爸》

仰角也有一种特殊的视角，即虫视。虫视是一种夸张的仰视视角，它将物体大小的差距拉向极致，从而给读者一种强烈的冲击感。克里斯·范奥尔伯格的作品《两只坏蚂蚁》[②]便是典型的虫视作品。绘本以蚂蚁的视角描绘了一个奇异的世界：窗台高不可及、面包机内四壁耸立、咖啡杯化身庞然大物、草丛成了遮天蔽日的森林……画面多处用虫视的视角表现环境的宏大、强势，给人以强烈的压迫感，借此反衬蚂蚁的可爱、渺小和脆弱。

虫视和鸟瞰这两种视角的差别，就如同格里夫进入了巨人国和小人国，在巨人面前格里夫如同一只蚂蚁，而在小人国里格里夫就如同双子星大厦。这样极致的视角往往会给读者带来强烈的视觉体验和心理感受，从而与绘本中的主人公产生共情。"什么队"工坊创作的《黑黑去哪儿》也灵活运用了这一视角，黑黑在最后仰视着面前高大的工厂烟囱(图2-34)，无数和他一样的小煤球往上涌，这让读者感受到了黑黑此时的无奈和不安。

① [英]安东尼·布朗.我爸爸[M].余治莹，译.石家庄：河北教育出版社，2007.
② [美]克里斯·范奥尔伯格.两只坏蚂蚁[M].宋珮，译.石家庄：河北教育出版社，2011.

图 2-34 “什么队”工坊《黑黑去哪儿》

平视是指眼睛与所观察的艺术对象位置持平。平视的主体不昂首、不低头，视线平稳向前。在图画创作中，平视最能体现真实性和现实感，是最常用、最多见的一种视角类型。获得凯迪克奖银奖的绘本《下雪了》①，便是运用平视的视角去表现故事内容和精神的作品（图 2-35），尤里·舒利瓦茨以细腻而意象丰富的图画，勾勒出城市里从第一片雪花飘落到最终下起大雪的场景变化，展现了儿童与成人视界的不同。平视的视角并没有让读者感受到孩子和大人形体上的区别，在这本绘本中，成人不是伟岸的，孩子不是渺小的，在个体上他们是平等的。平视的视角让读者将视野集中于怀揣一颗鲜活好奇之心的孩童，用心去体会儿童对这个世界的探索和热情。

图 2-35 尤里·舒利瓦茨《下雪了》

平视的视角设计平实、自然，擅于表现真实性和亲切感，但一味使用的话难免视点单一、缺少深度；俯视适合表现恢宏的大场景，能带给作品大视野，但过度使用容易导致假大空；仰视给人强烈的视觉冲击感和代入感，但仰视表达需要突破现实印象的束缚，技法上不易把握。因此在具体运用的时候，要学会灵活运用平视、俯视和仰视三种视角，从而形成视角上的丰富和深度。

① [美]尤里·舒利瓦茨.下雪了[M].彭懿，杨玲玲，译.南昌：二十一世纪出版社，2014.

第二节　文字的创作

绘本的魅力在于图画和文字两种不同符号系统之间的碰撞和交流，在第六课绘本的概念中，我们已经知道了绘本图画和文字的关系，两者相互配合、呼应、对比，进而产生巨大的叙述张力，产生绘本的艺术特征。那么，绘本中的文字到底该如何创作？它与插画书、漫画中的文字又有什么区别？我们将在这一节中找到答案。

一、和图画相配合

绘本中的文字如何和图画进行配合？应该写多少？写什么内容？占据绘本多大的篇幅？我们可以用插画书和漫画同绘本进行对比，把握绘本文字书写的要点。

日本著名儿童文学出版专家松居直将绘本与插画书进行了对比，从而揭示出绘本的本质特征。他说："把图画只是作为对文章的补充和说明，或是为了加上图画让孩子看了高兴，这类书，都不能称之为图画书。真正意义上的图画书与带有插图的图书并不是一回事。只有图文紧密结合的图书才是图画书……"[①]松居直提到的"带有插图的图书"，是把图画作为文字的补充和说明的插画书。在这样的书中，文字占据主要地位，图画之间并不具有连贯性和叙事性。从叙事意义上来说，插画书中的图画可以省略，并不影响故事的讲述。所以，在创作绘本的时候，文字的表达不能占据图画的上风，换句话说，文字应当简短一些，不宜过多。我们需要在整个画面中看到图画和文字的配合，而不是根据文字去构想一幅具体的图画。

绘本中的文字要含蓄，不能将所有的细节都放在文字中进行表达，而是要将妙思放进图画中，让读者在发现这些细节时产生满足感。既然文字不能过多，那么过分简洁和直白的文字在绘本中是否恰当呢？

另外一种和绘本类似的书是漫画。漫画，原指讽刺性的文字、图画，其意义是夸张或者极度夸张。"漫画"二字源于日本，用来形容那种自由、夸张的绘画风格。漫画是从单幅发展起来的，慢慢有了四格和多格漫画。根据篇幅和主旨，漫画可以分为两类：一类是以单幅或几幅简单的绘画为主的"讽刺漫画"或"文人漫画"；一类是以叙述故事为主的分格漫画，往往篇幅较长，一页中含有多幅画面内容，多以虚构故事为主，带有故事情节性。漫画中的文字是什么样的呢？我们可以发现，漫画的文字叙事功能远不及绘本中的文字重要、多元、考究，漫画中的文字只是图画的辅助工具，往往以对白、独白、画外音等形式存在。绘本中的文字所发挥的作用更多，语言也具有较强的文学性，精练而隽永。由此看来，绘本的文字不能过分单调、平淡。[②]

松居直在《我的图画书论》中，用数学式将绘本表示为：文＋画＝有插图的书，文×画＝图画。朱自强先生也曾说，如果仅有文字或者仅有图像，或者有文字又有图像，但仅仅是简单叠加在一块儿，不能生成新的艺术信息的时候，便不是好的绘本，典型的、优

① ［日］松居直．我的图画书论［M］．郭雯霞，徐小洁，译．上海：上海人民美术出版社，2009.

② 缪小云．儿童绘本阅读与创作研究［M］．厦门：厦门大学出版社，2020.

秀的绘本往往都是文图之间具有乘法关系的作品。[①] 因而在绘本中，图画和文字占据同样的地位，看文字会读懂部分故事的内容和意蕴，单独看图画也会了解部分故事的内涵。文字不能泛滥也不能过分简单，它应该配合图画，图画也应该配合文字，两者相得益彰、恰如其分。

在原创工坊的绘本创作活动中，我们可以感受到非常直接的文字与图画相配合的魅力。绘本《他是喜欢你呀》(图 2-36)描述了一个小女孩在学校中被小男孩欺负的故事，文字写的是“他拉扯她的小辫儿”，作者在这里并没有对男孩和女孩的心理活动进行描写，但是读者已然可以从图画的细节中对主人公的心情进行体会。

图 2-36 张丽依《他是喜欢你呀》

二、简洁和韵律

文字不能过于繁杂，也不能过于直白。考虑到绘本的受众是儿童，因此创作者不能将文字写得晦涩难懂，而应该趋于生活化，也就是现实中我们说话的语言。在优秀的绘本中，很少出现包括大量定语、状语和复杂成语的文字，反而多用一些基本的词汇。以安东尼·布朗的《朱家故事》为例，它的文字简单却内容丰富。

> 朱先生有两个儿子，西蒙和帕克。他们住在一栋很好的房子里，有很好的庭院。有一辆很好的车子在很好的车库里。房子里还有他的妻子。每天早晨，朱先生去做很重要的工作之前总是大喊：“亲爱的，早餐呢？快点儿！”每天早晨，西蒙和帕克去上很重要的课之前，总是大喊：“妈，早餐呢？快点儿！”[②]

在这段并不复杂的文字中，我们已经大致了解了整个故事的背景。安东尼一直在用“很好”“很重要”这样简单、容易理解的形容词去描述事物的属性，至于怎样好、怎样很重要，读者可以通过图画去理解。

绘本归根到底是一种儿童文学样式，文字应当做到简洁，但创作者也应当考虑到文字的韵味和韵律。在同学们创作的绘本中，有很多值得细细品味、令人眼前一亮的文字。《辰辰的星世界》中：“辰辰从口袋中拿出太阳，光一下子泄了出来，天亮了。”“旅程要开始了，目的地——宇宙。”《小哺的家》中：“丑，像树的肿瘤。”《一半一半》中：“爸爸说，我要女儿的左边一半，以后你叫做小林。妈妈说，我要女儿的右边一半，以后你叫做小予。”这些文字都给了读者足够的想象空间，给读者带来愉悦的感受。

① 梅子涵，朱自强，彭懿，等. 中国儿童阅读 6 人谈[M]. 天津：新蕾出版社，2008.

② [英]安东尼·布朗. 朱家故事[M]. 柯倩华，译. 石家庄：河北教育出版社，2009.

要做到文字有韵律，创作者可以借助排比、对偶、复沓等修辞手法。我们以安东尼·布朗的《我爸爸》来分析语言的修辞魅力：

这是我爸爸，他真的很棒！

我爸爸什么都不怕，连坏蛋大野狼都不怕。

他可以从月亮上跳过去，还会走高空绳索（不会掉下去）。

他敢跟大力士摔跤。

在运动会的比赛中，他轻轻松松就跑了第一名。我爸爸真的很棒！

我爸爸吃得像马一样多，游得像鱼一样快。

他像大猩猩一样强壮，也像河马一样快乐。我爸爸真的很棒！

我爸爸像房子一样高大，有时又像泰迪熊一样柔软。

他像猫头鹰一样聪明，有时候也会做一些傻事。我爸爸真的很棒！

我爸爸是个伟大的舞蹈家，也是个了不起的歌唱家。

他踢足球的技术一流，也常常逗得我哈哈大笑。

我爱他，而且你知道吗？他也爱我！（永远爱我）①

比喻的修辞手法让整篇文字很简洁，却也十分传神。“吃得像马一样多”“游得像鱼一样快”“像大猩猩一样强壮”“像河马一样快乐”“像房子一样高大”“像泰迪熊一样柔软”“像猫头鹰一样聪明”，这些比喻将爸爸的特点生动形象地描绘了出来，格式相同的比喻句同时构成了排比，反复咏叹爸爸“真的很棒”！这样的修辞既让读者阅读时觉得有节奏感，也强烈感受到作者对爸爸的崇拜和热爱。②

第三节 题材和主题的多元化

绘本的题材非常广泛：民间故事，如安妮·艾萨克斯、保罗·欧·泽林斯基的《沼泽天使》；童话故事，如兰德尔·贾雷尔、南希·埃克霍尔姆·伯克特的《白雪公主和七个小矮人》；亲情故事，如理查德·保罗·埃文斯、乔纳森·林顿的《跳舞》；幽默故事，如梅林达·朗、大卫·香农的《千万别去当海盗》；涉及战争、单亲家庭以及死亡等过去被认为不适合年幼孩子看的主题逐渐出现，如薇拉·威廉斯的《妈妈的红沙发》；死亡也不再是禁忌的话题，如汉思·威尔罕的《我永远爱你》。绘本的题材来源于生活，生活无止境，因此绘本的题材也会趋于无限。随着时代的推进，越来越多有关儿童的话题不断为人们所重视，在这样一个关注儿童的时代，绘本的题材只会越来越丰富。

绘本题材的丰富性进一步推动了主题的丰富性。题材是指作品中具体描写的生活事件和生活现象，也就是作者在表达主题、塑造形象时所用的材料；而主题是作者对现实的体验、分析、观察、研究以及对材料进行处理、提炼而得出的思想结晶。越来越繁复的题材展现了日益丰富的生活，日益丰富的生活提出了越来越多的问题，当创作者在展现这些内容时，便会涌现出不断丰富、不断深刻的主题。本节内容将对几种与儿童生活

① ［英］安东尼·布朗．我爸爸［M］．余治莹，译．石家庄：河北教育出版社，2007．

② 缪小云．儿童绘本阅读与创作研究［M］．厦门：厦门大学出版社，2020．

切实相关的主题进行介绍和分析。

一、自我认识

自我认识这一主题在绘本市场中有非常大的基数，很多绘本秉着教育的理念去教小朋友认识自己的身体，比如《小威向前冲》讲述了一个精子变成小宝宝的过程，七尾纯等人创作的《可爱的身体》系列，让儿童对自己身体部位有具体的了解。与此同时，也有相当多的绘本关注到两性区别和性教育问题，《萨奇小姐的故事》系列共有八本——《萨琪有没有小鸡鸡》《萨琪想要个小宝宝》《萨琪想亲亲马克》《萨琪也有乳房》《萨琪有太多男朋友》《萨琪为什么讨厌老师》《萨琪不想穿裙子》《萨琪才不要演空姐》，作者用马克和萨琪在不同阶段的故事展示了男孩与女孩的差异，并且引导儿童如何与异性彼此欣赏和尊重。①

除了教育儿童认识生理上的自己，还有不少绘本作品探寻了如何进行自我寻找和自我认同。约克·史坦纳的绘本《森林大熊》，是一个关于现代文明中人类自我迷失和自我寻找的寓言。在大熊冬眠期间，森林进行了一场现代化改造，原本的森林变成了化工厂，大熊在不知所措中被工厂管理员呵斥，催促它去工作。大熊辩解自己是一只熊不是化工厂的工人，却遭到质疑与嘲笑。大熊找不到自己是熊的证明，这时的大熊，没有愤怒和怒吼，只有难过、恐惧和无助。这个看似荒诞不经的故事促使人们像大熊一样思索：在现代文明的惯性中，我们循规蹈矩地生活，自我在别人的评价中渐渐消失，久而久之，我们成为活在他人评价中的囚徒。“我是谁”“我该去哪儿”成为困扰人们的问题。《森林大熊》讲述的不仅仅是人与自然的关系，更是对自我认识与寻找的反思。

同学们创作的绘本《黑黑去哪儿》，也试图阐释寻找和迷失这一共通的困惑，小煤球黑黑一直在路上，想要寻找真实的自己。《黑黑去哪儿》和《森林大熊》都没有给我们一个明确的回复，黑黑决定自己一个人继续寻找还是融入工厂中无数的煤球？大熊最后进入了山洞冬眠，当他醒来时会不会又忘记了自己谁？虽然故事的结局没有给出答案，但是他们提醒了读者去寻找且保持真实的自我。

“不合众嚣，独具我见”的思想，在很多绘本抑或是其他儿童文学作品中均有体现，这样的思想或许是寻找自我、认同自我的最好结果。即使世界喧哗不断、思想万千，我们都该保持独立个体的思考能力和个性，并不是说要成为特立独行的个体，而是要成为有独立思想、不盲从的个体。“遛弯儿工作室”创作的《才不呢！》便是一部很好地诠释了“不合众嚣，独具我见”观念的绘本，世界给予女性的标签和限制太多了，多到至今依旧有很多女性作为附庸生存在父亲、丈夫、儿孙的生活里。面对这样的束缚，绘本的作者试图教会女性独立和自爱：这些所谓的温柔、细致、矜持的标签都是外界给我的，并不是我真的需要，世间繁复杂乱，而我只做我自己。

二、家庭生活

家庭同样是创作者们所关注的话题。对儿童来说，家庭关系是其最主要的社会关系，爸爸妈妈、祖父祖母、兄弟姐妹等家庭成员是儿童接触最为密切的人物，来源于生活的绘本自然不会落下这一重要的题材和主题。

① 缪小云.儿童绘本阅读与创作研究[M].厦门：厦门大学出版社，2020.

爱是家庭主题中最常见的元素，展现母子之间爱的绘本有《逃家小兔》《我妈妈》《我讨厌妈妈》《我的妈妈真麻烦》等；反映父子之间的互动与爱的绘本有《我爸爸》《团圆》《爸爸的围巾》等；展现祖孙之情的绘本有《爷爷一定有办法》《爷爷变成了幽灵》等。[①]这些绘本通过各种各样的方式和形象展示家人们之间的情感，有的刻画平凡的生活，有的利用奇思妙想去展现情感的变化。安东尼·布朗的《隧道》[②]便讲述了一个神奇的故事，性格迥异、爱好不同的哥哥和妹妹总是不停地争吵。一天，兄妹俩来到一个隧道前，哥哥胆大，钻进去探险，妹妹不敢，幻想着隧道里面藏着怪兽、巨人、巫婆……哥哥钻进去后，妹妹总是等不到哥哥，担心哥哥出状况，于是鼓起勇气也跟着钻了进去。妹妹从隧道的另一头钻出来时，发现哥哥变成了一尊石像，她带着爱和眼泪拥抱又硬又冰凉的哥哥。这时奇迹发生了，石像渐渐变软变热，哥哥慢慢变回来了，于是兄妹俩拥抱在一起，再也没了隔阂。这样的情节在儿童文学中并不少见，睡美人需要真爱之吻才能从睡梦中醒来，身负诅咒变成青蛙的王子同样需要真爱来拯救。这样的设定出现在绘本中时并不落俗套，因为家人之间的情感往往更加纯粹和美好，儿童对这样奇异的故事也往往更有兴趣。

绘本《姐姐》，同样表达了家人之间的情感。豆豆今天要当一天的姐姐，但是妹妹十分不听话，妹妹以为镜子中的自己是一个怪物，空调遥控器是手机，甚至想要在下雨天出门。豆豆很伤心，因为记忆中的妹妹并不是这个样子。妹妹最后还是跑了出去，豆豆连忙出去找，却发现妹妹拿着红雨伞在雨中等着自己。这时妹妹的真实模样展现出来，白发苍苍、满是皱纹，原来妹妹是身患阿尔兹海默病而逐渐失去记忆的外婆。但是，就算忘记了所有的事情，外婆也没有忘记在下雨的时候去接放学的孙女。这是一个温馨且感人的关于爱的故事，它阐释了为什么爱是绘本中永恒的主题，因为爱是不会消散的，即使人们忘记了很多事情甚至忘记了自己是谁，他们也没有忘记和放弃爱。

但家庭永远都是美好且灿烂的吗？家庭会永远都是港湾吗？随着时代的不断发展，绘本创作者们将视野扩展到了不和谐的家庭关系上，离异家庭孩子的生存现状是怎样的？绘本给了我们多种答案。《我的爸爸叫焦尼》[③]给出了一种充满爱的回复，处在离异家庭中的狄姆虽然不能和爸爸每天在一起，但是在狄姆单独和爸爸相处的时间里，读者可以感受到爸爸对狄姆满满的爱。原创工坊“吃芒果”工作室创作的绘本《一半一半》却展示了另外一种生活图景，爸爸妈妈离异后，“爸爸说，我要太阳，周一、周三、周五，我的钓鱼工具、车和电视机。妈妈说，我要月亮，周二、周四、周六，我的衣柜、书和梳妆台。”甚至对女儿林予的归宿，他们也争执起来：“爸爸说，我要女儿的左边一半，以后你叫作小林。妈妈说，我要女儿的右边一半，以后你叫作小予。”林予在这样一半一半的生活中并不快乐，故事最后，林予并不想待在能够替她挡雨的房檐下，她想要走进雨中去，这暗示着林予想要逃离这种近乎分裂的生活。

家庭的问题不仅仅只有父母离异，留守儿童的问题同样也为绘本所呈现。原创工坊“一起偷月亮”工坊创作的《月亮侠盗》，将视角聚焦在了留守儿童上。中秋节这天，达达去给小伙伴们送月饼，路上无意间发现月亮在跟着自己，于是达达就想偷走月亮，因

① 缪小云．儿童绘本阅读与创作研究[M]．厦门：厦门大学出版社，2020．

② [英]安东尼·布朗．隧道[M]．崔维燕，译．南昌：二十一世纪出版社，2009．

③ [瑞典]波·R．汉伯格．我的爸爸叫焦尼[M]．彭懿，译．武汉：湖北美术出版社，2007．

为月亮只有一个啊，把月亮偷走了爸爸妈妈就可以回家过中秋节了。当达达和小伙伴们分享喜悦的时候，爸爸妈妈竟然真的回到了家，于是达达便立志做一个月亮侠盗，去帮助小伙伴们偷月亮。这是一个十分梦幻的故事，在达达心里，爸爸妈妈是被月亮带回来的，这样的梦幻里也有着一丝悲伤，因为在达达眼中，一家人团圆是不可多得的场景，这个愿望甚至需要月亮的帮助才能实现。其实达达并没有意识到，如果月亮真的可以把爸爸妈妈带回来，那么周围小伙伴的爸爸妈妈也应该被带回来才对。这些儿童眼中的世界是单纯的，他们相信所有的奇妙和梦幻，但是世界却没有给予他们梦幻、幸福、圆满的童年。

三、社会关系

儿童并不会永远生活在家庭里面，当儿童离开家庭后，他们与外界建立的社会关系多是在学校里面。因而，许多绘本讲述了学校里同学之间、师生之间发生的事情。《我喜欢你》《南瓜汤》《敌人派》等，都是讲述学校生活的绘本，展现了精彩的校园生活。

张丽依同学创作的《他是喜欢你呀》，也讲述了校园中的故事。韩梅梅老是被李明欺负，被他拉小辫子，文具也被李明偷偷丢掉，李明甚至还把毛毛虫放在韩梅梅的文具盒里。韩梅梅试图去寻求帮助，但是老师、父母给出的答案却是他喜欢你所以才会欺负你。韩梅梅对这样的“喜欢”感到困惑，在故事的最后说，“可是我不喜欢他呀”。在这本绘本所叙述的故事中，我们很难界定这样的欺负行为是否属于校园霸凌，但很显然，老师和父母并没有对这样的行为进行制止和规劝，还将之理解为李明对韩梅梅的喜欢，暗示了当今对校园霸凌的防控和处理并不重视。小女孩试图去寻求帮助，但是得到的答案并没有让自己的问题得到解决。校园本应该充满和谐，但是依然会有各种各样的问题存在，当儿童面临校园霸凌的时候，他们首先要做的就是寻求帮助。即使绘本中的老师和父母并没有提供帮助，但实际生活中老师和父母才是对抗校园霸凌最好的帮助。

上述内容提及的主题仅仅只是绘本主题的冰山一角，绘本的主题涉及世界的方方面面，比如战争、种族歧视、保护动物、守护家园、成长等。通过分析绘本的主题，我们可以知道，绘本蕴含着无穷无尽的创造价值和精神文明，是孩子成长路上的好伙伴。

第八课　绘本中的情感

课前引导

这一课将从情感的产生、情感意蕴的层次、情感的表达方式以及情感如何共鸣四个方面探讨绘本中蕴含的情感。情感是阅读绘本时获得的直观的非知识性感受。绘本创作者的情感书写与传达、阅读者的情感接受与体验，这一过程的完成需要两者情感共鸣。读者在自身情感感知的基础上，深入领悟绘本创作者的表达方式与情感目的，会得到不一样的情感体验。

第一节　情感产生

情感在绘本作品中的体现或显或隐，有时是明显的情感表达，如家庭类题材绘本中明显的情感倾向；有时是隐晦的绘本阅读体验与感受，这类绘本并没有明显的情感主题，而是注重绘本与读者之间的互动与趣味，使读者获得知识性或趣味性的体验。本节将讲述情感在绘本中的流动以及情感之于绘本创作的重要性。

一、情感的产生

情感是人类对客观事物是否符合自己需要的一种心理反应。跟认识活动不同，情感不是对客观事物本身的反映，而是对对象与主体之间某种关系的反映。所以，情感表现为对客观事物的主观(肯定或否定)评价态度。确切地讲，情感不是反映而是表现，是评价性地感受、体验。绘本中的情感内容，实际上是孩子们在日常生活过程中产生的喜、怒、哀、乐等情感体验经过加工后的艺术情感。

二、艺术情感在绘本创作中的作用

第一，艺术表达的需求构成了绘本创作的重要动力。对创作者来说，绘本创作不只是创作者的情感宣泄与释放，而且要在情感表达的前提下构造出与儿童贴近的内心世界，以一种纯天然的儿童心态去创作。当创作者在描写一条山间小溪时，像“澄明清澈”“潺潺”等较高文字认知能力范畴的词语和较为抽象的词语就不适用于绘本的文字创作。绘本要求创作者在保证情感内容完全表达的前提下，以极其简洁凝练的话语说明绘本内容。

第二，让儿童再现回忆中的情感和对未来成长生活进行展望是绘本创作的核心。

儿童在2～3岁时就形成了较为完整的情感体系，并且能够运用种种情绪来表达诉求，开心就笑、生气就哭，是最简单的情感表达。除了再现回忆中的情感之外，对未来生活展开遐想也是绘本的主要任务之一。“遛弯儿”工作室创作的《才不呢！》展现了每个阶段女孩的形象，也表达了自我与世俗观点之间的冲突和选择：是遵循自己的内心还是随波逐流？如果阅读绘本的读者处于“他们说，女孩就应该喜欢粉色”的阶段，读者就会回忆和反思到底是自己真的喜欢，还是父母给的东西一贯都是粉色的而习惯性“喜欢”；当读者读到“他们说，适合女孩子的工作并不多”时，读者或许已经展开了对未来生活以及工作的想象。

艺术情感是绘本人物形象的重要组成部分。人物是有情感的，有血肉的，有灵魂的。人物情感是人物形象的补充形式之一。艺术形象的形成是三种因素的组合。一是感性形式，它直接诉诸人们的感官。绘本作为特殊的儿童文学，最为特殊之处就是有图片的直接参与，这样人们脑海中抽象的艺术形象就能直接呈现在读者眼前。二是情感，即经过作者再度体验的艺术情感。绘本通过人物脸上的表情来表达情感，既可以用开心是笑脸、伤心是哭脸等直接方式，也可能运用色彩氛围来烘托情感内容。在“吃芒果”工作室创作的绘本《一半一半》中，主人公林予是没有五官呈现的，这反而让她的情感更加复杂。夹杂在破碎家庭中的小女孩儿林予敏感地发现了父母的变化，没有五官的主人公给人营造了压抑之感，同时引发不同读者对林予的表情进行无限遐想，让读者对林予感同身受。三是理性因素，即创作者的政治、宗教、伦理等意识形态和知识系统。在艺术作品中，情感与理性形成有机的、不可分割的整体，共同塑造人物形象。

第二节 情感意蕴

意蕴是作品中渗透出来的理性情感，需要读者在阅读绘本时透过图画与文字的表象，深入理解作者所要表达的元情感，以及在元情感的基础上自主体会与感受到的衍生情感。本节将简单介绍意蕴的概念与构成，并以绘本实例进一步解释说明。

一、意蕴的概念

意蕴，即事物的内容或含义，是情感表达的内核。歌德的“意蕴说”把艺术作品分为三个因素：材料、意蕴、形式。意蕴即人在素材中见到的意义。也有人说，意蕴就是文学作品里面渗透出来的理性内涵或一种风骨，表现人生的某种精义或主旨。绘本和所有文学作品一样，其核心就是表达情感意蕴。

二、意蕴的构成

绘本作为文字与图画有机结合的文学，其意蕴分为文学意蕴与艺术（此处主要是指美术上）意蕴。文学意蕴分为三个层次，即审美情蕴层、历史内容层和哲学意味层；艺术意蕴大致可分为四个层次，即物质材料、形式构成、作品物象和文化意义。下面分别对这两类意蕴的不同层次进行解释说明。

不管是文学意蕴还是艺术意蕴，二者既不同又相通，就像绘本的文字与图画一样，虽然表达形式不同，但是当文字嵌入图画时内容与形式上都是契合的。

（一）绘本的文学意蕴

文学意蕴分为三个层次，即审美情蕴层、历史内容层和哲学意味层。

1. 审美情蕴层

即感官的愉悦、体验的丰富以及生命的激情。这是绘本中文字部分体现最直接的层次，比如文字节奏的一致性，给人以朗朗上口之感和韵律的舒适性。

2. 历史内容层

即一个时期有一个时期的文学表现形式。说明文学包含一定的历史性，折射出一定历史时期的生活影像和文化积淀。我国近几年出现了许多具有中国特色的绘本，以及众多的原创绘本大师。如中国知名原创绘本大师熊亮，创作了《京剧猫》《南瓜和尚南瓜庙》《小石狮》《灶王爷》《兔儿爷》等作品，深受孩子们的喜爱。这些传统中国文化元素被创作者融入绘本中，不仅带给人视觉感官上的享受，还能引导孩子们了解和传承中国传统文化。

3. 哲学意味层

即创作者对人生真谛的刻骨铭心的体验、作品中深藏的超越时空的永恒的人生精义、读者所领悟到的可喻而不可说的生命感受。美国著名绘本作家谢尔·希尔弗斯坦的《失落的一角》《失落的一角遇见大圆满》，就将文学意蕴中的哲学意味层发挥到了极致。《失落的一角》讲述一个圆缺了一个角，它一边唱歌一边寻找那失落的一角。它找到了许多角，不是太大，就是太小，虽然找不到最适合的那个角，但它很快乐，因为寻找过程中它看遍了路途的风景。然而，当它漂洋过海终于找到最合适的那个角并成为一个完整的圆时，它开始飞快地旋转，根本停不下来，它无法歌唱，无法停下来去嗅路边的花儿。它变得不快乐了，于是又放下了那一角，重新开始寻找。这是一本关于“找寻自己”“舍与得”“完美与缺憾的抉择”的书。人一生中大部分时间都在做选择，当鱼与熊掌不可兼得时，必定会陷入选择的旋涡。读完以后，有的读者希望它继续缺着这一角旅行，有的读者则认为失去了角的圆本来就是因为找寻失落的一角而踏上了征程，绘本到这里就应该结束了。其实，读者对绘本的两种不同理解，也是人生中一个小小的抉择。

（二）绘本的艺术意蕴

艺术意蕴，在本书中主要是指图画所表达的意蕴。它包含物质材料、形式结构、作品物象和文化意义四个层次。

1. 物质材料

物质材料是艺术作品意蕴的第一层，体现在绘画上主要是指绘画的笔墨色彩、线条、笔触等。物质材料是绘本图画创作的基本要素，如同建筑需要钢筋、水泥等建筑材料，绘本也是一样。绘本的物质材料很大一部分来源于创作者的生活经验以及现实采风。中国著名绘本画家蔡皋在纪录片《但是还有书籍》中说道：“有花开的日子就会到楼上的花园写生，一个人在楼上坐的时候，安安静静的时候，很多东西都会来，文字也会来，阳光来，蜜蜂来，香的味道也飘过来，很养我的”，“大量地搜集素材作为积累，积累到一定程度，闭上眼睛就可以画了，都会流到你的笔下来的”。这就是物质材料的来源，一定程度的量变引起质变。

2. 构成形式

即作品中的点线面和形体的组织关系，以及与此相应的各种表现方法。当物质材料丰富齐全的时候，如何将它们组织起来就是一个十分讲究且慎重的过程。就好像建筑材料都有了，这时候要靠设计图将这些材料有序组合起来，是中式还是西式，是三室一厅还是两室两厅？这就是形式的构成。构成形式要求创作者具有较高的审美素养，不是将材料胡乱组合，而是有规律地将各要素组合形成和谐的风格。

3. 作品物象

即作品中描写的对象、场景和感情情趣。这是构成形式后所呈现的物质材料的完整性和有序性，并在此基础上进行细节化的修改和氛围的烘托。还是以建筑为喻，当建筑的整体结构完成后，如何使整栋建筑更加引人注意，就要补充细节——装修，用墙纸、沙发、装饰物品等让整个建筑更加具体化。当场景和对象的具体细节到达一定水平的时候，情感的表达样式也就自然而然地显露出来。

4. 文化意义

这一点包含两个方面的内容，一方面是指作品中约定俗成的意义和本质意义，另一方面是指时代精神和民族精神。这是艺术意蕴的最高层次，当一幅画能体现国家的整体大局时，那么这幅画无疑就是成功的。著名画家列宾的《伏尔加河上的纤夫》，通过对伏尔加河上 11 个不同社会身份、不同年龄和不同性格特征的纤夫的深入刻画，引导人们思考当时俄国的社会现状和未来期待。雕塑《艰苦岁月》[①]刻画的是老红军给小红军吹笛的景象，悠扬的笛声把小红军的思绪引向远方，他们紧紧依偎在一起的造型表现出革命时期红军战士的革命情谊和乐观主义精神。

致力于提升绘本的文化意义，也正是中国绘本界努力在做的事情。已经 70 多岁的中国绘本画家蔡皋的绘本，植根于中国民间文化，她以民间艺术艳丽、丰富和变形的技法描绘了民间鲜活蓬勃的生命力，表达人民朴素的对美的渴望。关于民俗的《晒龙袍的六月六》、关于少数民族故事的《百鸟羽衣》、关于中国民间传说的《孟姜女哭长城》等，这些能让中国人民引起强烈情感共鸣的中国特色绘本，将是中国绘本创作的一大趋势。

第三节　情感表达

情感性是艺术的基本特征，绘本也是这样一种以情感为基础的特殊艺术表现形式。日本“现代绘本之父”松居直先生把绘本比作“幸福的种子”，认为绘本最重要的是让孩子从中感受到快乐。如何让孩子在绘本中感受到情感，《浅述儿童图画书中的情感传达》[②]一文介绍了绘本的五种情感表达方式。

① 潘鹤《艰苦岁月》现收藏于中国美术馆。

② 陈晓丹，朱华. 浅述儿童图画书中的情感传达[J]. 大众文艺，2011(20)：50.

一、角色设定

绘本中的形象大多是以孩子们喜爱或熟悉的人或物为原型创作出来的，人物一般简单生动、个性鲜明，动物一般卡通化、可爱化，这样的形象更加符合儿童认知世界中的造型设定。这也就解释了《喜羊羊与灰太狼》系列动画片风靡中国的原因。另外，绘本中的角色或多或少带有儿童自己或者他们身边一些人的影子，所表现出的人物个性与特征更能得到孩子们的认同。英国著名儿童绘本作家安东尼·布朗的《我爸爸》《我妈妈》，就是从家庭成员出发、从孩子熟悉的父母出发创作的作品。在孩子的世界里，爸爸妈妈是最亲近、最熟悉、最崇拜的人，用仰视的角度表现孩子崇拜的眼光，塑造了一般孩子眼中的父母，因而很容易获得孩子们内心世界的认同。

二、整体情节

由于儿童的注意力不易集中，易受外界影响而分心，因此绘本整体情节的设计必须丰富而有趣，让儿童专注于情节本身，从而深入到情节所构造的故事中，从情感上受到更深的触动。绘本怎样才能抓住孩子们的注意力呢？第一，设置一个容易把握的线索，线索是故事情节顺利发展的基石，孩子们沿着线索跟随主人公一起探索绘本故事；第二，文字和图画的编排不能脱节，二者之间的配合要循序渐进、承上启下，文字顺应情节走向与图紧密相关联，用静止的画面描绘出动态的效果，让孩子全身心投入绘本的情节之中。如谢尔·希尔弗斯坦的《失落的一角》，画面中始终有一根象征着地面的线。掉了一角的圆在这条线上一路向远方滚去，寻找它那缺失的一角，这一根举足轻重的黑线贯穿全书，把一幅幅画面串联起来。有的绘本不是靠线条，而是靠人物在画面中的动作将画面衔接起来；有的绘本是靠一个接一个强烈的悬念来连接画面的。绘本运用各种各样的衔接技巧将孩子的注意力全部吸引到故事情节中。

三、细节与道具

细节与道具的主要作用是丰富画面，衬托主题，配合故事进展，增加互动趣味。现今，许多绘本不只是文字与图画的二维体验，创作者为了让孩子有更多的参与感，在绘本的设计方面突出了互动性、创新性。所以，绘本的创作者会在书中设计一些细节与道具，让阅读绘本的过程不仅是一种传播—接受的阅读体验，也让孩子乐在其中，把阅读当成一场纯粹的游戏体验。一些恰到好处的细节与道具的设计，会给儿童带来新的发现和新的惊喜。法国插画家埃尔维·杜莱的《点点点》是一本互动性极高的绘本，第一页从一个黄点开始，书上写着“按一下这个黄点，翻到下一页”[①]，第二页就变成了两个黄点，随着一页一页的互动，书的内容也开始产生奇妙的变化。通过简单的指令，好多色彩缤纷、大大小小的点点从白色的画面中蹦蹦跳跳跑出来，对儿童来说趣味无穷、互动性极强，能让孩子沉浸其中、意犹未尽。就像绘本的最后一页所写，“好样的！咱们再来一次”[②]，又进入下一轮的互动游戏中。

① [法]埃尔维·杜莱.点点点[M].蒲蒲兰，译.南昌：二十一世纪出版社，2012.

② [法]埃尔维·杜莱.点点点[M].蒲蒲兰，译.南昌：二十一世纪出版社，2012.

四、氛围营造

根据故事发生的时间地点、前因后果，绘本会对情景有一个大致的设定，选择与故事情节相契合的画风，从而增强故事的表现力和感染力。这与创作者的绘画风格与绘画手法有很大关系，如细腻的画风给人温柔清朗的感觉，抽象又粗重的线条则给人强烈的视觉感。画面整体的色调是营造氛围的重要因素，色彩明暗度对环境和人物的情绪有着重要的调节作用。

五、视觉引导

绘本中的视觉引导，是读者抓住绘本阅读顺序、发现视觉重点的重要手段，这是一种有形或无形的线索，也是无形的暗喻，读者的视线总跟着线索移动，也成为情感投注的过程。荣获 2004 年凯迪克奖金奖的绘本《高空走索人》，记述了法国杂技艺术家菲利普·帕特在纽约世贸中心双子星大楼之间拉起钢丝并在上边行走和表演的故事。绘本巧妙地设计了两个能够手动展开的拉页：水平式拉页，引领读者一起漫步空中；垂直式拉页，突出了双子星大楼梦幻般的高度和距离；一俯一仰的视角拉长使得高空走索更加惊悚刺激。

第四节 情感共鸣

绘本作为“人生的第一本书”，是促进儿童发展的重要资源和手段。在儿童文学领域中，优秀的绘本有丰富的文学与艺术内涵。好的绘本能引起读者情感上的共鸣，不仅给读者视觉上的感受，也让人不自觉地置身于故事中，从而感同身受地去体验美、感受美，以及学会倾听、学会专注。情感要达到双向有效的交流或沟通，必须在传播者与接受者之间形成共鸣。

一、创作者素养的多样性

儿童绘本创作者素养的多样性体现在三个方面。一是绘本创作者的情感素养，主要表现在：鲜明的儿童立场，以儿童为中心，并且热切关心儿童身心健康成长。这种尊重与时刻关注孩子心灵成长的绘本创作者，才能更好地抚慰与陪护儿童幼小又纯洁的童心。

二是创作者的素材积累。空有情感而无内容表达是远远不够的。绘本创作者要有丰富的生活经验的积累，善于观察生活、体验生活和展现生活。就像绘本画家蔡皋所说：“大量地搜集素材作为积累，积累到一定程度，闭上眼睛就可以画了，都会流到你的笔下来的”，“喜欢的就会记下来，大自然的安排，它很错落有致的”。[①] 创作者用审美的眼光打量周围的事物，像一个收藏家将美好事物收藏起来，等需要的时候再拿出来慢慢品味。

三是创作者的专业素养。绘本的创作分为文字与图画两个部分，有时绘本的最终完成是一个人，有时是两个人，文字和图画各由一人负责。但无论是一个人还是两个

① 罗颖鸾. 但是还有书籍[EB/OL]. [2021-12-21]. https://b23.tv/ep304529.

人，一部优秀的儿童绘本的作者必定有着严谨又扎实的专业素养。文字的表达与图画的呈现是相辅相成的，文字以怎样的方式嵌入图画中，图画又怎样表达文字，两个部分如何才能融洽、和谐地结合达到 1+1>2 的效果，这些都是考验绘本创作者专业水平的必然要求。

二、接受者的多元辅助性

绘本阅读，需要家长辅助儿童进行一定的阅读指导。亲子共读即由父母或长辈陪伴儿童一起阅读，作为一种近距离阅读方式，亲子共读也是情感交流的园地。从亲子共读的角度看，绘本因为其独特的美学魅力和巨大的艺术空间，具有多重阅读价值，是亲子共读的最好材料。正如松居直先生在《幸福的种子：亲子共读图画书》中所写："把孩子抱在膝上，念绘本给他听，是非常有意义的事情。这时，大人与孩子有肌肤的接触，有语言的交流，有心灵的沟通，幼儿全身，甚至全心，都能感觉到牢牢拥抱自己的那个人。"①他还在总结自己的实践经验时说："这种彼此交流、分享喜悦及心灵交流的真实感受，在孩子长大成人后会一直留在他们心中。"②绘本的主要接受对象是低幼儿童，绘本的阅读以儿童视觉感知为主，当父母或长辈用语言为孩子描述绘本内容时，儿童可以在视觉感知的同时调动听觉参与对故事的理解，从而在阅读中有所发现、有所感悟、有所收获。儿童还能在聆听父母讲述故事的过程中感受到口头语言的丰富性和口语表达的乐趣。

对儿童来说，亲子共读不但能使儿童在温馨的家庭气氛和亲情交流中增长知识，获得阅读的快乐，还能成为悠久绵长的记忆，永远温暖他们的人生。对父母来说，亲子共读不仅可以体会到亲子交流的快乐，还可以了解孩子的内心世界。在《我的名字克丽桑丝美美菊花》③这本绘本中，有一只美丽可爱的小老鼠，爸爸妈妈在她出生的时候，给她取名叫菊花，"菊花"(Chrysanthemum)这个词在英语中是个由 13 个字母组成的又长又难念的词。小老鼠很喜欢这个名字，可是她第一天上幼儿园就因为名字遭到了同学的嘲笑：这个名字太长，这个名字很难写进名牌，这个名字是以花取名的！虽然爸爸妈妈对她的名字一再给予肯定，但她还是因为名字被同学讥讽而备感沮丧。她一天一天委顿下去，她上幼儿园的脚步一天一天拖沓起来。直到有一天，班上来了位音乐老师，她也有一个以花命名的很长很难写进名牌的名字，她认为克丽桑丝美美的名字完美无缺，打算要给自己肚子里即将出生的孩子取个同样的名字。于是，克丽桑丝美美重拾自信，嘲笑挖苦她的同学开始转变态度，她的心情也随之变化了。她参加扮演一朵雏菊的音乐剧演出很成功，笑容重新绽放在她的脸上。

读这个故事的时候，我们的心跟随小老鼠克丽桑丝美美起伏跌宕。父母或许可以从中想到自己的童年经历，或者意识到自己孩子可能遭遇或已经遭遇的经历，能更深刻地理解孩子的心灵是纯洁的、稚嫩的，同时也是易碎的，因此要注重用爱来温暖和保护孩子未成熟的心灵，反思与孩子相处的语言行为。相信读到这本绘本的孩子，会联系自己点点滴滴的已有经验，从中获得关于人生成长、历练的领悟，甚至可以借助故事内容帮助自己抵御来自社会环境的消极影响。

---

① [日]松居直. 幸福的种子：亲子共读图画书[M]. 刘涤昭，译. 济南：明天出版社，2007.

② [日]松居直. 幸福的种子：亲子共读图画书[M]. 刘涤昭，译. 济南：明天出版社，2007.

③ [美]凯文·汉克斯. 我的名字克丽桑丝美美菊花[M]. 周兢，译. 上海：少年儿童出版社，2006.

第九课　优秀绘本赏析

课前引导

因为绘本中包含图画，所以它们提供的乐趣与其他类型的故事讲述不同；又因为绘本中包含文字，所以它们提供的乐趣与其他形式的视觉艺术也不同。图画涵盖空间而非时间，无法以简单的方式表达因与果、主与次、可能与现实的时间关系；文字涵盖时间而非空间，其语言文法能轻易地表现这些关系。一幅图画本身无法告诉我们它所描绘的究竟是前朝遗事，还是某个人的梦境或臆想。正如我们在前文中提到的，文字不容易传达物体的外观信息，而图画轻易就能做到。

阅读绘本的乐趣，一是读者能够感受到插画家如何利用文字与图画之间的差异，二是读者在发现创作者的奇思妙想时心中的参与感和满足感。本课将以原创绘本工坊活动中同学们创作的绘本为例，分析作者们的匠心独具。

第一节　《辰辰的星世界》赏析

《辰辰的星世界》出品方为“もも工坊”，是由马温曼、刘桂晨、刘颖、杨玺钰共同创作的绘本。封面（图 2-37）中的男孩就是绘本的主人公——辰辰，辰辰坐在地球上，望着漫漫星空，他的脑海里在思考些什么？又会做些什么呢？看着这星空，油画般的触感和梦幻的颜色，不禁让人想起了凡·高的名作《星空》。

这张图画（图 2-38）十分有趣，辰辰的样貌展现在了读者面前。辰辰的发型和外貌、标志性的支棱起来的头发、腰间不羁的腰带，颇有几分《火影忍者》宇智波带土的韵味。太阳原来是从辰辰的口袋里升起来的，辰辰把火热的太阳捧在手心里，会不会觉得烫呢？辰辰被包裹在圆圆的光晕里，仿佛也是住在太阳里的，或者说辰辰就是太阳。

辰辰的床化身为宇宙飞船（图 2-39），你看宇宙飞船上面是不是还有一双辰辰的拖鞋呢？莫非辰辰是在做梦？那么这个环游宇宙的梦也太美妙了！辰辰还站在地球上观察着太阳系的其他行星（图 2-40），水星上画着一个水滴，金星上画着一个王冠，火星上画着一朵小火苗，木星上真的有一棵树，土星上竟然画着一颗土豆，辰辰的星世界到底蕴含着怎样的风采，难道你们不想去看看吗？跟随辰辰一起去看吧。

“原来水星是个小海洋”（图 2-41），小螃蟹趴在辰辰的鼻子上，小鱼尼莫也在辰辰的眼前游来游去。快看，还有小水母和小乌龟。辰辰的背后是湛蓝的海水，那辰辰是怎么呼吸的呢？难道鼻子上的螃蟹是辰辰的呼吸器吗？真是越来越有意思了。

图 2-37 《辰辰的星世界》封面

辰辰从口袋里拿出太阳，光一下子泄了出来。天亮了。

图 2-38 辰辰的样貌

旅程要开始了！目的地——宇宙。

图 2-39 辰辰的床化身宇宙飞船

图 2-40 辰辰在地球上观察太阳系

图 2-41 水星海洋

原来水星也可以是个大气球！(图 2-42)辰辰的手上拿着一个蓝色的气球，原来这就是水星？气球里面都是蓝蓝的海水，快看，气球里面竟然还有一条鲸鱼！这个气球多么大啊，和水星一样大的气球好像已经占据了整个天空，你们猜这个气球能不能够带着辰辰飞起来？

接下来到金星了，金星会是什么呢？原来金星是一个漂亮的王冠(图 2-43)，和童话里国王的王冠一样闪闪发光。辰辰对这个王冠动心了，他要把这个王冠送给喜欢的女孩子曼曼，戴上就是公主(图 2-44)。有意思的是，这本绘本的创作者之一也叫曼曼，辰辰的星星眼是不是就很容易理解啦！

火星竟然是一个小火苗(图 2-45)，火苗会带来什么？辰辰想着火光会带来温暖，如果有更多温暖，那么世间的黑暗和痛苦也就不复存在了。火焰会将孔明灯送上天空，带着人们的希望越飞越高。快看孔明灯中的小女孩是谁？是卖火柴的小女孩(图 2-46)。小女孩在寒冷的冬夜离开，辰辰便在自己的星世界中将火星的温暖送给她。创作者表示，这个孔明灯的灵感，来自大火的动漫 IP《天官赐福》，真是神奇的联动。

图 2-42 水星气球

图 2-43 金星皇冠

图 2-44 辰辰与曼曼

图 2-45 火星小火苗

图 2-46 火光送温暖

终于到了木星，木星的枝丫在辰辰的房间中盘绕(图 2-47)，就连吊灯上都缠绕着细细的藤蔓。辰辰床上的被子，和辰辰宇宙飞船上的图案一模一样，房间的柜子上也有一颗象征辰辰星世界的星星。木星的枝丫长得太快了，已经穿过窗户长成了参天大树(图 2-48)。这个场景致敬《百变小樱》中的树牌情景，童年记忆涌上心头。

接下来就是土星啦！土星上有一棵绿苗(图 2-49)，绿苗底下挖出一颗大大的土豆(图 2-50)。土星的土壤一定很肥沃，不知道除了土豆还有没有其他的植物，会不会也和这个土豆一样庞大呢？创作者表示，这些行星实体图的灵感来自《喜羊羊与灰太狼之喜气羊羊过蛇年》。果然，绘本的题材是丰富且无限的。

有人提醒辰辰该睡觉了，于是辰辰从口袋里拿出月亮，将太阳替换下来(图 2-51)，世界进入了黑夜(图 2-52)。故事在这里便结束啦，但是想象力的世界还在延续，绘本并没有讲天王星和海王星是什么样的，将留白给了读者，让读者继续去想象。辰辰的星世

木星嫩芽散发出淡淡绿光。“我的房间怎么回事？！”

图 2-47　木星枝丫

细小的枝干，蜿蜒的藤蔓，都已经从窗户爬到外面的阳台上去了。

图 2-48　藤蔓参天

咦？这个绿苗是什么？

图 2-49　土星绿苗

图 2-50　好大的土豆

界到底是不是一个梦呢？如果是梦，为什么最后又有人告诉辰辰该睡觉了呢？辰辰是星世界的主宰，想象力是星世界存在的基础，每个富有想象力的人都可以有自己的星世界。

图 2-51　辰辰升起月亮

图 2-52　辰辰睡觉

第二节 《姐姐》赏析

《姐姐》是“仿生人会撸电子猫吗”工坊的作品，由高紫玥同学独立完成创作。这个故事温馨且动人，故事从妈妈出门开始，豆豆今天的任务是当好一天的姐姐。为什么只是当一天的姐姐？故事开始便给了读者一个悬念。

注意到豆豆和妹妹的衣服和鞋子了没？很可爱的细节，豆豆的裙子和妹妹的鞋子都是紫色，妹妹的衣服和豆豆的鞋子都是蓝色，她们两个关系一定不错(图 2-53)。

图 2-53 妈妈给豆豆安排任务

看样子豆豆这个姐姐当得很不容易，妹妹竟然不知道怎么洗脸(图 2-54)，也不知道镜子里面的影子其实就是自己(图 2-55)，她把遥控器当作手机，害怕有人跟着自己(图 2-56)。看到这儿，我们终于明白，妈妈为什么要叮嘱豆豆当好一天的姐姐了。回到家，妹妹又嚷嚷着要出门，快看这张图(图 2-57)，妹妹好像并没有比姐姐矮多少，为什么她会什么都不懂？故事讲到这里，绘本依旧没有告诉我们:妹妹到底是谁？豆豆为什么只要当好一天的姐姐？

豆豆难过得哭了，豆豆开始思念之前的她(图 2-58)。之前的她？绘本开始回答妹妹到底是谁了。可是为什么是以前的她？妹妹生病了吗？什么样的病可以让人性情大变？接下来的几张图画会给读者答案。

外面下着很大的雨，为什么下着很大的雨妹妹还是坚决要出门？(图 2-59、图2-60)难道妹妹不知道下雨出门对小孩子来说很危险吗？难道妹妹真的就是一个什么也不知道、生了病的小孩子吗？妹妹到底是谁，这个悬念越发吸引人了！

豆豆在雨中找到了妹妹，妹妹在雨中坐着，看来妹妹并不是什么都不知道(图 2-61 至图 2-65)。妹妹在等待，她在等待谁？等待妈妈，等待爸爸，还是在等待豆豆？妹妹真的是在等待豆豆，她在雨里等豆豆回家。可是豆豆一直在家，豆豆今天并没有去学校啊！妹妹今天一整天都和豆豆在一起，为什么妹妹会不知道这件事情？妹妹好像忘记了。

图 2-54　豆豆帮妹妹洗脸

图 2-55　豆豆给妹妹解释镜子

图 2-56　豆豆时刻看护妹妹

图 2-57　妹妹想出门

图 2-58　豆豆十分难过

图 2-59　妹妹出门了

图 2-60 门外下大雨

图 2-61 豆豆在找妹妹

图 2-62 豆豆看到了妹妹的伞

图 2-63 妹妹正在雨中等待

图 2-64 豆豆找到了妹妹

图 2-65 妹妹说接豆豆放学

故事的谜团在这里似乎得到了解答，妹妹不是妹妹，妹妹也是妹妹（图 2-66）。外婆忘记了很多事情，忘记了自己是外婆，忘记了生活常识，忘记了下雨天出门会很危险，但是没有忘记自己的孙女在下雨天需要有人送伞，没有忘记对豆豆的爱。

图 2-66　豆豆

外婆又成为外婆了，头发变得灰白，连个子都好像小了很多（图 2-67、图 2-68）。谜团在这里得到了彻底解答。作者谈到，她创作这个作品的初衷并不是为了感动读者，赚得一些眼泪。她想告诉读者，当自己家人生病的时候，当一个曾经十分干练的人变得什么也不知道的时候，家人们要做的不是同情，不是每天把早日康复挂在嘴上，而是应该默默陪伴他们一起战胜病魔。

图 2-67　外婆容易忘事

图 2-68 豆豆拥抱外婆

第三部分

影视剧本创作

电影从产生至今，逐步发展成为一门独立的艺术形式，被称为“第七艺术”。随着时代的进步和信息技术的发展，人们对文化产品的需求更加旺盛，影视行业得到空前的发展机遇。电影、电视剧、微电影等，日渐充盈人们的生活。然而，在影视行业快速发展的同时，影视剧本创作领域却呈现出优秀创作人才缺乏、优秀作品供不应求的状态。本部分将结合影视行业发展现状，追溯影视行业发展的历史；通过细致解析，帮助读者认识影视剧本，以及影视文学写作的常识、原理和基础，掌握最基础的影视剧本写作方式及技巧，提升对影视艺术的认识和美学把握水平，提高分析研究影视艺术作品的能力。

电影本质是一种活动的影像。早在公元前202年的汉朝，我国就有了关于“走马灯”的记载，把剪纸做成灯罩，灯内点上蜡烛，通过气流带动轮轴转动，烛光将剪影投在充当屏幕的白布上，图像便走动了起来，形成一种活动的影像。人眼在观察景物时，光信号传入大脑神经需经过一段短暂的时间，光的作用结束后，视觉形象并不立即消失，这种残留的视觉称为“后像”，视觉的这一现象被称为“视觉暂留”。伦敦大学教授皮特·马克·罗葛特1824年在《移动物体的视觉暂留现象》报告中提出的“视觉暂留”原理给电影的发展奠定了理论基础。1879年，英国摄影师埃德沃德·迈布里奇发明了最早的电影播放器——动物实验镜。这是一种可以播放运动图像的投影机，将连续图像绘制在一块玻璃圆盘的边缘，随着玻璃圆盘的旋转，影像被投射出去，营造出图像运动的感觉。

早期的“电影”只是简单的运动图像或短片。1901年后，随着投影技术的不断进步和影片长度的增加，人们对电影的叙事要求越来越高，编写剧本的重要性也日渐凸显。为了保持电影的长度和叙事的连贯性，电影剧本出现了。到20世纪初，电影剧本的格式已然成形，电影制作也踏上了工业化的道路。“导演”占据电影制作的主导，从剧本到组织团队，到拍摄、推广等一系列活动都由导演负责。随着电影制作越来越复杂，参与的演员和工作人员越来越多，组织性更强的制片公司占据了电影制作的主导，此时的电影剧本由制片公司选择。随后，这些占据较大市场份额的制片公司开始将重心转向投资和市场营销，对电影的投资减少，于是独立电影制作人团体开始迅速膨胀，对优秀剧本的需求愈发强烈。电影剧本的编写始终同电影的发展紧密相联，电影的发展需要好的剧本，而好的剧本也能够推动电影艺术、电影产业的进一步发展。21世纪，随着物质生活水平的提高，人们对精神消费越来越重视，电影受到一大批人的喜爱和追捧。近年来，我国上映的影片多不胜数，但真正叫好又叫座的却寥寥无几。究其原因，随着我国社会生产力的发展，人们的精神文化需求日益增长，对“优秀电影”的要求更高，制作出好电影不仅需要优秀的导演、演技精湛的演员、强大的制作团队，更需要一个有内涵、有意义、有亮点的好剧本，好剧本对电影的市场接受度有很大影响，而好编剧又对电影剧本有着巨大的影响。电影艺术要走得更远，培养出一批优秀的编剧人才，创作出一系列优秀的剧本是必经之路。

第十课　什么是电影剧本

课前引导

本课着重讲解电影剧本的基本结构、编剧的历史及电影语言"蒙太奇"。全面阐述电影剧本的基本理论,帮助读者把握电影剧本的框架、基础以及电影语言,感受影视时空叙事的魅力,解决"什么是电影剧本"这一基本问题。

第一节　电影剧本的基本结构

电影剧本是由画面讲述出来的故事,它既不是小说也不是戏剧。当我们阅读小说时,我们时常洞见故事性的动作,故事线常常发生在主要人物的头脑中,我们"偷窥"主人公的思想、记忆、情感、语言、梦想、生活……而观看戏剧时,故事发生在舞台上,观众是第四面墙,"偷听"着舞台人物的秘密。电影剧本则是由一个又一个画面构成的故事,它把一条基本的故事线加以戏剧化,一个人或几个人在一个地方或几个地方去做事情,所有的电影剧本都贯彻执行这一基本前提。

和所有的故事一样,电影剧本有明确的开端、中段和结尾,通常被称为电影的建置、对抗和结尾。在剧本的第 1～30 页,电影开始第一幕,进入建置阶段,是整部电影的开端;在剧本的第 30～90 页,电影开始第二幕,进入对抗阶段,这是整部电影的中段;在剧本的第 90～120 页,电影开始第三幕,进入结尾阶段,对整部电影进行收束,这是电影的结尾。而在这三个阶段中间,分别有两个情节点,分散在剧本的第 25～27 页和第 85～90 页,有关键情节展示的作用,通常是电影的高潮部分。这一电影剧本的模式称为"示例"(图 3-1),几乎所有的电影剧本都包括这一基本的线性结构。示例就像一张桌子,桌子可以有方桌子、圆桌子、高桌子、矮桌子……但无论方圆高矮,桌子总是桌子。[①]

电影的第一幕是开端,也就是建置部分。所谓建置,其实就是"确定"的意思,在这一部分,编剧用 30 页左右的篇幅去确定一个故事,一般来说,应该用 10 页左右的篇幅让观众(对于电影剧本,也可以说读者)明确主要人物是谁,故事发生的前提是什么,故事的情境是什么。这 10 页的书写对于电影成功与否十分重要,要用银幕上的这十分钟

① [美]悉德·菲尔德.电影剧本写作基础[M].钟大丰,鲍玉珩,译.北京:世界图书出版公司,2012.

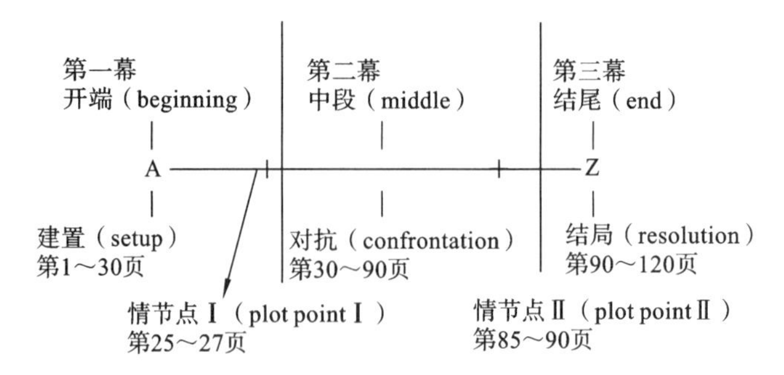

图 3-1　电影剧本线性结构

抓住观众。以《唐人街》的剧本为例，从第 1 页我们知道了杰克 · 吉蒂斯是地区调查所一位不拘小节的私人侦探，从第 5 页我们认识了墨尔雷太太，她要雇用杰克 · 吉蒂斯去调查她的丈夫。到此为止，电影剧本的主要情节出现，这一情节提供了剧本继续发展的动力，也带给读者一探究竟的兴趣。上文提到，在第一幕结尾处（剧本的第 25～27 页）会出现一个情节点。所谓情节点，就是一个事变或者事件，它与中心故事缠绕交织并将故事转向另一个方向，增强整个剧本情节的复杂性。在《唐人街》中，当报纸上声称墨尔雷先生在"爱巢"之中被人抓住后，真的墨尔雷太太来到杰克 · 吉蒂斯的事务所，声称要起诉杰克。那么，雇用杰克的假墨尔雷太太究竟是谁，她有什么目的？这个精彩的情节点就将故事转向了另一个方向——杰克 · 吉蒂斯必须揪出假的墨尔雷太太，并查出整件事情的真相。

第二幕是电影剧本的主体部分。一般在剧本的第 30～90 页。之所以称这一部分为电影剧本的对抗部分，是因为一切戏剧的基础都是冲突。一旦编剧给自己的人物规定了需求，也就是在剧本中人物想要达到什么目的、他的目标是什么，就可以为人物的这一需求设置障碍，这样就产生了冲突。依旧以《唐人街》这个侦探故事为例，在第二幕中杰克与一些势力发生了冲突，这些势力不愿意让他调查谁应该对墨尔雷先生之死和争水丑闻负责。这些势力是杰克实现目标的阻碍，也是整个剧本的主要部分，杰克想要达到目标，就必须克服这些障碍，杰克对目标的追求和对障碍的克服支配着整个故事的戏剧性动作。在第二幕中出现了剧本的第二个情节点，它推动故事从第二幕向前发展至第三幕。情节点二是故事发展过程中的推进点，它一般出现在第 85～90 页。在《唐人街》中，第二幕的结尾处，杰克发现了墨尔雷先生被谋杀的水池中有一副眼镜，这一副眼镜成为破案的关键，这样就自然地把故事引入电影的结尾部分。

电影的第三幕即电影的结局，通常发生在剧本的第 90～120 页，也是整个电影故事的结尾，主要交代电影是如何结束的，主人公怎样了、是死是活、是成功还是失败等这些问题。电影故事的结局也可以说是人物动作的结果，第一幕和第二幕中人物的动作和选择决定了电影故事的结局。一系列互为关联的情节或事件按线性安排，最终导致了一个戏剧性的结尾。

电影剧本就像一根线，在第一幕的建置部分，这根线出现在我们眼前。在第二幕的对抗部分，它可以分成无数根细线向四处发散，每一根线都可以带我们领略故事的不同侧面。在第三幕的结局部分，这根线又聚合收束，成为一根完整的线。如何穿针引线，也决定了电影的形式。

第二节 编剧的历史及蒙太奇

电影最初诞生时，没有详细的剧本，也没有专职的编剧。这一时期是剧本的即兴阶段，也就是想拍什么就拍什么。但因为技术的限制，这时的电影时长短、故事性不强，往往只是一个展示动作的画面，如1895年卢米埃尔的《火车到站》①，只是拍摄了火车到站的影像。紧接着，剧本进入草图阶段，在这一阶段，电影不再只是即兴拍摄，正式拍摄前会有一份相对粗糙的草图对整部电影的拍摄进行规划。如1903年问世的影片《一个美国消防员的生活》，在拍摄前就根据影片的草图确定了主要人物和主要故事。到了20世纪20年代后期，随着电影产业的迅速发展和技术的不断进步，电影拍摄出现了完整的剧本。1925年，洪深发表于《东方杂志》的《申屠氏》，是中国第一部比较完整的剧本。

电影是画面和声音相结合的艺术，因此写电影剧本的人必须掌握视听语言；电影又是时间和空间相结合的艺术，因而写电影剧本的人必须具备电影的时空结构意识。无论是视听结合还是时空结合，都离不开电影的语言——蒙太奇。在电影的制作中，导演按照剧本或影片的主题思想，拍摄许多镜头，然后再按原定的创作构思把这些镜头有机地、艺术地组织、剪辑在一起，使之产生连贯、对比、联想、衬托悬念等联系以及快慢不同的节奏，从而有选择地组成一部反映一定社会生活和思想感情、为广大观众所理解和喜爱的影片。这些构成形式与构成方式，就叫蒙太奇。②

蒙太奇能够通过镜头、场面、段落的切分与组接，对素材进行选择和取舍，以使表现内容主次分明，达到高度的概括和集中，同时又能引导观众的注意力，激发观众的联想，最重要的是能够创造独特的影视时间和空间。蒙太奇使影片自如地交替使用叙述角度，如从作者的客观叙述到人物内心的主观表现，或者通过人物的眼睛看到某种事态，没有这种交替使用，影片的叙述就会显得单调笨拙。如电影《美国往事》的经典运镜，上一个镜头女主角黛博拉在仓库里翩翩起舞，观众以全知视角欣赏黛博拉的舞蹈，下一个镜头切换到男主角面条的一双眼睛，叙事视角自然而然地转为男主角面条的视角，开始以面条为第一视角叙述故事。

蒙太奇具有叙事和表意两大功能。据此，我们可以把蒙太奇划分为三种最基本的类型：叙事蒙太奇、表现蒙太奇、理性蒙太奇。前一种是叙事手段，后两种主要用以表意。

叙事蒙太奇包括平行蒙太奇、交叉蒙太奇、颠倒蒙太奇、连续蒙太奇，是影视片中最常用的一种叙事方法，它的特征是以交代情节、展示事件为主旨，按照情节发展的时间流程、因果关系来分切和组合镜头、场面和段落，从而引导观众理解剧情。这种蒙太奇组接脉络清楚，逻辑连贯，明白易懂。平行蒙太奇常以不同时空（或同时异地）发生的两条或两条以上的情节线并列表现，分头叙述而统一在一个完整的结构之中。交叉蒙太

① 1895年由路易斯·卢米埃尔、奥古斯塔·卢米埃尔导演。

② ［俄］C.M.爱森斯坦.蒙太奇论[M].2版.富澜，译.北京：中国电影出版社，2003.

奇又称交替蒙太奇，它将同一时间不同地域发生的两条或数条情节线迅速而频繁地交替剪辑在一起，其中一条线索的发展往往影响另外的线索，各条线索相互依存，最后汇合在一起。颠倒蒙太奇是一种打乱结构的蒙太奇方式，先展现故事或事件的现在状态，然后再回去介绍故事的始末，表现为时间概念上过去与现在的重新组合，常借助叠印、划变、画外音、旁白等转入倒叙。运用颠倒式蒙太奇，打乱的是事件顺序，但时空关系仍须交代清楚，叙事仍应符合逻辑关系，事件的回顾和推理都以这种方式架构。连续蒙太奇不像平行蒙太奇或交叉蒙太奇那样多线索发展，而是沿着一条单一的情节线索，按照事件的逻辑顺序，有节奏地连续叙事。这种叙事自然流畅、朴实平顺，但由于缺乏时空与场面的变换，无法直接展示同时发生的情节，难以突出各条情节线之间的对列关系，不利于概括，易有拖沓冗长、平铺直叙之感。因此，连续蒙太奇在一部影片中很少单独使用，多与平行、交叉蒙太奇手法混合使用，相辅相成。灾难电影《2012》是使用平行蒙太奇手法的优秀之作，影片通过同时异地的两条情节线——杰克逊·柯蒂斯一家在灾难来临时寻找诺亚方舟基地和美国总统面临谁去谁留时的道德抉择，刻画了世界末日时的众生相，受到广泛好评。

表现蒙太奇以镜头对列为基础，通过相连镜头在形式或内容上相互对照、冲击，从而产生单个镜头本身所不具有的丰富含义，以表达某种情绪或思想。其目的在于激发现众的联想，启迪观众思考。表现蒙太奇包括抒情蒙太奇、心理蒙太奇、隐喻蒙太奇和对比蒙太奇。抒情蒙太奇在保证叙事和描写的连贯性的同时，表现超越剧情之上的思想和情感。意义重大的事件被分解成一系列近景或特写，从不同的侧面和角度捕捉事物的本质含义，渲染事物的特征。最常见、最易被观众感受到的抒情蒙太奇，往往是在一段叙事场面之后，恰当地切入象征情绪情感的空镜头。心理蒙太奇是人物心理描写的重要手段，通过画面镜头组接或声画有机结合，形象生动地展示出人物的内心世界，常用于表现人物的梦境、回忆、闪念、幻觉、遐想、思索等精神活动。这种蒙太奇在剪辑技巧上多用交叉、穿插等手法，其特点是画面和声音形象的片段性、叙述的不连贯性和节奏的跳跃性，声画形象带有剧中人强烈的主观性。隐喻蒙太奇通过镜头或场面的对列进行类比，含蓄而形象地表达创作者的某种寓意。这种手法往往将不同事物之间的某种相似特征突现出来，以引起观众的联想，领会导演的寓意和领略事件的情绪色彩。隐喻蒙太奇将巨大的概括力和极度简洁的表现手法结合，往往具有强烈的情绪感染力。不过，运用这种手法应当谨慎，隐喻与叙述应有机结合，避免生硬牵强。对比蒙太奇通过镜头或场面在内容（如贫与富、苦与乐、生与死、高尚与卑下、胜利与失败等）或形式（如景别大小、色彩冷暖、声音强弱、动静等）方面的强烈对比，产生相互冲突的作用，以表达创作者的某种寓意或强化所表现的内容和思想。如在电影《泰坦尼克号》中，头等舱的富贵华丽和下等舱的吵闹杂乱形成了鲜明的对比，突出了罗丝和杰克身份的差距，也使二人跨越一切的爱情更加动人。

理性蒙太奇是通过画面之间的关系，而不是通过单纯的一环接一环的连贯性叙事来表情达意的，主要包括杂耍蒙太奇、反射蒙太奇和思想蒙太奇。杂耍蒙太奇在内容上可以随意选择，不受原剧情约束，造成最终能说明主题的效果。与表现蒙太奇相比，这是一种更注重理性、更抽象的蒙太奇形式。为了表达某种抽象的理性观念，往往硬塞进某些与剧情完全不相干的镜头。反射蒙太奇所描述的事物和用来做比喻的事物同处一个空间，它们互为依存：或是为了与该事件形成对照，或是为了确定组接在一起的事物之间的反应，或是为了通过反射联想揭示剧情中包含的类似事件，以此作用于观众的感官和意识。思想蒙太奇则是利用新闻影片中的文献资料并重新编排来表达思想。这种蒙太奇形式是一种抽象的形式，因为它只表现一系列思想和被理智所激发的情感。观众冷眼旁观，银幕和他们之间形成一定的“间离效果”，其参与完全是理性的。《战舰波将金号》是运用理性蒙太奇手法的典型电影作品，影片由五大部分构成，每一部分各成一个故事，共同讲述了敖德萨海军波将金号战舰起义的始末。

第十一课　如何写好电影剧本

课前引导

本课从人物的构建、主题的确定、段落与场景的打磨、故事线的建构四个部分入手，讲解如何写好电影剧本。细致分析人物构建的方法、主题确定的途径、“卡片”构建剧本大纲的妙招等，帮助读者学习创作完整的电影剧本，创作出有特色的人物、有波澜的情节、有韵味的段落及场景。

第一节　人物与故事

人物和故事是剧本的核心。电影是由行动构成的，构造一个人物需要展示人物一系列的动作，而人物的一系列动作往往能够引出精彩的故事；同时，人物的形象也在故事中不断丰满。剧本的人物和故事互相联系、互相成全。

一、人物的构建

人物的创造与构建，是电影剧本的内在基础，是电影剧本的心脏、灵魂和神经系统。对电影来说，动作即人物。一个人是什么样的，在于他做了些什么，而不是他说了什么。电影是关乎行为的。用影像讲故事，就必须展现人物是如何采取行动的，并通过人物在故事发展过程中遇到并克服（或并未克服）的事件或活动来刻画人物的丰富性格。

先确定主要人物，然后把人物生活的内容分成两个基本范畴：内在的生活与外在的生活。人物内在的生活是从其出生到故事发生这一段时间内的，是形成人物性格的过程。人物外在的生活是从影片开始到故事结局这一段时间内的，是展示人物性格的过程（图 3-2）。

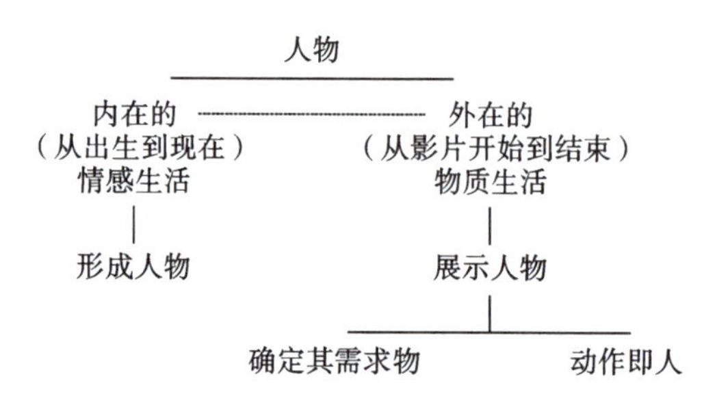

图 3-2　电影人物生活内容的基本范畴

作者的创作常常是对自己的追问。要描写人物的内在生活，创作者首先需要对自己提问，对人物进行全面的设计。你的人物性别是男是女？出生在哪个地方？与父母的关系是否和睦？在成长的过程中是否遭遇过重大变故？性格如何，是外向的还是内向的，还是其性格经历了从A到B的转变？是否读了大学？是否谈过恋爱？和什么样的人步入了婚姻的殿堂？有没有生儿育女？要从一个人的诞生到死亡全面地构建人物。

对人物外在生活的描写主要着笔于人物的社会生活，通过人物生活中的各种因素以及和人事物的关系来构建人物。你的人物从事什么样的职业？工作环境怎么样？工作状态怎么样？工作收入能否满足他的基本生活需求？生活中有没有重大事件给他造成了压力？家庭和谐吗？有没有好朋友？有没有跟别人发生冲突？喜欢看电影还是看书？非工作时间会做些什么事消遣？会经常出现在哪些场所？考察人物的社会生活，方便我们构建一个有血有肉的人物，也方便我们在构建的过程中发现矛盾冲突，创作戏剧性的情节。

二、人物与故事

剧本创作通常有两种模式：一种是先有想法（故事），然后按照这种想法去创作人物；一种是先创作一个人物，从人物身上产生需求、动作和故事。这里，我们着重讨论第二种创作方式。假设我们已经通过上文的方法构建了一个人物，这时，人物塑造是所有可观察到的元素的总和，且使人物独一无二：外表特征，加上行为举止、语言和手势风格，性别、年龄、智商、职业、个性、态度、价值观，住在哪儿、住得怎么样等。人物真相潜藏在元素总和之下。

人物真相只能通过两难选择来表现。这个人在压力之下选择的行动，会表明他到底是一个什么样的人——压力越大，选择愈能深刻而真实地揭示其性格特征。也就是说，在人物塑造的表面之下，隐藏着人物真相，在强压下做出的选择和行动代表了人物真相。想象一下这样的场景：一位普通的公交车司机，他承担着家庭的责任，靠这一份工作养家糊口。在公司里，他的人缘并不好，人人都说他爱占小便宜。一次出车途中，有位老人突然晕倒在公交站台。但由于相关要求，老人如果不能使用手机进行行程登记就无法搭乘公共交通工具，且车上的乘客也有不同的意见。公司有公司的要求，如果将老人抬上车，司机就要承担相应的责任，如接到乘客的投诉等，甚至可能失去工作。而不把老人抬上车就是对一条生命的轻视。司机有帮助老人的理由，也有不帮助老人的理由。他是否会选择帮助老人？是直接将老人抬上自己的车送去医院，还是拨打120或者选择求助其他车辆？选择往往能够揭示人物的真实性格。在人物塑造完成后对人物真相进行揭示，往往能够引出精彩、跌宕起伏的故事。

第二节　主　题

剧本中的主题，是透过艺术形象所表达出来的中心思想，是剧作家对题材进行发掘、提炼而得出的思想结晶，也是剧作家世界观、人生观、美学观的集中表现。一切优秀的影片都在思想上或哲学上具有引人注目的鲜明主题。古今中外的优秀作品中都有哪些主题？能否给我们今天的创作带来启示？电影剧本中的主题确立有没有一定的方法可循？

剧本的主题一般分为三类：道德观的主题、社会观的主题和艺术观的主题。道德观的主题含有极其崇高的意义，一般是赞颂美或贬斥恶的主题，比如元杂剧、明清传奇，以及皮黄、京戏等，其内容无不表现忠孝节义的道德思想，或寓有“善恶有报”的宗教意义。埃斯库罗斯的《人生悲剧三部曲》表现仁爱思想，《被缚的普罗米修斯》表现博爱与正义的思想；索福克勒斯的《俄狄浦斯王》表现孝道思想，《安提戈涅》表现手足之情；欧里庇得斯的《在陶洛人里的伊菲格纳亚》表现朋友之间的道义。社会观的主题则是聚焦社会问题、讲述社会现象并进行思考的主题，挪威戏剧家易卜生的《玩偶之家》当为经典。艺术观的主题则表现人生、刻画人性，不怀训诲、不涉宣传，没有道德意味也没有社会意识，纯粹是表达人性的，所以其潜移默化之功远超道德观和社会观主题之上。如莎士比亚的四大悲剧：《哈姆雷特》的主题是复仇，写优柔寡断、内心充满矛盾的个性；《麦克白》的主题是野心，写事前顾虑、事后悔恨的心理；《李尔王》的主题是不孝，写一个受女儿虐待的父亲的悲愤；《奥赛罗》的主题是妒忌，写由爱生忌、因忌生恨，最后残杀所爱。在具体写作实践中，其实不必严格遵守某一个主题类型，好的作品往往是全面的、多侧面的、开放的、包容的。

故事的主题不会凭空出现。剧作家在决定把故事戏剧化时，就承担起了寻找主题以及选择和表现主题的责任。每一个创造性的选择都来自选择而非强求。我们走进一个花店，这是一个故事；如果我们走进另一家花店，就会产生另一个故事。寻找主题，最重要的是调查和研究。创造离不开实践，创作者可以在生活中寻找主题，也可以在主题下寻找生活中的素材。所有的艺术都来源于生活，我们可以通过阅读书籍、杂志、报纸、资料或实地调研、采访、研究体验等方式寻找主题。

在电影剧本的创作过程中，主题的呈现是非常重要的部分。用对白来表达主题，是编剧最常用的方法，即在剧中安排一个角色，紧要关头代表编剧发言。这样的对白必须深入浅出，使说的人顺口而不拗口，而且句子要耐人寻味、引人深思。还可以用人物来表达主题，《哈姆雷特》中刻画了丹麦王子性格上遇事犹豫、踌躇不决的缺点，强调为人处世要勇敢果断才能成功。易卜生的《玩偶之家》借女主角娜拉的醒悟和离家出走，点明当时的家庭关系中女性没有独立的人格，夫妻没有平等的地位。也有很多编剧用情节来表达主题。电影《罗生门》叙述了在丛林中发生的一件凶杀案，故事首先由杀人凶手、强盗多襄丸说明杀死武士金泽武弘的过程，接着由金泽武弘的妻子诉说丈夫被杀的情形，然后由金泽武弘通过巫婆施法说出自己被杀的真相，最后由当时目击此案的樵夫讲述其目睹的景象。四个人的说法各不相同，究竟哪一位说得对，编剧不下结论。电影一方面揭示了人性的丑恶，人人都为自己洗刷罪行，说自己是对的别人是错的，谁也不肯说真话；另一方面，也表达了“真相难明”的道理。这种间接的表达方式不易写，但留给观众的印象十分深刻，是直接表达难以做到的。用结局来表达主题也是一种间接的表达方式，如莎士比亚的《罗密欧与朱丽叶》。用映像表达主题也是不错的选择，如《美国丽人》中女儿同学漂浮在铺满玫瑰花瓣浴缸里的映像、《毕业生》中游泳池浮袋的映像等。

第三节　段落与场景

一个完美的段落，就是一个“小剧本”，如果能够写好一个段落，那么渐渐就能写好一个剧本，所以在电影剧本创作中，段落的创作非常重要。段落就是用单一的思想把一系列场面联结在一起，段落是电影剧本最重要的组成部分，它是电影剧本的骨架或者电影剧本的脊梁。段落有明确的开端、中段和结尾，是电影剧本的一个缩影，就好比一个单细胞亦包含着宇宙的基本特点一样。段落是电影剧本的组织框架，是形式，是基础，是蓝图。剧本就是由一条戏剧性的故事线连接一系列的段落所组成的。一个剧本需要几个段落？其实，在一个电影剧本中，段落的多寡并不是固定的。我们不必用多少个段落凑成一个剧本，故事会告诉你需要多少个段落。好的段落是电影出彩的必备因素，如《教父》开始时的婚礼段落、《冷山》开头现在和过去两个不同时间段的战争段落，都是影史上的经典。

场景可以根据需要或长或短。它可以是一个故事起伏，也可以是一个联系起时间、地点要素的桥梁；它可以是一个长达 3 页的复杂对话场景，也可以简单到仅一个单镜头，如一辆汽车高速飞驰，或一个复杂的闪回场景。设置场景的主要目的是推动故事向前发展和揭示人物的有关信息。地点和时间是场景的两大要素。场景发生在什么地方？在一间办公室、一辆汽车里，在海滩上、山上，还是在城市拥挤的街道上呢？场景的场所是什么？场景发生在白天或晚上的什么时间？是早晨、中午，还是深夜？要对这些问题进行回答，从而明确场景。场景又分为视觉性场景和人物对话场景，视觉场景即通过银幕直接展示故事发生的时间和地点，人物对话场景则是通过人物的对话勾勒出故事发生的时间和地点。视觉场景在《香水》和《黑客帝国》中体现明显，而《卡萨布兰卡》则包含了大量的人物对话场景。

“反衬法”是写场景最常用的方法，即设法寻找一种与场面“反衬”的戏剧化方法。假如两名青年深夜在酒吧的后巷讨论他们即将对出入酒吧的富人实施的抢劫行为，这时一只猫发出动静，让两人误以为有人走近，这就增添了戏剧性的紧张感。著名电影大师希区柯克就是这样做的。对场景进行分析，首先要确定冲突。是谁驱动着这一场景，是谁促使它发生？然后深入这一人物或者力量——他（它）想要什么？他（它）的需求是什么？接着浏览整个场景，是什么对抗力量阻碍了人物或者力量欲望的实现？这种对抗力量的需求是什么？如果场景写得好，当你对冲突双方的这一套欲望目的状语进行比较时，会看到它们是直接对立，而不是相切的。进行场景分析，可以将场景分解为节拍，节拍是人物行为中动作或反应的一种交流。比如，人物 A 和人物 B 在一家咖啡馆，人物 A 正在欣赏橱窗外的风景，人物 B 向人物 A 打听咖啡馆的招牌饮品，人物 A 没有立刻回答人物 B，这就构成一个节拍。即使人物 B 不断重复搭话，只要人物 A 没有做出反应，就仍然是一个节拍。直到人物行动发生变化，如人物 A 给人物 B 点了一杯招牌咖啡，这就出现了一个新的节拍。一个又一个的节拍构成了场景。

第四节　构建故事线

电影总在一个时间线上开始讲述，当我们已经掌握了很多电影剧本的创作方法时，如何才能将一颗颗“珍珠”串起形成一个好的剧本呢？这就需要我们学会布局谋篇，学会构建故事线。本节将讲授几种布局谋篇和构建故事线的方法。

一、布局谋篇

剧本的布局谋篇要关注故事的统一性和多样性、进度和节奏、速度和表现进展过程。一个故事，即使表现的是混乱，也必须是统一的。电影《大白鲨》中，因为鲨鱼吃了一个游泳者，警长必须消灭鲨鱼。前者是激励事件，后者是故事高潮。在激励事件和故事高潮之间有一把因果关系之锁。激励事件是故事最深刻的导因，因此其最终结果，也就是故事高潮，是不可避免的。把它们固着在一起的胶合剂便是故事脊椎，即主人公想要恢复生活平衡的深层欲望。

统一性是根本的，但不是充分的。在统一性之中，我们必须引入尽可能多的多样性。例如，《卡萨布兰卡》不仅是有史以来最受喜爱的影片之一，而且还是最富多样性的影片之一。它是一个精彩的爱情故事，但是影片的一大半却是政治剧。其出色的动作序列与都市喜剧相映成趣。它同时还可以和音乐片媲美。十几个曲调策略性地分布于影片的不同时段，对事件、意义和随感进行评判或设置。优秀的作品应该是统一性和多样性的结合，使我们可以在平常背后看到神奇，在崇高中发现琐碎。

进度其实是对电影紧张与松弛的拿捏，紧张和松弛之间的交替就是故事的节奏，对故事的进度和节奏进行把控关系到影片质量。过于紧张和过于松弛都不能达到较好的效果，就好像我们欲求恬静、和谐、和平和轻松，但是日复一日都是这样的话，我们就会倦怠无聊。或者我们欲求挑战、紧张、危险甚至恐惧，但日复一日都是这样的话，我们最终就像被锁在一个橡皮房间里。所以，生活的节奏就是在这两个极端之间摇摆。无论是大情节、小情节还是反情节，所有优秀的故事都随着节奏波动。

节奏是由场景的长度决定的，我们处于同一时间和地点的时段有多长？一部典型的两小时故事片要演四十到六十个场景，这意味着每一个场景的平均时长为两分半钟。但并非每一个场景都是如此。实际情况是，每出现一个一分钟场景便会有一个四分钟场景。每出现一个三十秒的场景，便会有一个六分钟的场景。在一个格式标准的剧本中，一页即等于一分钟的银幕时间。因此，如果你浏览剧本，发现一个两页的场景，后面紧跟着一个八页场景，再就是七页场景、三页场景、四页场景、六页场景、五页场景、一页场景、九页场景——换言之，如果剧本中的场景平均长度是五页，那么故事的进度就像一个慢车投递的邮递员一样。当一个故事切实地向前推进时，它要求人物投入越来越强的能力和意志力，在人物的生活中产生越来越大的变化，并把他们推向越来越大的危难之中。

我们如何才能表现出这一点？如何才能让观众感觉到故事推进的过程？有四个主要技巧。一是社会进展：扩大人物动作对社会的影响范围。让故事从小范围开始，仅仅卷入几个主要人物。但当故事讲述过程向前推进时,允许他们的行动向外扩展到周围的世界,触动并改变越来越多人的生活。这并不是一次性完成的,而是通过进展过程渐次扩散其效果的。二是个人进展:将动作深深楔入人物的私人关系和内心生活之中。如果背景的逻辑关系不允许横向进展,那么就必须向纵深挖掘。从一个需要找到平衡但又似乎比较容易解决的个人或内心冲突入手,然后随着作品的进展向下捶打故事——从情感、心理、身体、道德各方面进行——一直到隐藏在公众面具后面的阴暗的秘密和不可告人的真相。三是象征升华:使故事的象征意义从个别的发展为普遍的,从具体的发展为原型式的。一个讲得好的故事便孕育着一部好影片。但是,一个讲得好的故事加上潜在的象征意义则能将故事讲述的表现力往上拔高一个层面,最后所得也许是一部伟大的影片。象征主义具有很大的强迫性,就像我们梦中的意象一样,它侵入无意识的头脑并深深地触动我们。四是反讽升华:以反讽方式转折进展过程。比如,他终于得到了一直想要的东西,但为时已晚,他已不可能再拥有它。《奥赛罗》中那个摩尔人终于得到了他一直渴盼的忠诚的妻子,但当他发现这一切的时候已经为时已晚,因为他刚刚把她杀死了。

二、构建故事线

第一幕从剧本的开端延伸到第一幕结尾的情节点1。因此,有一个开端的开端、开端的中段和开端的结尾。第一幕本身就是一个自我满足的单元,一个戏剧性动作组成的板块。它的篇幅约有30页,并且一般在第25～27页出现一个情节点,一个能把故事转向另一方向的“事变”或“事件”。在第一幕中发生的戏剧内容被称为“建置”。

第二幕是剧本的中段,它从第二幕的开端、发展到第二幕结尾的情节点2。所以,它有一个中段的开端、中段的中段和中段的结尾。这部分也是戏剧性动作的一个单元或组成板块。它的篇幅约有60页,在第85～90页出现另一个情节点2,它把故事“转向”第三幕。这里的戏剧内容是对抗,人物将遇到种种障碍,阻止他们达到自己的目标。

第三幕是剧本的结尾或结局。它和第一幕、第二幕一样,也有结尾的开端、结尾的中段和结尾的结尾。它的篇幅约有30页,其戏剧内容是故事的结局。在每一幕中,都是从这一幕的开端向这一幕结尾的情节点发展。这意味着,每一幕都有一个方向,一条从开端到情节点的发展线。而第一幕与第二幕结尾的两个情节点是目的地,它们就是构建电影剧本时将要去的地方。要按照单元——第一幕、第二幕和第三幕,来构建电影剧本。

我们主要通过卡片法和阐述法来构建我们的剧本故事。在每张卡片上写下每一场景或段落的构思,或者简要地写一个说明,以便帮助写作。比如说,要写关于人物在婚礼现场的一个段落,可以分成若干个场景,每个场景使用一张卡片:人物来到婚礼现场;新人前来迎接他;他可能不喜欢这一对新人;同餐桌的人讨论他和新娘的关系;他匆匆离场等。所有这些都可以在每张卡片上用几个字标注出来。每一段说明都可写成一个场景,全部纳入“婚礼现场”的段落之中。也可以使用不同颜色的卡片:第一幕用蓝色的,第二幕用绿色的,第三幕用黄色的。用卡片是极好的方法,需要安排场面或重新安排,就增加几张或去掉几张。它是简单、方便而有效的方法,它可以以最大的灵活性去建构电影剧本。阐述法则是将故事中发生的事情以梗概的形式记录下来,加上少许对话,也可以说是剧本的提纲,是一种比较常用的构建电影剧本的方法。

第十二课　优秀剧本赏析

课前引导

本课展示2018级中文班心理文化节微视频大赛获奖作品供读者参考。通过具体的作品，帮助读者领会人物、故事、场景、段落等在影视剧本中的重要作用。

剧本《面具少女》[①]

文字剧本梗概：

吴念是个孤独且平凡的女孩，该上课上课，该吃饭吃饭，日常生活平淡而重复。她不想与人交流，因为常常得不到回应。她觉得她与整个世界格格不入，她觉得自己得不到关心，她觉得自己活得像一个透明人。她平时和身边的同学一起说笑，也是勉强挤出一个笑容，就像戴着一个假的笑容面具(可以用一个面具或者头套表现)，希望能够藏起自己的悲伤。已经大三的她与想继续深造或者就业的其他人截然不同，她找不到继续生活下去的意义。戴着"面具"的她也使其他人不能真正走近自己。偶然的一天，吴念在网上刷到一个标题为"如果只剩下三天，你会干什么?"的帖子，于是她遇到了另一个也有着假笑容的人。她看见了一个回帖："我想让其他人重新认识自己。"原来她不是例外，她并不孤独，两个戴着"面具"的人互相慰藉、鼓励，学会生活。她带上相机去拍照、跑步、去天台眺望……她摘掉了面具，露出了真正的笑容，她感受到与世界的疏离，但也觉得还可以呼吸。

剧本具体分镜(分镜时间为约数，具体依照实际操作)：

幕次	时间	场景	人物	道具	分镜时间
第一幕	夜晚	寝室内	吴念	台灯、闹钟、面具	6 s

镜头1：

一盏台灯微微地亮着，桌子上的时钟转动着(镜头从时钟慢慢拉近到分针，后期把速度调慢)，镜头慢慢从时钟的聚焦变成俯视整个桌子的角度，一个散着头发的女孩子趴在桌子上，旁边躺着一张面具。浮现片名(图3-3)。

幕次	时间	场景	人物	道具	分镜时间
第二幕	白天	教室内	吴念	书本、文具、面具	10 s

① 本剧为中文1801班参与中南财经政法大学2021年心理文化节微视频大赛而创作，自编自导自演，由孙恩惠导演，黄雨蒙、涂孟君、徐丽颖、韦超议编剧，刘桂晨、刘紫嫣、王俊祎、胡晓炀、王天睿等参演，胡隽隽、杨玺玉、刘颖拍摄，常海洋、杨丽、马温曼、张惠娴剪辑，中文1801班全体参与宣传及相关工作。

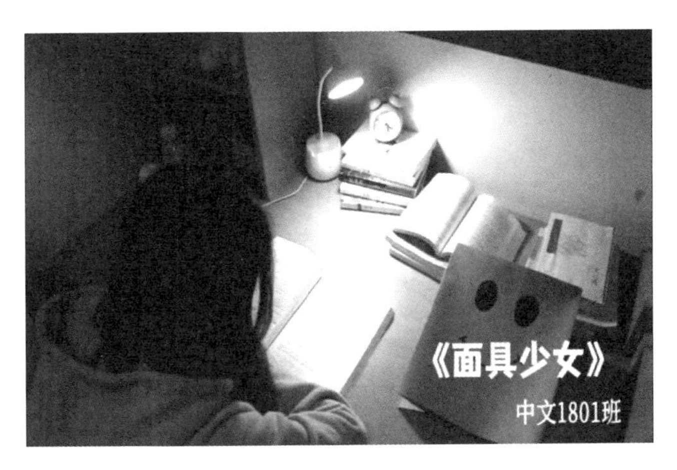

图 3-3　《面具少女》

镜头 2：

铃声响起，（侧视，特写）吴念面无表情，快速地收拾东西，却不动，等同学们都走后，（后视）她从空荡荡的教室走出门去。

幕次	时间	场景	人物	道具	分镜时间
第三幕	白天	食堂	吴念	餐具、面具	10 s

镜头 3：

（全身景）吴念的手收拾餐盘、筷子，凳子被拉开，镜头落到旁边空空的椅子上（特写）。

台词：（镜头 2—3）

吴念（旁白）：我常常想，这个世界到底是什么样的，会不会我们并不曾遇见？那些空荡荡的角落里，会不会有我？对我来说，一切都好像是透明的，我穿过人群，穿过我的话语，穿过教室，穿过桌椅，穿过楼梯，再次回到了我自己。时间，好像很漫长，漫长到分得出丝丝缕缕。我走着，却又难言我的愿意，又或者是不愿意。

（若是镜头 2—3 的时间多于旁白时间，可通过快速倒带的方式重映一遍，倒带的影像中吴念戴着面具。）

幕次	时间	场景	人物	道具	分镜时间
第四幕	夜晚（8:00 pm）	寝室内	吴念	书、椅子	40 s

镜头 4：

（后视，全身景）吴念拿钥匙开宿舍门，一片漆黑，没有一个人。她只开了自己桌上的一盏灯，瘫坐在椅子上，两手举着看了一会儿书。

台词：（开始响起一些杂乱的声音）

声音甲（逐渐降低音量并重复）：请大家自行组队，下周进行小组展示。

声音乙（和上句隔一秒出现，逐渐升高音量并重复）：明天我们出去玩吧！

声音丙（重复）：你还好吗？

声音丁（重复，产生一种很杂乱的效果）：明天好像又要下雨，又要带伞，好烦。

终于，她两手将书盖在自己的脸上，做抽泣状。镜头慢慢模糊，切换到门外，门缝处，门缝里透出一条光。

幕次	时间	场景	人物	道具	分镜时间
第五幕	白天	校园林荫道上	吴念、赵谨心、曾昊、齐典	—	100 s

镜头5：

赵谨心、曾昊、齐典一边走路，一边热火朝天地讨论着毕业后是继续深造还是直接就业的话题，吴念默默跟在一旁，努力挂着微笑试图融入同学们(图3-4)。

曾昊：(远景拉到近景)时间过得真快，一转眼我们就要毕业了，你们毕业后有什么打算啊？

赵谨心：(转镜头)我打算考研，继续深造，趁年轻多学点知识。

齐典：(转镜头)我应该会选择直接就业吧，早点融入社会，早点自力更生，你呢？

曾昊：(转镜头)我也打算考研。(突然注意到一直默默在旁边不说话的吴念，随口一问)对了，吴念，你有什么打算吗？

吴念：(没想到被突然提问，有些慌乱，特写)我？我……还没想好呢。

曾昊：哦。(继续转头与赵谨心、齐典说话，并没有把吴念的回答放在心上。)

(曾昊、赵谨心、齐典很快又聊起别的话题，说笑着走远了，吴念脸上的笑容渐渐消失，脚步也越来越慢，最后独自停在了原地。)

吴念(旁白)：唉，我怎么又把天聊死了，为什么我总是没法自然地融入大家呢？(图3-5)

毕业的日子越来越近了，大家好像都已经对未来做好了安排，似乎只有我还找不到未来的方向，无论是就业还是继续深造，对我来说好像都没什么意义。我总是把事情搞得一团糟，想融入同学们却找不到方法，想继续前行却找不到方向，唉，我的人生还有什么意义。

(吴念一边想心事，一边漫无目的地向前走，镜头慢慢拉远，近景切远景。)

图3-4　试图融入

图 3-5 融入失败

幕次	时间	场景	人物	道具	分镜时间
第六幕	白天	学校操场	吴念、面具少女	知乎账号	60 s

镜头 6：

（镜头随吴念视角）吴念不知不觉走到了操场上，看见了跑道上奋力奔跑的少男少女和坐在足球场上享受惬意时光的同学们。

（镜头转向吴念，中景，全身景）吴念慢步走上看台坐了下来。

（叮咚，手机显示消息来了）吴念拿起手机查看消息。

（手机特写）原来是班级官方群消息，查看消息后退出，打开了知乎搜索“大三”，吴念想看看别人的大三是什么样子的。看到类似“大三累成狗”的搞笑言论（笑），与三五好友逛街、旅游的美图（羡慕），有人大三的人生履历已经跨越好几个阶段（若有所思）。手指不断地向下划，吴念的视线（特写）停在了一个名叫“面具少女”的帖子上面，虽然有一个 title 是大三，但是内容却是这样的：“假如你的生命只剩下三天，你会干什么？——这三天我会痛痛快快地活着，让别人重新认识自己。”

（犹豫状）吴念鬼使神差地点开了“面具少女”主页并要求添加好友。

吴念（旁白）：这样会不会显得不太好，别人可能不愿同我说话。本想取消添加好友，但手指已经点了发送，不管了，时间不早了，该回寝室了。（落日余晖。）

（声音，口袋，特写）口袋里的手机突然响了一下，不过吴念没听到。

幕次	时间	场景	人物	道具	分镜时间
第七幕	白天	宿舍	吴念、（林鑫）面具少女、赵谨心、田甜	面具	60 s

镜头 7：

吴念和室友们在宿舍里面。赵谨心和田甜在聊着当前的热播剧，并且一直询问吴念的想法，吴念应付了几句。

赵谨心（镜头从全景切向赵谨心）：《司藤》你们看了没？真的太好看了！

田甜（将头转向赵谨心，镜头也转向田甜）：嗯，看了看了。（赵谨心也看向吴念，全景。）

吴念(有一丝惊慌,特写):啊?《司藤》吗?看……看了一点。吴念低头摆弄着手机,赵谨心和田甜看吴念正忙,也不再和吴念说话。[镜头特写,推向吴念的手机(图3-6)。吴念发现“面具少女”通过了好友验证并发了一个笑脸,这种感觉很新奇。]

图 3-6 吴念的手机

(以下对话以旁白的方式,剪辑的时候可以以一镜两框的方式。)

林鑫(面具少女):【笑脸】

吴念:我看到了你的帖子,你的想法好特别呀,所以冒昧打扰了!

林鑫:没有打扰,很高兴认识你!是心情不好吗?

吴念:也没有,就是觉得生活有一种窒息感,唔,我怎么说这些呢。

林鑫:没事儿,朋友,放轻松,跑跑步,晒晒太阳,呼吸呼吸新鲜空气。

吴念:谢谢你能听我说话。

林鑫:不用谢。

(吴念放下手机,走出寝室,看向外面的景象,葱郁的大树坚挺,湖面泛着金光,楼下的小猫绵软地叫着,混杂着些人声。)

幕次	时间	场景	人物	道具	分镜时间
第八幕	白天	学校操场	吴念	面具	40 s

镜头 8:

寝室里面大家热火朝天地讨论当红偶像明星,吴念没有心思和她们一起讨论,于是走向了操场,想去散散步。

(近景)吴念在操场上吹风,今天天气很好,风暖暖的,很舒服,一个人躺在草坪里,猛吸一口新鲜空气,舒服自在(微笑)。

吴念(旁白):面具少女说的好像真有用,真的谢谢她。

吴念身上被晒得暖暖的,她起身走到跑道上,慢慢地走,然后小步慢跑起来,再加速,风吹过她的脸颊。(减速)停下来,轻微地喘气。

吴念(旁白):虽然很累,但是无比畅快。

幕次	时间	场景	人物	道具	分镜时间
第九幕	白天	校园	吴念	面具	40 s

镜头9：

（后视）吴念手拿着相机行走在校园中。是春天啊！这花（特写，镜头中的花）、这湖（远景），以及正慵步慢走的小黄猫，一一记录在相机中。她走到桥上最高处眺向湖面（镜头从吴念拉远，大全景），她感受到与世界的疏离，但也觉得还可以呼吸。（慢慢显示出片名。）

滚动片尾、花絮及职员表。

第十三课　名家创作谈

课前引导

本课专访创作经验丰富的儿童文学作家舒辉波老师，聚焦影视剧本创作中最普遍的问题，以理论与实践相结合的方式，帮助读者解决创作中的具体困惑。学习舒辉波老师对自己创作经验的总结和阐发，体悟影视剧本创作最真实的一面。

“在岸上是无法学会游泳的”
——舒辉波专访纪

舒辉波，中国作协会员，湖北省作协签约专业作家，中南财经政法大学儿童文学创作与研究中心主任（图3-7）。现已发表中短篇小说，影视剧本，诗歌散文500余万字。出版中短篇小说集《你听我说》《为我唱首歌吧》《小时候的爱情》等，长篇小说《彼岸的邀请》《飞越天使街》《心里住着好大的孤单》《天使的国》《听天使在唱歌》《逐光的孩子》等，非虚构作品《梦想是生命里的光》、长篇童话《鲸骨花园》等，共30多种。曾获得陈伯吹国际儿童文学奖，《儿童文学》两届作家擂台赛金奖，第二届《儿童文学》全国“十大青年金作家”，第十四届上海图书奖，首届中文原创YA文学奖年度大奖，第十届、第十一届全国优秀儿童文学奖等。多部作品被翻译至海外出版。

图3-7　舒辉波

问：老师您好！请问您觉得创意写作和传统写作的区别在哪里？

答：本质上是没有区别的。我们经常把写作说成“创作”，真正有价值的写作无不充满创意。“创意写作”（Creative Writing）作为一门课程，最早从20世纪20年代末的美国开始，美国爱荷华大学最早成立了创意写作工坊，这标志着创意写作成为一门新兴的学科在美国大学中得到确立和推广。目前，已有不少英美大学开设了这一学位项目。走过百年历程的创意写作，如今已成为涵盖20余个子门类学科，拥有完备的学士、硕士、博士培养体系的成熟学术领域，在西方国家具有极高的接受度和认知度，被美国文化界称为“世界上前所未有的当代作家文学支持体系”。

国内曾经探讨过创作能不能“教”、“作家能不能培养”的问题，现在对于创意写作也能普遍接受。就像音乐家和画家需要学习一样，作家当然也需要学习，也是可以培养的。创意写作成为一门学科的前提是，文学是一门科学，是有规律、可分析、可教的。如果文学不能研究、不能分析，又何来文学批评家？大学又为什么要有文学院？既然评论家可以研究、分析文学，那么写作者也可以。当然，能不能最终成为一名优秀的作家，除了学习之外，还需要看作家本人的天赋、文学素养等许多复杂因素。创意写作培养作家的另外一个可能性就是，“创意写作”其实包含了很多文体类别的写作，国外把写作主要分为虚构和非虚构两大类，实际上按具体文体类别，也可以细分为广告文案、影视剧本、网络文学、新闻写作、人物传记、文秘写作、新媒体文案（公众号推文）等。除传统的纯文学外，有些技巧和规律性强但对文学天赋要求不是那么高的写作门类，是可以通过创意写作的训练很快入门甚至出成果的。但是，成为任何一个门类中的顶尖作家，不仅需要系统的学习，还和个人天赋与努力相关，原因复杂，另当别论。

问：您觉得一个合格的影视剧本应该是怎么样的？

答：这个问题很大，回答起来需要很大的篇幅，也未必能够面面俱到，而且电影剧本和电视剧本还不一样。首先，电影剧本不是小说也不是话剧，要符合剧本自身的规律和规范；其次，它又包含了其他一切艺术门类的元素或因子，比如文学、绘画、音乐、表演等；最后，合格的剧本和优秀的剧本又是两码事儿，而且它们的区别也很大。我个人觉得，优秀的剧本首先一定是为音画语言的叙事而准备的，无论是结构还是故事、主题、人物、场景、台词，都是一个精心编织好的但看起来又浑然天成的整体，一个在使用音画语言叙事的时候共同起作用的“协同动力学”系统。

问：您认为一个合格的影视剧本创作者应该具备哪些素养？

答：首先是专业素养，对百年来的电影发展历程的了解和学习。对史上最优秀的电影作品的学习，对史上最优秀的电影工作者的创作思想和美学追求的学习，对电影思潮和最新流行趋势的认知和学习，对百年来电影表现手法的了解和学习……这些建立起来的是专业素养和专业眼界。其次，是个人艺术素养和美学眼界的培养，这包含了对电影之外的艺术门类的学习，所谓“功夫在诗外”是对个人的建设。比如，对文学、美术、音乐、历史、地理、科技等的关注、学习和研究。有了以上两点，成为一个能够欣赏、懂得电影的人差不多够了，但是能否成为一个优秀的剧作家，还不一定。因为一个优秀的剧作家是看他能不能写出优秀的作品。

问：能否请您介绍一下，您在影视剧本创作方面的经历及参与影视创作的一些感受？

答：在没有成为大师之前，剧作家仅仅只是电影工业中的一环，这意味着更多的合作或者妥协，即便你的创作完全被尊重，最终能出一个什么样的作品或者能否出一个你写作时想象出的作品，也不一定。这是多年前我写作电影剧本时的感受，有时候是遗憾，有时候也恰好是它的魅力所在。在个人能力和精力有限的情况下，我更愿意从事指向经典的传统文学写作，因为我心中始终有一本文学正典的尺子在规劝、比照和指引着我。对电影作品的研究和学习，以及电影剧本的写作实践，会让我终身受益。今后，我会根据自己的文学作品来做一些电影和音乐剧的编剧工作，因为经过一段时间的文学写作之后，对于编剧，我又有了新的理解和认识，我想我会写得比以前更好了。

问：对于想从事影视剧本创意写作的尝试者，您有什么建议给他们吗？

答：一边学习，一边写。在岸上是无法学会游泳的。

第四部分

文化产业创意写作

创意写作可以是任何形式的写作，可以跳出一般专业新闻、学术以及技术形式以小说或非小说的文学方式来创作文学作品。① 创意写作的形式非常多样，大到史诗性的长篇小说，小到微型小说。文化产业领域的创意写作不同于学术界的创意写作。20 世纪 20 年代末，“创意写作项目”在美国爱荷华大学启动，随后在美国高校及其他西方国家的高校全面推广。在欧美发达国家，创意写作已经是有 70 余年历史，包含近 20 个子类，设有本科、硕士、博士研究生培养层次的大学科。② 欧美国家的文化产业高度发达，在全球的文化产业市场中占有重要份额，究其原因，离不开欧美高校所开设的创意写作课程的助力。2009 年 7 月 22 日，我国第一部文化产业专项规划——《文化产业振兴规划》由国务院常务会议审议通过。首次确认了文化可以产业化发展的思路，此后各地各级政府对文化创意产业的重视为我国走向文化资源大国、文化创造大国、文化消费大国、文化输出大国创造了条件，也为中国创意写作学科的产生和发展提出了要求。③ 规划的出台标志着我国的文化产业已上升为国家战略性产业，我国将重点推进包括文化创意、影视制作、出版发行、印刷复制、广告、演艺娱乐、文化会展、数字内容和动漫等各方面的文化产业领域。

创意写作在文化产业中发挥着越来越重要的作用，它的兴起往往伴随着一个国家、地区、城市文化产业的繁荣，文化产业的纵深程度与创意写作的体量也存在一定的正相关关系。随着我国文化产业的快速发展，着眼于创意写作、理论探索等方面的高校创意写作人才培养，逐渐向产业方向寻求突破。创意写作人才的培养为高校参与社会拓展了广阔的空间，也增强了高校输送人才的能力，这也是创意写作能够栖身高校并受到重视的重要原因。中国面向文化产业的创意写作发展较晚，但随着我国文化产业的更深层次升级，文化原创型人才的需求越来越明显，文化产业创意写作正迎来历史性的发展契机。

2009 年复旦大学设立创意写作艺术硕士点后，创意写作逐渐被各个高校重视起来，相关的学科和研究机构纷纷成立。2012 年，西北大学、广东外语外贸大学设置了创意写作本科专业方向。2014 年，我国首个创意写作博士点落户上海大学。在这一年，北京师范大学招收“文学创作”硕士，中山大学成立了中国内地首个英语创意写作研究中心。2015 年，中国人民大学“创造性写作研究生班”招生，同济大学推出创意写作艺术硕士学位。随着创意写作教育的成果得到一定的检验，也由于受到文学写作和文化创意课程的专业训练，文学专业学生的学习兴趣和文化创新能力得到显著提升，创意写作作为文学教育改革的一种方向受到关注。越来越多的高校加入创意写作教育中去，使创意写作或作为一门课程，或作为一种教学手段、一个学位、一个学科得以创建，创意写作教育呈现出蓬勃发展的态势。④ 2018 年，创意写作作为中文专业选修课程，被列入《普通高等学校本科专业类教学质量国家标准》。近年来，创意写作教育更是进入了深化发展的阶段，高校创意写作的教学与实践相结合，人才培养成效显著。在开设各种类型课程的同时，高校积极推动师生作品的商业化价值转化，极大促进了学生的职业能力和创新能力，也为高校服务社会的伟大事业增添了新的动能。

我校《汉语言文学专业本科人才培养方案及教学计划》中明确规定，中文系本科生培养要求之一是“了解当代文化产业发展状况，掌握文化产业策划、宣传、营销和管理等方面的知识和技能，具有较强的创意写作能力”。“文化产业创意写作”课程的开设，具有重要的意义，它能使我们了解文化产业的种类、模式和运行规律，不仅有利于我们理解语言文学，激发表达意愿，从而发现自我、重塑个性，也有利于释放想象力和创造力，为今后步入社会、进入文化产业体系做准备。下面，我们就正式进入“文化产业创意写作”的课程教学。

---

① 参看维基百科中关于“创意写作”的词条。

② 葛红兵. 创意写作学的学科定位[J]. 湘潭大学学报(哲学社会科学版)，2011(5)：104-108，125.

③ 葛红兵，许道军. 中国创意写作学学科建构论纲[J]. 探索与争鸣，2011(6)：66-70.

④ 安晓东. 面向文化产业，创意写作何为？[N]. 中国艺术报，2020-07-29(003).

第十四课　影视制作产业

课前引导

在文化产业发展的初期，美国占据多方面的优势，几乎独霸了全球的文化市场。美国在传播媒介产业领域的发展起步很早，早在20世纪20年代初期，美国就拥有了第一家广播电台，电视和电影业的发展同样开始于20世纪20年代，并且发展十分迅速。1928年，美国已有八大影片公司，并拍摄了较多至今为人知晓的经典影片。如今的好莱坞，绝不仅仅是一个地域名词，更是美国电影产业商业模式的代名词。

影视产业是当今经济时代的重要娱乐和消费方式，在影视制作产业中，制作可以说是重中之重。北京电影学院现代创意媒体学院、北京电影学院国家电影智库与社会科学文献出版社联合发布了第二部“电影蓝皮书”——《全球电影产业发展报告(2019)》。报告显示，2018年全球电影票房达411亿美元，相比2017年增长了1.48%。该报告的主编、北京电影学院国家电影智库常务副秘书长刘正山还指出，在世界电影产业指数体系中，近年来，美国电影产业的综合指数仍然位居第一，不过，随着中国经济实力和居民收入的增长，更重要的是中国为电影产业的发展提供了政策体系上的支持，中国电影产业的进步非常快，特别是从2010年到2017年，跃居速度很快。

当然，我们须清醒地意识到在影视文化产业领域，我国和美国等发达国家之间的差距一直存在，我国影视文化产业的影响力尚无法与欧美发达国家相比，特别是本土电影的海外票房不够高，在国际主流电影节(展)上斩获的奖项也不够。中国的影视文化产业起步较晚，但是国家的重视程度不断提高。2010年，国务院办公厅印发《关于促进电影产业繁荣发展的指导意见》，首次把电影业纳入国家战略产业中。2018年，国家电影局出台《关于加快电影院建设促进电影市场繁荣发展的意见》，进一步表明我国政府非常重视影视文化产业在国民经济发展中的重要作用。但是，中国的影视作品在国际市场的号召力较弱，核心竞争力较差。因此，我们既要认识到国产影视的进步，也要向在该领域领先的其他国家和地区学习，以提高国家文化软实力，增强中国的文化话语权。

本课将以美国好莱坞电影运营模式和韩国电视剧制作为教学重点，借鉴美国和韩国在影视文化产业方面的发展经验，供同学们获得全球影视文化产业的发展视野。

第一节　美国好莱坞电影运营模式

电影是现代科学技术的产业，更是文化产业中最国际化的媒介产业。好莱坞不愧是全球商业电影运作的典范，当人们提起电影业，都会自然地想到好莱坞。分析美国好莱坞电影运营模式，对我国电影从业人员和爱好人士乃至整个中国电影文化产业的发展都具有启示意义。

一、好莱坞电影运营模式概说

20 世纪 80—90 年代，全球影视产业才正式步入产业化的商业运营轨道。影视文化产业主要是以影视创意产品为核心，包括导演、制片、发行、剧本、版权、营销等一系列产业发展因素。这些影视文化产品和提供影视文化服务的企业的总和就是影视文化产业。

影视文化产业始终是以营利为目的，而且需要规模化的经营，形成较完善的产业链。大家平时能直接接触的一部部影视成品只是产业链中的小部分，除此以外还有作品的前期制作（包括剧本的创作、改编，导演、演员、制片人、发行公司的选择等）和后期营销（包括制作包装、线下宣传路演、广告投放、投放平台选择等）以及辅助市场（比如拍摄地旅游、主题公园、周边玩具、同名游戏等）。

20 世纪 30 年代初期，凭借制片、发行和放映于一体的强大的整合性结构优势，加之制片制度、明星制和类型制，好莱坞迎来了繁荣期。到了 60 年代中期，大部分好莱坞大公司相继被并购，这是电影产业从传统工业资本主义向跨国资本主义的过渡转型，这一转型也使电影产业走向了新的集团企业时代。

以上是美国好莱坞商业电影的运营模式的简要概括，接下来将从具体生动的电影运营案例来强化对美国好莱坞商业电影运营模式的理解，以求借鉴其精华之处，拓宽我国影视文化产业的发展空间。

二、好莱坞电影案例简析

《哈利·波特》系列电影改拍自 J. K. 罗琳（图 4-1）的同名系列小说，由华纳兄弟娱乐公司出品、发行。该电影讲述了魔法师哈利·波特、赫敏、罗恩等人在霍格沃茨学校的成长故事，在第七部中三人选择离开学校寻找死亡圣器，历尽险阻终于打败了伏地魔，既拯救了魔法世界，又赢得了他们的未来（图 4-2）。《哈利·波特》系列电影由《哈利·波特》系列小说改编而来，客观上也反哺了小说的知名度，增加了图书销量。《哈利·波特》到底是凭借什么走红世界的呢？总结起来主要有以下几个方面：①在美国重新定位，图书在美国出版时采用了畅销的美国文学类型，将英国的儿童文学类型定位改变为畅销的成人文学类型；②知名大集团电影公司时代华纳获得该书的电影版权；③在电影制作过程中，遵循好莱坞商业电影模式的三大传统，即制片制度、明星制和类型制，通过海选演员、炒作导演等宣传手段，不断推高电影制作的热点，吸引大众注意力（图 4-3）；④在电影发行和播映环节中同步销售图书，《哈利·波特》系列图书的推广维系并进一步激发了市场对《哈利·波特》电影的关注。另外，在商品化特许经营权的销售和影片的网络销售方面同样亮点多多。

图 4-1 《哈利·波特》作者 J. K. 罗琳

图 4-2 《哈利·波特》主角

图 4-3 《哈利·波特》导演克里斯·哥伦布

在《哈利·波特》的内容本足够优质的基础上，团队针对不同国家和地区的销售市场选择不同定位，适当地炒作拍摄团队，保证影片质量，积极跟进后期营销，在宣传上下足了功夫，不仅赢得了电影票房，还反过头来提高了原著销量，使得这个经典 IP 得到了多元化商业开发。

总之，分析好莱坞商业电影经典案例成功的战略因素，不难发现，好莱坞商业电影运营模式具有可复制性，其成功在于它对自身资源的不断整合。这种案例在好莱坞的电影制作中较为常见，例如，《阿凡达》曾经在全球特别是中国掀起了 3D 与 IMAX 巨幕电影风潮，票房近2亿美元。还有《星际穿越》等美国科幻电影的制作手段，呈现给观众的场面能够产生极大的共鸣。近年来，好莱坞还在不断选取开发享有国际声誉的民族文化题材，如埃及的木乃伊和中国的花木兰，这让电影制作更趋向于选材的国际化，从而超越国籍和种族，使电影成为一种跨文化交流的有效手段。

第二节 韩国影视文化产业的经验

影视产业作为韩国文化产业中的重要组成部分，在韩国政府政策的大力扶植下得到了飞速的发展。大量资金的投入，保证了韩国电视剧制作的高水平，在当今电视“内容为王”的时代背景下，韩剧凭借着高品质、高质量迅速开辟了本国及海外市场。

一、韩国政府扶持影视文化产业

韩剧的成功运作，得益于韩国发展文化产业的积极政策。《保护电视电影法》《文化产业促进法》等一系列政府的政策法规，为韩国影视产业的发展提供了良好的外部环境。在这样的环境下，韩国电视剧的内容有了保障，电视剧的竞争环境也得到了改善，这些必然带来韩国影视产业健康、飞速的发展。

20世纪90年代后半期，为了应对亚洲金融危机，韩国政府开始大力扶植文化产业，韩国经济得以重振，并在全球掀起一股“韩流”，极大地促进了韩国的文化出口，也将韩国带到全球舞台上，成为当今世界文化市场中不可小觑的力量。据韩国文化体育观光部统计，2008年至2011年间，韩国文化产业出口规模以年均22.5%的速度飞速增长。2012年出口额达到46.12亿美元，同比增长7.2%，创历史新高，贸易顺差高达29.38亿美元。[①] 其中，电影、音乐和游戏业的增长最为明显。

分析韩国文化贸易的飞速发展，可以将其发展因素和模式概括为以下几点：第一，以“文化立国”作为纲领性的战略规划。韩国在1998年由时任韩国总统的金大中提出“文化立国”的战略规划，将文化产业作为21世纪国家经济发展的战略性支柱产业。政府还专门设立了文化产业振兴院，统领支持韩国的文化产业发展。

二、韩剧案例简析

自1993年第一部韩剧《嫉妒》登录中国荧幕开始，《爱情是什么》《看了又看》《人鱼小姐》《蓝色生死恋》《冬季恋歌》《大长今》《太阳的后裔》《来自星星的你》等韩剧在中国引爆，带来超高人气。随着韩剧的热播，大批韩国影视明星如李英爱、裴勇俊、全智贤、宋成宪、金喜善、安在旭、宋慧乔等也为中国观众所熟悉和追捧。

2003年由李炳勋导演，李英爱、池珍熙主演的韩国长篇历史剧《大长今》(图4-4)可以作为一部经典的韩剧案例，该剧主要讲述的是大长今如何从天真的小女孩成长为朝鲜王朝首位女御医的故事，她在艰难的生活中积极乐观、坚持不懈的精神令人感动。通过对该剧及其他经典案例的分析，可以窥见韩国影视剧的成功模式，其成功要素具有以

① 《国际商报》2014年7月30日。

下几个特点。

图 4-4 《大长今》剧照

(1) 在电视剧产品打造方面做到有的放矢。韩国十分重视推广自身的传统文化。作为东亚汉字文化圈中的一员,韩国在历史上深受中华文化的影响。韩剧《大长今》以宫廷日常饮食生活和中医文化作为这部历史剧的主线,成功避开了宏大的历史场面,将浓郁且清新的东方文化呈现于荧幕(图 4-5)。

图 4-5 《大长今》的文化与社会价值

(2) 韩国在进军国际市场时采取分阶段、战略性的开拓。以中国、日本为重点的东亚地区作为国际出口的基石,从而撬动整个东南亚和欧美市场,并不断发展潜在的中东和中南美洲市场。

(3) 在产品战略布局方面,与时俱进,不断灵活调整韩国文化出口的主打产品。

(4) 开发具有品牌价值的特色文化产品。一曲《江南 style》让“鸟叔”红遍全球,一部韩剧《来自星星的你》让“都教授”成为韩国的文化明星。

韩国影视产业的成功对我国的影视产业的启示意义是非常大的。

首先,韩国从国家战略和法律体系等方面完善并规范了文化产业市场的运行,避免了企业之间的恶性竞争和盲目发展。韩国政府根据国际形势的变化，不断调整具体的产业支持政策。例如，为帮助韩国走出亚洲金融危机的困境，于1998年将电影产业作为扶植的重点对象，给予税收优惠等多项扶持政策。

其次，韩国企业十分重视对文化产品的综合开发运用，巧妙地使用以点带面的能动营销方式，一旦某种文化产品引爆市场，便迅速投入到相关产品的开发和生产上来，从而产生连锁高效的产业附加值。例如韩国电视剧就获得了多次收益，带动了旅游、餐饮、图书、语言培训、美容整形等一系列商业收益。

最后，政府和民间提供了多渠道的资金支持。在韩国政府层面，政府不断增加对文化产业的预算投入，国家还设立多种专项振兴基金，如文艺振兴基金、文化产业振兴基金、电影振兴基金、出版基金等等。在市场层面，大企业逐渐成为投资人，CJ文化财团、三星文化财团、LG文化财团等都是由大型企业设立的文化基金，为某一文化行业发展提供资金上的支持，或是支持和培养后备的文化产业人才。

第十五课　传媒文化产业

课前引导

传媒文化产业主要集中在电视剧、电影、出版、营销、新闻等领域，在传播思想文化和价值观念上具有显著的优势，通常以网络电视、新媒体、杂志、报纸等形式融入我们的生活中。在我国，传媒文化产业有着较大的规模，但在内容和形式上相对于发达国家而言，有待创新和提高。本课我们将学习两个文化传媒经典案例，深入了解传媒文化产业运营的方式。

第一节　传媒文化产业概述

现代传媒产业是典型的第三产业，文化传播可以说是传媒产业的天然属性，传媒产业与文化产业之间具有强烈的关联性，互相定义、互为表里、相互依存。文化产业只有成为传媒产业的"内容"，才能焕发新的生机；传媒产业只有成为文化产业的"载体"，才具有真实的价值。① 那么传媒文化产业有哪些种类呢，其市场状况又是怎样的呢?

一、概念及种类

传媒在文化产业领域里是指"信息传播媒介"，特指通信、数媒、广播、电视、电影、出版、广告、新闻、网络、新媒体等各种新闻工具。按照产业的界定，传媒产业就是传播各类信息、知识的传媒实体部分所构成的产业群，它是生产、传播各种以文字、图像、艺术、语言、影像、声音、数码、符号等形式存在的信息产品以及提供各种增值服务的特殊产业②。现代意义上的传媒产业并不仅限于电视、报纸、杂志、出版等传统媒体业，还包括新兴的网络业和新媒体业，以及与其有紧密联系的娱乐产业。我们熟知的腾讯、阿里巴巴和百度，就是我国的三大新媒体公司，属于我国媒体产业中的佼佼者。

传媒产业通过文化传播和信息服务，带动经济、社会和文化的发展。相关研究指出，文化产业核心门类具体包括图书出版业、报刊业、广播影视业、音像产业、网络产业、广告业、旅游业、艺术产业和体育产业九大类。③ 它们被视为文化产业的支柱。这九个产业的前面几个，均属于现代传媒业的范畴，可见传媒产业与文化产业联系之深以及融

① 郭鸿雁. 传媒经济运营与文化产业发展[J]. 经济研究导刊，2008(3)：184-186.

② 孙浩进. 国际传媒产业转移趋势与理论构建——基于演化经济学的视角[J]. 江汉论坛，2012(3)：75-78.

③ 李思屈，李涛. 文化产业概论[M]. 2 版. 杭州：浙江大学出版社，2010.

合的历史趋势，可以说，现代传媒业是我国文化产业发展的助推器。

二、传媒市场

一个产业的发展，离不开市场的支持。21 世纪初，由于政策的松动和市场结构问题，外资进军我国传媒市场，一方面促进了我国传媒产业的发展，另一方面也带来了一系列的结构性问题，导致我国传媒市场、资金和人才的流失。

2017 年上半年发布的《国家“十三五”时期文化发展改革规划纲要》，提出了全面实现文化发展改革的任务目标，为中国传媒产业发展和市场体系建设指明了方向。近年来，我国传媒市场发展状况良好，互联网广告呈现出稳步上升趋势，新兴传媒行业发展迅速。移动支付的发展，以及受众高标准的需求，使知识付费行业也不断发展壮大。总的来说，近年来我国传媒文化产业有着巨大的市场，且发展势头强劲，呈现出以下几个趋势。

第一，产业供给侧改革，推动传媒产业结构调整和内容升级。同质化、类型单一化的传媒文化产品将被逐渐淘汰，传媒产业中的资源将实现优化配置，类型和质量将得到巨大提升。

第二，新旧媒体形态实现完全融合。多元化经营和媒体融合是传统媒体行业摆脱困境的重要途径，新旧媒体的融合将摆脱原传媒形态产品生产的组织限制，实现围绕用户需求的新设计、新组织。

第三，传媒文化产业顺应时代要求，获得法律保障。产业的健康持续发展离不开法律环境的支持，十九大报告重申了全面推进依法治国的总目标是建设中国特色社会主义法治体系、建设社会主义法治国家；在全面依法治国的要求下，新传媒技术应用带来的政策法规需求将能够得到及时响应，为未来传媒产业快速健康发展提供更好的政策保障。①

第二节　典型案例分析

传媒文化产业从一开始就把信息和文化传播作为自己的服务方式，并分流了众多各具特色的产业，其中报刊业和影视业的信息服务功能尤为明显。下面，我们就选取中国杂志的代表——《瑞丽》，以及 CNN 的有线新闻网模式进行重点介绍，深入了解传媒文化产业的运作模式和发展经验。

一、中国杂志市场的营销楷模——《瑞丽》

《瑞丽服饰美容》杂志于 1995 年 9 月问世，提出了“伴随女性生命的每个阶段”的办刊理念，以及“东方风格、女性视角、实用导向、设计美丽、设计生活”的出版理念。在这些理念之下，该杂志的编辑人员从版面的标题、编前编后、版式设计、图文搭配、华语附记等方面入手，严控质量。尤其是版面中三分之一左右的图文自采，更是编辑人员的心血之作。1998 年，《瑞丽 BOOK》问世。精美的袖珍丛书图文并茂、装帧讲究，一经问世

① 韩晓宁，梁丹. 中国传媒市场发展回顾与产业前瞻[J]. 青年记者，2018(1)：18-20.

便受到读者的热捧，一年之内重印六次，创造了销售的奇迹。至此，瑞丽的第一次延伸经营大获全胜，“瑞丽”品牌得以形成(图 4-6)。但是杂志并没有停下发展的脚步，2002年开通网站，2003 年与日本《主妇之友》杂志社合作图文版权，由最初的《瑞丽服饰美容》一种增加为《瑞丽可爱先锋》《瑞丽伊人风尚》《瑞丽家居》三种。细化发展之后，瑞丽杂志的读者群体也随之大幅度增加，占领了更多市场。瑞丽又一次率先进行资源整合、媒体互动，成功实现品牌向网络新媒体延伸。2007 年 1 月，“瑞丽”成功注册为中国驰名商标，在社会与期刊出版市场获得了极大的品牌影响力。

图 4-6 《瑞丽》杂志

瑞丽紧跟时代步伐，引领时代潮流，可以说是国内时尚界的元老级别刊物，曾经是中国极具影响力的时尚媒体集团。那么它成功的原因有哪些呢？我们至少可以发现有以下几点：第一，细分市场，针对不同目标读者建立系列期刊群。第二，找准市场空白点，紧紧抓住女性读者市场，为女性造梦和圆梦。第三，做好市场定位，了解读者需求，分析发展趋势，不断改革创新。第四，延伸经营，不仅借助发行优势，而且不断开创新的发行渠道，与企业建立战略合作关系。第五，重视品牌宣传，利用各种方式制造宣传噱头，获得市场关注和认可度。比如通过资助贫困女大学生等方式，在社会建立良好的品牌声誉。第六，整合营销，将平面媒体、电子媒体、数据库、线下活动等多种优势整合起来，为客户提供多种解决方案。

以上这些都是瑞丽曾经大获成功的经验。不过进入 21 世纪以来，随着数字化浪潮的推进和传统纸媒的衰落，瑞丽的销售一度下滑，缺乏市场热情。旗下最富有竞争力的《瑞丽时尚先锋》(原名《瑞丽可爱先锋》)也于 2016 年停止印刷出版，仅仅保留电子刊。瑞丽如何在保有部分纸媒的前提下，实现媒体转型和跨越，推广品牌和探索新的经营模式，都是瑞丽接下来要面对和解决的问题。

二、CNN 的有线新闻网模式

电视业是文化产业的核心行业之一，新闻又是电视业的主要核心领域之一。CNN 的有线新闻网模式，无疑可以为我国电视新闻网的完善提供有意义的借鉴与启示。CNN 是美国有限电视新闻网（Cable News Network）的英文缩写。由特纳广播公司（TBS）特德·特纳于 1980 年 6 月创办，通过卫星向有线电视网和卫星电视用户提供全天候的新闻节目。它与美国另外两大新闻网系统 FOX NEWS（新闻集团旗下）和 MSNBC（微软和通用电气旗下的 NBC 合资）一直存在着激烈的竞争关系。但之后 CNN 很好地抓住海湾战争这一历史机遇，采取一系列举措巩固并发展了自己的行业地位。究其成功的原因，大致有以下几点。①重视硬件建设。CNN 将大量资金用于基础设施的建设，拥有 11 个美国国内分支机构、28 个国外分支机构，大约 4000 名雇员，在新闻采集方面具有不可比拟的优势。②妥善经营广告。CNN 在运营方面采取整合营销细分视频广告市场、拓展经营渠道等方式，在激烈的新闻市场竞争和媒介融合时代中保持领先地位。[①] ③不断更新节目策略。CNN 在加大新闻报道力度的同时，大力改造有线新闻的传统模式，注重挖掘新闻的深度和力度，采用新的播报方式。④运用新媒介提高新闻素材和资源的利用率。⑤首创“新闻订购”经营模式，通过收取订购费的方式进行经营。

正因为 CNN 有这样先进、有效的经营策略，它才能够抢占市场，占据主动地位，并带动整个有线电视网的发展和进步，成为该产业名副其实的领头羊。这对我国电视新闻网是有巨大启示意义的，它们的措施不能全部照搬过来，但足可以借鉴，完善我国产业自身的理念和模式，带动整个行业的发展。

① 张颂扬.从跨媒介整合营销到形成新媒体产业链——媒体融合的全新解读[J].新闻爱好者，2014(12)：79-81.

第十六课　图书出版业

课前引导

经过几十年的发展，图书出版业在我国的市场经济中展现出越来越多的活力，不少优秀的图书（系列）在出版发行方面为国内的图书出版业积累了宝贵的经验。在信息化时代，实体图书业受到了极大的冲击，未来实体图书出版该何去何从？本课聚焦优秀出版人路金波和畅销书《狼图腾》的出版策略，旨在分析图书的策划经验，帮助读者了解图书背后的出版产业链。

第一节　路金波的出版策略

在这一节中，我们首先要弄清楚图书出版的含义以及全球图书出版业的发展概况。知道了这些我们才能明白整个产业的运作体系及产业发展关键点。接着，我们会了解到知名图书出版人路金波的图书营销策略。

一、全球图书出版产业概说

进入互联网社会，人们更习惯于在网络上看书，尤其是近几年兴起的电子书，进一步挤占了传统图书的市场生存空间。图书出版业现在主要是针对实体图书出版，指的是图书出版、印刷、设计包装、发行和营销等产业行为以及提供这些服务的企业的总合。

各个国家和地区的出版业发展状况参差不齐。比如，美国的网上图书零售业发展较好，Amazon 和 Book Depository 都是全球领先的网上书店，而且有很多知名的连锁书店，如全球第二大在线书店 Barnes & Noble 和全球最大的连锁独立书店 Powell's Books。欧洲出版业的发展比较成熟，比如法国的图书出版业在法国的文化产业中处于核心地位，法国第一大出版集团 Hachette 旗下著名图书品牌众多，从 20 世纪 80 年代开始就在英国、美国、西班牙、俄罗斯等不断收购出版公司，实力大增。德国有 3000 多家出版社，大部分都是小型出版社。德国每个州都会设立书业协会，德国出版商与书商联合会 1948 年就成立了，书业协会可以说是出版业的稳定器。[①] 中国的图书出版业在 20 世纪 80 年代后发展迅速，但是存在区域发展不平衡的问题，也缺乏规范、成熟的管理体系和行业机制，呈粗放式发展。[②] 进入 21 世纪，国内图书市场广阔，体量也逐渐

① 黎捷．德国出版模式对我国出版业发展的启示[J]．科技传播，2020(23)：60-62．

② 黄志良．中国图书出版业发展特点与存在问题简析[J]．泉州师范学院学报，2013(4)：105-109．

扩大，中国对外图书出版政策和对内行业体制也更加完善，未来中国的图书出版业会有很大的发展空间。

以上是对全球图书出版业和我国图书出版业发展情况的简要概括。下面，我们一起来看看优秀图书出版案例。

二、路金波的出版策略简析

路金波何许人也？他是知名的第一代网络文学写手，由于在互联网上具有一定的影响力，曾受邀担任中国原创文学网站“榕树下”的内容总监、战略发展总监。后来，他成为文化经营经理人，策划了韩寒的《一座城池》和安妮宝贝的《莲花》等一批畅销书。2006年，路金波致力于打造“亿元女生”活动，这个活动中的“女生”是擅长文学写作的“80后”郭妮。“郭妮”这一品牌是如何在小读者群体内迅速走红的呢？总结起来，主要有以下两个方面的原因：一是改变传统的前期设计。“郭妮”团队在对市场进行分析研究后，把读者群体固定在12～16岁的中学女生。团队针对这个群体的心理特点，向郭妮提供提纲，郭妮再进行类型化故事的创作。二是设计包装以及开发衍生产品。团队在深入了解青春期女生心理的基础上，把一些小文具、小礼物和图书捆绑销售。这就增加了图书的附加价值，扩大了销售市场。[①]

传统的图书出版一般都是以作者为中心，在图书进入市场后才会形成特定的消费群体。“郭妮系列图书”的出版打破了传统的图书出版营销方式，在图书产生前就和市场紧密联系，根据消费群体制订专门的写作计划，提高图书创作效率。而且，团队还会精心打造作者的人设，利用偶像效应吸引读者，稳固消费群体。总而言之，路金波突破了传统的图书出版模式和营销理念，以市场为导向，按照商品交换的规律，进行图书产品的生产和流通。但是，我们也要注意，阅读对人的影响是巨大的。图书出版人不仅要考虑利益，还需要承担起一定的社会责任，这也是出版业始终必须深思的问题。

第二节 《狼图腾》的出版策略

中国的图书出版业虽然起步较晚，但是也有非常成功的图书策划案例。图书出版业的发展要紧跟时代，善于利用新兴科技和新媒体，但最有效的还是在全面掌握产业流程的基础上创新营销模式，改革产业体制，而图书策划则是重中之重。本节课将介绍畅销书《狼图腾》的出版策略，分析图书出版业在互联网大潮中的发展关键。

一、互联网时代给我国图书出版业带来的挑战

近年来，互联网和数字媒体对图书的冲击肉眼可见，“快餐式”阅读更加符合当代大众的阅读习惯。网络书店的出现挤占了实体书店的市场份额，近年来有越来越多的线下书店倒闭，给传统的图书出版业造成了巨大的压力。现在，我国的图书策划模式整体上缺乏新意，定位较模糊，而且发行渠道不广。图书出版业更新换代慢，专业的培训体

① 李颖生，潦寒. 中国文化产业经典案例分析[M]. 郑州：河南文艺出版社，2007.

系不足，从业人员专业整体素质不高，也是造成自身压力的重要原因。[①]

图书出版需要考虑经济效益，这是图书出版业在快餐化阅读时代必须面对的现实问题。综合考虑图书的整个出版流程，出版人需要以全新的观念营销图书。诚然，互联网给传统图书市场带来了不小的冲击，但是转换新的思路，合理利用信息技术也可以帮助图书出版业的更新升级。在全媒体时代，图书出版面临着前所未有的挑战，图书策划成为占领市场、保证利润的关键环节。

二、畅销书《狼图腾》的出版策略

中国图书市场在2004年形势低迷，而长篇小说《狼图腾》却在市场中站稳了脚跟，销量大好。其背后的运作者便是长江文艺出版社的副社长金丽红与黎波，他们被誉为"中国图书营销界的黄金搭档"。当他们看到《狼图腾》(图4-7)这部54万字的小说时，完全被其中的故事、场景吸引，书里面描绘的是人们不曾接触的另一个世界。

图4-7 《狼图腾》

《狼图腾》能成为畅销书，主要原因有以下几个方面。①做好前期市场调查和预热。《狼图腾》的出版团队凭借职业素养，对其读者群体精准定位，这些群体往往有以下特质：热爱动物、向往大草原、有知青情结、社会责任感强等。在正式发行前，金丽红组织相关人员进行题材调查。《北京娱乐信报》还答应连载，读者反映甚好，小说才出版。这种发行模式，吊足了读者的胃口，以小成本预热了市场。[②] ②明星引导。图书团队可以

① 刘芳."互联网+"背景下图书出版与新媒体融合发展的路径探析[J].文化产业，2021(16)：163-164.

② 李春宇，张志颖.焦点脉动：让《狼图腾》广为流传[J].销售与市场，2004(29)：76-78.

通过明星、偶像等著名公众人物引导读者阅读，所以金、黎二人选定以下几位作为引导人。比如，知青代表张抗抗、企业界代表海尔集团总裁张瑞敏、《人与自然》栏目主持人赵忠祥、内蒙古著名歌星腾格尔、文学评论界代表孟繁华和白烨，以及中国新闻界代表白岩松。③不断制造新闻热点。作者姜戎神秘“失踪”后，接受了《北京青年报》的专访。张抗抗和北大青年学子在《狼图腾》研讨会上，针对当代年轻人的脆弱性进行论辩。金、黎二人借助网络，在新浪网、《新文化报》等平台连载该书，热炒《狼图腾》。④完善的销售渠道。金、黎二人凭借已经建立的代理商渠道，监管图书走量与库存情况，团队也负责图书销售和促销。[①]

每一本书爆火的背后都少不了复杂的营销操作。书的内容是最核心的，但是印刷、包装、市场定位、宣传、分销、辅助市场等，每一个环节都会在很大程度上影响书的销量。通过上述两个优秀的图书出版案例，我们可以发现，图书出版业要在新的社会环境中得到发展，不仅要对市场做细致的研究分析，还要学会突破传统的图书营销思维，利用新的技术手段和新兴传媒，扩大图书的知名度。

① 李春宇，张志颖. 焦点脉动：让《狼图腾》广为流传[J]. 销售与市场，2004(29)：76-78.

第十七课　创意产业模式

课前引导

创意是我们的生活乃至整个社会都不可或缺的东西，它就像源源不断冒出的泉水，给社会和我们的生活注入新鲜的活力。一张脑洞大开的图片、一件精妙绝伦的工艺品、一把精致多用的睡椅，都可以是创意的代名词。大到一座城，小到钥匙扣，只要你有创意，都可以成为让人意想不到的艺术品。如今，文化创意被广泛应用到文化旅游和文化产业中，并收获了意想不到的效果。本课我们将学习三个经典的文化创意产业案例，分析文化创意带给我们的不同寻常的生活体验。

第一节　创意产业概述

“创意”的英文形容词是“creative”，原意为有创造力的、创造性的、产生的、引起的等，这是一种原初性的思维活动，每个人都可以有创意，各行各业也十分需要有创意的人才。① 我们平常会突然冒出一些新的想法、点子、主意等，都是我们头脑活动的成果，且带有明显的创新意识。近几年我们提倡“大众创业、万众创新”，就是鼓励大家踊跃地进行创意设计，进而改变我们的生活，让社会保持活力。然而，正如发明一样，创意也有好坏之分，有的创意可以创造价值，而有的创意却缺乏价值。对于我们而言，需要考虑到大众对创意的接受程度和利用价值，切不可将创意变成胡乱假设和猜想。

创意是一个比较宽泛的概念，我们日常生活中，经常会接触到一些新鲜的事物，新奇的服装、垃圾袋的新设计、共享经济的新模式等，都能感受到创意的存在。在它们身上，我们不仅能感受到人们在创新上所做的努力，也能感受到这些创意传达出来的丰富的文化内涵。文化产业的发展离不开创意，创意是所有文化产业的活的灵魂。

“创意产业是在世界经济进入知识经济时代这一背景下发展起来的一种推崇创新、推崇个人创造力、强调文化艺术对经济的支持与推动的新文化理念、思潮与经济实践。”②文化创意和文化产业密不可分，当文化产业发展到一定程度或者一定规模的时候，价格优势的竞争力会大幅减弱，而主动寻求创意，并将其融入产业发展中，做出更加符合消费者需求的产品和服务，就成了企业生死攸关的突破口。

---

① 左铁峰，高巍. 低碳理念与创意设计的内涵关系剖析[J]. 学术探索·理论研究，2011(3)：195-196.

② 汤莉萍，殷俊. 世界文化产业案例选析[M]. 2 版. 成都：四川大学出版社，2006..

1912年，奥地利经济学家约瑟夫·熊彼特在他的著作《经济发展理论》一书中就首次提出了“创新理论”，阐述了创新对于生产和经济发展的重要意义，认为创新是经济发展的本质规定，一种“创新”在扩散过程中，能刺激大规模的投资，从而引起经济高涨。

提到创意对于文化产业发展的重要性，我们绕不开一个国家，那就是英国。英国作为老牌的资本主义国家，经济发展水平高，发展模式相当成熟，它的文化产业在世界范围内也是独具一格，文化创意模式被很多国家学习和借鉴。作为全球最早提出“创意产业”概念的国家，英国也是世界上第一个政策性推动创意产业发展的国家，创意产业对英国整个GDP贡献甚至超过了金融服务业。到2000年，创意产业已经成为英国产值第二大的产业，也正是发展成熟的创意产业推动了英国出口，有效地对其贸易逆差进行了抵补，为英国经济实力的增长做出了突出贡献。我们熟悉的《福尔摩斯》《哈利·波特》《小猪佩奇》，都是英国创意产业的闪亮名片。

英国文化创意产业得以持续发展，究其原因，政府起到了巨大的政策推动作用。约翰·霍金斯是国际创意产业界著名专家、英国经济学家、世界创意产业之父，正是在他的建议下，英国政府开始扶持创意产业，不仅成立专门的政府部门，还完善财务支持系统，为文化创意产业持续助力，同时还注重理论研究，在实践中不断发掘和丰富相关理论，注重对外文化宣传，使之成为英国经济乃至其国际形象的一张闪亮的名片。

中国是制造业大国，也是服务业大国，文化创意产业不可谓不多，竞争压力很大。想要创意经济得到长远发展，可以借鉴英国等国的发展经验，加大政策扶持力度，不断加强理论研究，制定适合我国国情的创意产业发展战略，完善税收制度和法律法规，加强知识产权保护，建立和完善创意人才的培养机制，只有这样才能在全球经济新形势下站稳脚跟，国民经济这首巨轮才能持续远航。

第二节　典型案例分析

创意在我们的社会生活中无处不在，优秀的创意设计往往折射出设计者超前的思维和独特的思路，不仅可以创造出巨大的经济价值，还能实现地区的商业化、规模化发展，推动地区政治、经济和文化的全面提升。下面，我们将详细介绍三个经典的创意产业案例，它们分别是成都锦里、横店影视城和日本的柯南小镇，共同学习创意产业生存和发展的经验，以增强对创意产业的深层次理解。

一、成都锦里

锦里(图4-8)是成都武侯祠博物馆的一部分，传说中锦里曾是西蜀历史上最古老、最具有商业气息的街道之一，早在秦汉、三国时期便闻名全国。而如今的锦里，占地30000余平方米，建筑面积达到了14000余平方米，街道全长550米，以明末清初川西民居为外衣，三国文化与成都民俗为内涵，是成都市区里集旅游购物、休闲娱乐于一体的有名景点。

作为国内知名度很高的商业街，锦里获得过很多荣誉。有代表性的，如2021年，它

(a) (b)

图 4-8 成都锦里

被 CNN 评选为全球最美的 21 条街道之一;2022 年 1 月 10 日,武侯祠·锦里入选为首批国家级旅游度假区。我们将这种集休闲娱乐、民俗文化、购物消费等于一体的新商业街发展模式称为“锦里”模式,这是一个典型的创意产业模式,带来了巨大的经济效益,推动了区域经济的发展和文化的繁荣。那我们不仅要问了,锦里是如何吸引游客获得成功的?它做了哪些努力?对其他地区又有哪些重要的借鉴意义呢?

锦里成功的关键也是值得其他旅游景点借鉴的经验,主要可以从以下几个方面窥见。

(一)官方“放权式”参与

武侯祠是全国第一批重点文物保护单位之一,它拥有成都武侯祠锦里旅游文化经营管理有限公司 40%的股份,它的参与和投入不仅使得锦里保持了浓郁的三国风味,其放权管理又让锦里充满了活力,满足了众多消费者的需求,取得了良好的经济效益和文化效益。

(二)稳扎稳打搞策划

锦里的前期策划做得非常详尽周密,不仅文化定义追求准确无误,而且所有商家的营业额和人均消费、各种业态的占比都统计和规划得一清二楚。这不仅护住了锦里良好的发展势头,也为其他旅游景区树立了行业标杆。

(三)坚持定向招商

很多旅游景区为了追求收入,不惜无中生有闹笑话,甚至设置众多单一的门面,为景点的持续全面发展造成了难以挽回的损失。锦里在做可行性研究的时候,就看到了这个弊端,并坚决避免业态的重复。坚定不移地定向招商,统一近百个商家的文化风情,从而避免了恶性循环,维护了商业街的和谐氛围,为长期发展奠定了良好的基础。

锦里文化一条街采用股份制经营模式,实现了文化资源的共享,找到了一套行之有效的适合锦里文化发展的市场化运作模式，为古街带来了新的生机，也为远道而来的游客提供了良好的旅游服务。它以开放的姿态迎接游客，形成新的锦里商圈，这种关于商业街的创意设计为全国其他文化旅游产品开发设计提供了灵感。从锦里的发展模式中我们可以察觉到，官方的参与和市场化的管理对于文化产业的发展尤为重要，这也是避免片面追求经济利益而导致市场混乱的重要保障。

二、横店影视城

横店影视城（图 4-9）大家都不陌生，我们看到的国内许多宫廷剧都是在这里取景拍摄的，其实横店影视城远比我们想象的要宏伟壮观得多，并不是几栋宫墙那么简单。横店影视城的发展是一个相当成功的创意产业发展案例。

(a) (b)

图 4-9 横店影视城

横店影视城位于浙江省金华市东阳市横店镇，处于江、浙、沪、闽、赣四小时交通旅游经济圈内；1996 年，为配合著名导演谢晋拍摄历史巨片《鸦片战争》而建，并对社会正式开放。自 1996 年以来，横店集团累计投入 30 亿元兴建了广州街・香港街、明清宫苑、秦王宫、清明上河图、华夏文化园、明清民居博览城、梦幻谷、梦泉谷、屏岩洞府、大智禅寺、红军长征博览城、中国革命战争博览城、民国城、春秋・唐园、圆明新园、梦外滩影视主题公园等 30 多个跨越几千年历史时空、汇聚南北地域特色的影视拍摄基地和 130 多座摄影棚。横店影视城是集影视、旅游、度假、休闲、观光于一体的大型综合性旅游区，以其厚重的文化底蕴和独特的历史场景而被评为国家 AAAAA 级旅游景区。目前，横店影视城已成为全球规模最大的影视拍摄基地、中国唯一的“国家级影视产业实验区”，被美国《好莱坞》杂志称为“中国好莱坞”。①

横店影视城以其庞大的建筑规模和优异的拍摄条件，成为众多导演拍戏地点的不二选择，也吸引了无数演员蜂拥而至，寻求出镜的机会。它不断拉长产业链，如今已经

① 来源于百度百科词条。

具备了非常大的规模优势，为地区经济体量的增长也做出了突出贡献。对于身处影视文化产业里的每一个人，横店几乎成为绕不开的一个地方，它成为中国影视文化产业的一种象征，推动着中国影视文化产业蓬勃发展。在它身上，我们从创意产业发展的角度，可以得到哪些启示呢？

以下几个方面可以作为参考。

（一）以免费促消费

免费和消费，似乎是一对矛盾的词，但在横店，两者合二为一，催生出了意想不到的效果。横店影视城成立之初业内地位并不是很高，横店集团为谋求突破发展，另辟蹊径，以免费的场地租用和配套的剧组服务来促进消费。这一招是险招，但事实证明，这一招发挥了出奇制胜的效果。因为免费，加上设施还原程度高等优势，国内众多导演蜂拥而至，他们带来了的不仅是整个剧组，还有那些希望在影视产业里发出自己的光的无数追梦人。很短的时间内，横店成为众多影视人的聚集地，虽然场地免费，但拍摄带来的其他连锁消费却直接上升了一个档次，住宿、餐饮、娱乐、小商品、旅游摄影等产业得到了快速发展，直接拉动了横店区域经济的增长。不得不说，这是横店集团的超前的智慧和创意带来的效益。

（二）影视与旅游完美结合

为拍戏而建设的宫殿桥梁等，虽然是仿造，但仍具有观赏价值，身处横店影视城里，很容易带给人沉浸式的体验。这就是天然的旅游资源，横店集团显然没有打算弃之不用，将影视与旅游结合起来，获得巨大的经济效益只是时间问题。影视城里有很多旅游线路，有的甚至是根据某些经典影视作品开设的，例如《英雄》上映后，横店影视城就将其拍摄用过的场地恢复串联，形成独一无二的旅游路线，向游客开放，直接增加了景区收入。同时，众多对拍摄感兴趣的朋友，纷纷慕名而来，只为一睹导演影视剧的风采，这也间接增加了横店的知名度和收入。事实证明，影视与旅游在横店完成了完美的融合，这融合带来的效益是巨大的，而且值得其他有类似资源的景区学习借鉴。

（三）不断完善产业链

产业链是一个老生常谈的话题，很多时候，我们口口声声说要不断完善产业链，至于如何完善和怎么样才算完善，我们是比较迷茫的。好在，横店影视城确实做到了。前面提到，横店将旅游与影视完美融合，这是完善产业链的表现之一，但这不是横店为完善产业链做的唯一努力。横店影视城取得第一个国家影视产业实验区资格后，没有只满足于提供影视基地，紧接着就成立了电影和电视剧制作的双重资格的横店影视公司，并且通过多种方式，拥有了杭州星光等多家电影院线，同时还积极开发后期制作，进一步开拓了市场，使得整个产业链得到了不断完善。

横店影视城作为国家5A级旅游景区，旅游资源十分丰富，它的存在也拉动了周边的经济增长。有人说，横店是人造和模仿的代名词，不值得游玩。但我们可以看到，横店影视城其实是一个非常出色的文化产业园地，在这里我们可以看到现代人的智慧和审美，它被称为“中国好莱坞”，它的成功为行业发展提供了很多经验，也必定会带给我们更多的惊喜！

三、柯南小镇

柯南是很多人童年的回忆，有不少人都是柯南的粉丝。但看过屏幕里的柯南的你，见过现实世界里的柯南吗？下面，就让我们一起走进《名侦探柯南》作者青山刚昌老师的家乡——日本鸟取县北荣町，它有一个浪漫的名字——柯南小镇（图 4-10）！对很多人而言，这里就是现实中柯南生活的地方。

(a)　　(b)

图 4-10　柯南小镇

《名侦探柯南》漫画从 1994 年开始连载，销量累计过亿，作者青山刚昌因此一炮而红，名利双收。《名侦探柯南》系列已蔓延了整个 ACG（animation 动画，comic 漫画，game 游戏）领域，影响非常广泛，与之相关的衍生品和产业链已经相当完善。作为其作者的故乡，“柯南小镇”更将柯南融入了城镇的各个角落，从这个小镇的发展历程中，我们能看到一个好的创意设计带给地区的各种效益，也能够从中吸取宝贵的经验。

北荣町虽然只有 5000 多户人家，但是作为《名侦探柯南》作者青山刚昌的出生地，它是全世界“柯南迷”的朝圣之地。在北荣町城区，大街小巷都可以看到动画片中柯南的身影——全长 1400 米的主干道取名“柯南大道”，路上的标志牌、浮雕、铜像、井盖全以柯南为主题，当地政府在户口簿的证明书上采用柯南的形象设计，居民卡、户口簿等各种证明也都印上了“江户川柯南”的形象。

2007 年 3 月 18 日，以“柯南之父”青山刚昌的动漫作品世界为主题的博物馆“青山刚昌故乡馆”在北荣町开放，它的设施运营权也是全权交与北荣町负责。该馆以《名侦探柯南》为中心，铺设出青山刚昌绚丽的作品世界。博物馆分为 6 个分区，除了青山刚昌的个人介绍、漫画作品和动画作品的展示区以外，自助餐厅和大量的动漫工艺品店也设立其中。该馆每年有 13 万以上的游客前来参观购物，为北荣町带来了巨大的经济收益。[①]

① 来源于百度百科词条。

小镇实现了“柯南产业”的多维度发展，在 2007 年 4 月甚至还推出了《柯南》邮票，受到热捧，供不应求。在日本，像这样将某个城镇打造成动漫作品之城的例子并非只此一家，还有东京近郊的三鹰市，也许你并未听过这座城市，但这座城因以成名的动画大师你肯定听说过，他就是宫崎骏。宫崎骏、高田勋等大师的作品风靡全球，而他们的工作室正是设在三鹰市，这座城也因此成为像柯南小镇一样的地方，大街小巷均可看见相关作品的影子，市场上也到处在出售与之相关的各类产品。这既是一种情怀，也与生活在其中的每个人息息相关。

北荣町一开始就明确以“柯南产业”为其城市特色，全力打造具有显著特色的城市风格，不仅提高了知名度，也避免了恶性竞争，因为它就是唯一。我们不禁思考，在中国，这样的模式可不可以借鉴呢?

答案是肯定的，以有较大知名度的因素为主题，营造密切相关的产业群，进而带动周边产业的融合发展，或是提高地区知名度，快速实现经济增长，这样的模式未必不适合我国城镇的发展状况。其实，我们已经看到了一些影子，或者说是苗头。很多地方发展地方特色旅游业，就是很好的兆头。历史文物、古典建筑、风土民俗、风味佳肴、历史人物等，都可以作为这个支撑产业集群发展的主题因素。这样不仅可以营造具有特色的文化氛围带给游客沉浸式的体验，还可以增加地区知名度从而拉动消费，促进经济快速发展。

柯南小镇给我们提供了很多经验方法，同时我们也不得不慎重考虑，产业单一化是否具有长远的可行性，是否会对经济和持续发展造成不可逆转的危害。这影响着实实在在的社会生活，如何有效地管理也是一个必须好好规划的问题。我们应该在深入了解创意产业的基础上，对国内相关产业发展的现状做出正确的判断，并学会反思不足之处，进而提出自己的想法，为文化产业的完善和经济的发展献出自己宝贵的意见。

第十八课　文化旅游品牌模式

课前引导

“文化品牌是指给拥有的文化企业带来溢价、产生增值的一种无形资产，包括商誉、产品、企业文化以及整体营运的管理。”①文化品牌是文化产业竞争力的重要体现，与我们的生活密切相关。它往往将文化与生活联系起来，让我们在无形之中就接受到了产品的文化内涵，一座城市的文化氛围、一种美食的文化底蕴、一件饰品的文化特征等，都在不知不觉中加深了我们对某种产品或服务的认识，影响着我们的消费观念。

第一节　文化品牌概述

我们可以把品牌看作一种标识，包括品牌名称和品牌标志，它的作用就是识别不同的产品，加深消费者对于产品或者服务的印象，从而促进消费，为企业带来经济效益。我们要讲的文化品牌，就属于品牌的一种类型，它以文化为重要依托，努力给消费者带来与众不同的精神享受和消费体验，从而识别不同地区、不同企业带来的不同的文化产品和服务。“具有高知名度、深厚文化内涵的品牌，能够成为产业发展的核心竞争力。”②对于区域发展而言，具有特色的区域文化品牌，也会对地区经济的增长、区域的发展带来巨大的推动力。

《国家“十二五”时期文化改革发展规划纲要》中明确指出，国家“鼓励各地积极发展依托文化遗产的旅游及相关产业，发展特色文化服务，打造特色民族文化活动品牌”，这不仅为各地文化品牌的打造带来了政策支持，也为区域全面发展指明了方向。学习文化品牌，对于我们了解文化产业的管理与发展意义重大，了解文化品牌，我们就可以了解文化产业的内生动力，从而对区域发展拥有新的认识。

其实在中国，文化品牌几乎随处可见，民族企业在树立自己文化形象的同时，各个少数民族地区也在着力打造自己的特色民族文化品牌。用发展催生品牌，用品牌推动发展，是大多数产业发展得来的宝贵经验，也是实现其长期获得消费者青睐的不二选择。

我们在生活中经常发现一些奇怪的问题：四川重庆地区为何与火锅撇不清关系？

① 夏征农.大辞海[M].上海：上海辞书出版社，2009.

② 柯虹.以品牌创建打破传统文化产业经营困境[J].商业文化，2020(18)：26-28.

青岛除了啤酒还有什么？涪陵只有榨菜吗？凤凰城就只是一个旅游景点？浙江义乌除了卖小商品还卖什么？其实，在我们讨论起一个地方的时候，脑袋里立马想到的就是这个地方拥有的标志性事物，这就是打造区域文化品牌带来的影响。它直接提高了一个地区的知名度，在地区的发展中发挥着巨大作用。

文化品牌根据不同的标准，可以分为不同的类型。例如根据品牌主体不同，可划分为社区文化品牌（和谐社区、美丽社区等）、企业文化品牌（华为、李宁、麦当劳等）、校园文化品牌（浙江大学——重走西迁路；中南财经政法大学——育民族团结之花促和谐，塑中华复兴之才谱新篇等）等。根据层级结构，又可划分为国家文化品牌（中国长城、埃及金字塔、俄罗斯伏特加等）、省域文化品牌（湖北楚文化、四川巴蜀文化等）、城市文化品牌（武汉光谷创意、义乌小商品、青岛啤酒等）、镇街文化品牌（秀谷镇街巷文化、东莞横沥镇牛墟风情节等）等。

除此之外，还根据品牌内容，可划分为建筑文化品牌（杭州湾跨海大桥、南京朗诗城市广场等）、节会文化品牌旅游文化品牌[天水伏羲大典（图 4-11）、内蒙古草原文化节等]、餐饮文化品牌（海底捞、鸡公煲、全聚德等）、民俗文化品牌（英德客家文化、西藏藏族民俗文化等）等。由此可见，文化品牌远比我们想象中的要丰富得多，学习了解更多的文化品牌可以帮助我们深入认识文化产业的发展途径，也会对如何发展文化企业甚至推动区域持续发展提供宝贵的借鉴意义。

图 4-11　天水伏羲大典

第二节　典型案例分析

文化品牌作为文化产业延伸出来的一种精神和心理层面的符号，对我们的社会生活产生着重大影响，它在不知不觉中增强我们对一件商品或一个地区的某种印象，进而引发深入了解的冲动，拉动消费，促进经济增长。同时，文化品牌也可以起到宣传民族和地区特色文化的作用，促进文化的持续发展。基于此，文化品牌常与旅游业联系起来，形成各具特色的文化旅游品牌。下面，我们将具体介绍江西婺源、海南博鳌，以及江西景德镇的文化品牌建设案例，深入了解不同地区文化品牌建设的历程和经验，感受文化品牌对地区经济和文化发展巨大的推动力和建设力。

一、江西・婺源

婺源县（图 4-12）古属徽州府，今属江西省上饶市下辖县，素有“书乡”“茶乡”之称，位于江西省东北部，是全国著名的文化与生态旅游县，被外界誉为“中国最美乡村”。婺源是一个魅力四射的地方，不仅在于这里优美的自然风光，还在于这里浓厚的人文气息，村里如今还保留了很多清代的古建筑。晓起村是婺源知名的旅游胜地，分为上晓起和下晓起，被誉为“中国茶文化第一村”。

图 4-12 婺源县

在全国，婺源县开发其实并不算早，它和全国大多数小县城一样，没有名山也无名水，在时代发展的浪潮中，面临着如何吸引游客目光抢占市场的难题。而最终结果就是，婺源县脱颖而出，完美打造了文化旅游胜地的形象，发展为有品牌效应的知名景点，成为无数游客向往的地方。这无疑是婺源县的成功，彰显了婺源人民的智慧。那么婺源从一个名不见经传的小城镇小村落，摇身一变成为炙手可热的香饽饽，它做了哪些努力呢？

从以下三个方面可以找到答案。

（一）差异化竞争

人无我有，自然别具一格。婺源地理位置优越，风景优美，空气清新，再加上徽州文化浓郁，本身具有发展旅游业的天然优势。早在 2000 年以前，就已经有游客注意到了这个地方，村民也自发组织游客，收取过路费，不过并不成规模，也没有专门的部门和单位进行管理。直到互联网的传播和宣传把婺源推向了视线中心，婺源才成为众多向往乡村生活的外地游客的不二选择。在这样的浪潮下，婺源开始每年举办“乡村旅游年”，设置多个乡村休闲的主题活动，游客身处其中，无法自拔，带动了一波又一波的婺源热。在内外助力下，婺源形成了自己独特的竞争力，也打造出了魅力十足的文化品牌。

（二）完善外部形象

要想吸引游客的目光，“门面”也很重要。于是，婺源坚决关闭了污染严重的企业，造纸厂、化工厂、砖瓦厂都通通关掉，只为保护婺源的生态环境，全力打造生态旅游名城。然后推广品牌树立形象，对景区内部的房屋进行改造，主要是打造“徽文化”的婺源印象。难能可贵的是，不仅政府大力提供支持，婺源人民也积极配合，婺源的面貌得以焕然一新。不仅如此，婺源的油菜花是非常出名的，鉴于此，婺源政府为村民提供了多达 4000 万的花果树种，造就了婺源宛如天境般的风景，吸引了无数游客的目光，区域经济得到了巨大的发展。

（三）支持农户直接参与景区经营

在婺源打造旅游文化品牌的过程中，村民对景区开发的管理起到了很大的作用，不仅积极支持和配合政府工作，还直接参与到景区的建设和经营，为区域的建设做出了重要贡献。他们与开发商签订协议，从门票收入中获利，同时积极打造特色餐饮和风俗民居，为游客提供良好的旅游体验和服务，间接带动了经济发展，也提高了居民收入，使婺源从贫困落后的小县城变为脱贫致富的代名词。

从婺源的发展经验来看，用旅游和文化改良城镇条件特别是比较贫穷落后的城镇，是行得通的，而且效果很容易显现出来，主要就看政策规划科不科学、落实彻不彻底、是否得到群众的支持、改造是否能坚持下去。从婺源身上我们看到了中国中西部城镇崛起的影子，相信“婺源模式”会得到推广，为中西部经济发展和人民生活改善注入新的力量！

二、海南·博鳌

提起“博鳌”，大家首先想到的肯定是著名的“博鳌亚洲论坛”，这个老在我们中学课本出现的地方，其实也是一个具有代表性的文化品牌建设的案例。

博鳌镇隶属于海南省琼海市，是海南著名的“十大文化名镇”之一。2001 年 2 月，亚洲博鳌论坛在博鳌镇正式宣布成立，并将博鳌镇设立为论坛总部永久所在地。它也是第一批全国中小学生研学实践教育基地，2019 年 10 月入选“2019 年度全国综合实力千强镇”。2020 年 7 月，全国爱卫会决定命名博鳌镇为 2017—2019 周期国家卫生乡镇。

20 世纪末，海南博鳌只是一个名不见经传的小镇，自然人口 2.7 万人左右，陆地面积也仅仅只有 86 平方公里，实在是太小了，而且自然环境也并非独特，周边都是景色相近的城镇，可以说，要想脱颖而出实为难上加难。但神奇的是，博鳌镇不仅做到了，而且作为国际论坛的总部所在地而成为全国人民的骄傲，其间经历了什么？

我们不得不提到的一位关键性的人物，他就是博鳌之父——蒋晓松。蒋晓松 1951 年 11 月出生于上海市，知名实业家、社会活动家，不仅是第一个在纽约国际电影节上获导演奖的中国人，也是博鳌亚洲论坛（图 4-13）的主要策划人和推动者。他是博鳌控股集团的董事长，正是他促成了亚洲博鳌论坛的创立。眼光独到的蒋晓松第一眼看到贫穷落后的博鳌镇的时候，同时也看到了它的出路，那就是“会展经济”。

20 世纪，国际会议首选在大都市进行，而到了 21 世纪的今天，这个思路面临着转

图 4-13 博鳌亚洲论坛

变。选择一个风景秀丽，集工作、休闲于一体的场所进行会谈，正成为越来越多的人的选择。基于此，蒋晓松独具慧眼，想到会展经济有望成为博鳌镇与众不同的突破口。

其一，博鳌镇知名度不高，成为国际会议的总部，各个国家都易于接受。其二，博鳌镇虽然风景并不是很出众，但它有三座山、三个岛，还有海南省最好的温泉，这些成为它发展休闲娱乐项目的重要基础。其三，条件落后既是短板，也是优势。基础设施落后，开发较少，正好给建设会展设施，打造原生态、淳朴、自然生活环境提供了有利条件。较少商业气氛，全力烘托会展氛围，加上优美清新的自然风光，这就是博鳌强有力的文化品牌，这也成了吸引会议代表的重要因素。

可以说，博鳌主打会展经济，是具有长远眼光的因地制宜的高明选择。这里有纯天然的独特风光，有着影响世界的重要论坛，两张熠熠生辉的名片齐聚一堂，共同造就了今天的博鳌。这种别具一格的蜕变，为其他地区的发展提供了新的思路。我们不仅要因地制宜，也要有创新性思维，利用好本地的自然人文优势，同时要辩证地看待问题，要在适当的时候寻求突破，不能拘泥于形式，有的时候，短板就是优势，错过了改变，优势也很容易转化成发展的局限。

三、江西景德镇

提起景德镇，我们第一个联想到的就是“瓷器”。景德镇市，别名“瓷都”，是中国直升机工业的摇篮、首批国家历史文化名城、世界手工艺与民间艺术之都、中国最具魅力文化旅游城市和国家生态文明建设示范市。在民国时曾与广东佛山、湖北汉口、河南朱仙并称全国四大名镇。

景德镇在历史上享有盛誉，是盛产官窑之地，瓷文化历史非常悠久。陶瓷是中国的名片，江西的景德镇便是中国瓷器的圣都。但随着市场经济的冲击，以及现代工业的发展，景德镇的瓷器生产一度面临着困境。政策支持力度下滑，融资困难、小微企业发展受限、手艺传承困难、创新能力不足、市场竞争力减弱等，都给景德镇的陶瓷业的发展带来了不小的难题。如果不想办法重振旗鼓，陶瓷产业将面临毁灭性的打击。

好在景德镇毕竟是历史文化名城，从不缺乏创新的精神，在陶瓷业不景气的情况下，顺应市场经济形势，创新性地发展起了陶瓷文化旅游业，推出特色旅游产品，并且设立相关文化设施和专业宣传团队，重新塑造了景德镇的瓷都形象，形成了全新的文化品牌。

为了重塑瓷都形象，景德镇人民做出了种种努力。

（一）组织女子瓷乐团，加强宣传力度

女子瓷乐团（图 4-14）不仅出访各个国家和地区以提高知名度，还积极参加省内外重大文化活动，起到了宣传作用。在赏心悦目的陶瓷音乐盛宴中，我们领略到的不仅是古典音乐的魅力，还有陶瓷和音乐合二为一的独特魅力。在身姿曼妙的女性身上，我们看到了古老中国流传至今的文化自信，也看到了陶瓷业重振辉煌的未来。

图 4-14 景德镇女子瓷乐团

（二）创办陶瓷学院，提高工艺技术

景德镇陶瓷大学是我国唯一一所陶瓷高等学府，其前身是 1910 年创建的中国陶业学堂，2016 年更名为景德镇陶瓷大学。截至 2022 年 4 月，学校有湘湖校区、新厂校区和中国轻工业陶瓷研究所三个校区，占地 2000 余亩，校舍建筑面积近 70 万平方米；设有 11 个教学学院（部、系），59 个本科专业，3 个一级学科博士点，13 个一级学科硕士点和 8 个专业学位硕士点；有全日制在校生 2 万余人（含独立学院），其中，硕士研究生、博士研究生 1400 余人。大学是培养人才的地方，陶瓷大学凭借其强大的陶瓷艺术设计能力和完备的工艺体系，成为陶瓷业人才培养基地，为景德镇陶瓷业的创新发展奠定了坚实的基础和技术保证。

（三）打造全新的特色陶瓷博物馆

原来的景德镇陶瓷馆汇聚了很多珍贵的文物和陶瓷展品，在此基础上，2003 年，景德镇市政府开始筹建新的陶瓷馆；2005 年，景德镇陶瓷馆新馆初步完工；2015 年 10 月 18 日，景德镇陶瓷馆新馆——景德镇中国陶瓷博物馆举行开馆仪式顺利完成。作为一座特色鲜明的陶瓷博物馆，它汇聚了众多陶瓷文物，众多游客慕名而来享受丰富多彩的陶瓷文化体验，成为景德镇陶瓷旅游中最重要的一站。这不仅推动了陶瓷文化的传播，

也间接拉动了当地的经济发展，陶瓷文化正以崭新的面孔成为景德镇引以为傲的文化旅游品牌。

景德镇是世界名城，别名“瓷都”，国务院首批公布的24座历史文化名城之一和国家甲类对外开放地区。在一段时间内，景德镇曾面临着发展困境。如今，它通过传统文化品牌建设和输出，重新焕发生机，实为中国城镇之榜样、文化建设之楷模。从景德镇的文化品牌建设中，我们可以得到很多关于城市发展的宝贵经验，相信这座历史文化名城会在文化品牌建设中得到巨大的收获，汲取源源不断的养分，永葆生机地持续发展下去。

第十九课　网络文化产业

课前引导

网络文化在21世纪蓬勃发展，逐渐渗透进每个网络用户的生活。网络文化产业指的是依靠互联网信息技术建立起来的文化产品产业链、产业集群，主要包括网络游戏、网络视频、网络音乐、网络新闻、网络教育、网络文学等。本课通过对比盛趣游戏和网易游戏的发展路径，了解未来网游行业的发展态势，以网络游戏产业这个“点”带动大家对网络文化产业这个“面”的认识。下面，我们一起进入网络文化产业的世界吧。

第一节　网络游戏产业概说

在网络游戏产业中，大部分人接触到的是网游产品，对整个产业缺乏完整的认知。本节我们将简单梳理中国网络游戏产业的发展历程、未来走向，以及网络游戏产业的组成架构。在此过程中，大家会了解到一些比较知名的网络游戏产品和网络游戏公司，对网络游戏产业将有一个更加全面、清晰的认识。

一、中国网络游戏产业概况

读者朋友们回忆一下曾经出现过的那些电子游戏。电子游戏先于网络游戏出现，以前大家在电玩城打街游《拳皇》，街机就是带有操纵杆、按钮和屏幕的体积较大的独体游戏机。虽然现在已经进入互联网时代，但街机还是可以见到的。游戏光碟则可以在TV主机上玩，街机和TV主机都支持双人操纵。2013年前后比较流行的CS属于单机游戏，早期的单机游戏一般只能单人玩，不能联网对战。

网络游戏是相对单机游戏而言的，就是在线游戏。网游用户虽然和单机游戏用户一样可以接触到个人电脑终端，但和后者不同的是，网游还需要一个游戏运营商服务器作为终端，而且需要以互联网为媒介才能实现多人在线功能。[①] 网游主要有角色扮演类如《大话西游》《热血传奇》等，对战类如即时对战制的《传奇世界》，休闲类如《泡泡堂》《跑跑卡丁车》等。此类游戏一般都是简单的回合制。网络游戏按运行方式主要分为三种，如《LOL》《梦幻西游》等端游，《小花仙》《奥比岛》《赛尔号》等页游，近几年大火的手游如《王者荣耀》《和平精英》及2021年上线的《摩尔庄园》。随着移动智能手机的普及，中国手游用户规模

① 黄凯文.网易公司网络游戏竞争战略研究[D].南宁：广西大学，2013.

较十几年前扩大了许多，移动游戏成了中国网游市场的大头。许多旧页游出了手游版，不仅顺应手机通用之潮流，而且满足了玩家的怀旧心理，不失为一个新的发展路径。

网络游戏产业链是由研发商、运营商和用户等建立起来的链条，而运营商位于核心地位。20世纪末，中国的网络游戏发展才慢慢起步，从2000年至今，短短20多年，中国网络游戏行业发生了巨大的变化。从以代理外国游戏为主，转变为以自主研发游戏为主，网络游戏的运营模式不断调整，新的游戏类型也不断被开发，游戏运行方式多元化发展，各家网游公司的竞争不断加剧，用户需求也变得更高、更复杂。21世纪的网络游戏市场拥有无限潜力，尤其在中国，经过前几年的发展，网游的市场规模已从高速增长渐渐转为高质量稳定增长，用户规模持续扩大，而且不断有国内自主研发的游戏出口海外。[①] 中国逐渐意识到网络游戏前景广阔，将网络游戏纳入国家战略文化产业的范畴中来。

二、中国网络游戏公司部分概览

中国主要网络游戏公司及其主要游戏产品见表4-1。

表4-1　中国主要网络游戏公司及其主要游戏产品

<table>
<tr><th>网络游戏公司</th><th>旗下主要工作室/公司</th><th>主要游戏产品</th></tr>
<tr><td rowspan="4">腾讯游戏</td><td>天美工作室群</td><td>《王者荣耀》《QQ飞车手游》《穿越火线：枪战王者》</td></tr>
<tr><td>光子工作室群</td><td>《和平精英》《欢乐斗地主》</td></tr>
<tr><td>魔方工作室群</td><td>《火影忍者Online》《洛克王国》《QQ农场》</td></tr>
<tr><td>北极光工作室群</td><td>《无限法则》《天涯明月刀Online》</td></tr>
<tr><td rowspan="2">网易游戏</td><td>互动娱乐事业群</td><td>《梦幻西游》《大话西游OnlineⅡ》《阴阳师》</td></tr>
<tr><td>雷火事业群</td><td>《倩女幽魂》《逆水寒》</td></tr>
<tr><td rowspan="4">世纪华通</td><td>盛趣游戏[②]</td><td>《热血传奇》《传奇世界》《冒险岛》《龙之谷》</td></tr>
<tr><td>点点互动</td><td>《德州扑克》《Family Farm》</td></tr>
<tr><td>七酷网络</td><td>《热血战纪》《天神传奇》</td></tr>
<tr><td>天游软件</td><td>《街头篮球》《侠客列传》</td></tr>
<tr><td rowspan="3">趣加</td><td>Kingsgroup</td><td>《阿瓦隆之王》《火枪纪元》《State of Survival》</td></tr>
<tr><td>Century Studios</td><td>《天天农场》</td></tr>
<tr><td>XII Braves</td><td>《Valiant Force》《Shining Beyond》</td></tr>
<tr><td rowspan="2">完美世界</td><td>祖龙娱乐[③]</td><td>《完美世界》《诛仙》《武林外传》《青丘狐传说》《琅琊榜：风起长林》《九州天空城3D》</td></tr>
<tr><td>乐道互动[④]</td><td>《神雕侠侣》《暗黑黎明》</td></tr>
<tr><td rowspan="2">中手游</td><td>文脉互动</td><td>《血饮传说》《热血战歌》《屠龙战记》</td></tr>
<tr><td>软星科技</td><td>《仙剑奇侠传》《轩辕剑》</td></tr>
<tr><td rowspan="2">字节跳动</td><td>朝夕光年</td><td>《音跃球球》《脑洞大师》</td></tr>
<tr><td>北京比特漫步</td><td>《全民漂移》《我功夫特牛》</td></tr>
</table>

① 何帅. 网络神话游戏研究[D]. 西宁：青海师范大学，2021.

② 前身是成立于2001年的“盛大游戏”，因商标授权到期遂于2019年启用“盛趣游戏”的标识。

③ 前身是成立于1997年的“祖龙工作室”，2014年成为完美世界的子公司。

④ 前身是成立于2007年的“百战工作室”。

续表

网络游戏公司	旗下主要工作室/公司	主要游戏产品
乐元素	乐元素北京	《开心消消乐》《海滨消消乐》
	乐元素上海工作室	《右转先生 Mr. Right》
	Happy Elements 株式会社	《梅露可物语》《MAJOCA MAJOLUNA》

第二节 典型案例分析

在第一节的学习中,我们熟悉了网络文化产业的概况。接下来,我们将了解两个网络游戏公司,一个是原上海盛大网络发展有限公司旗下的盛趣游戏,另一个是网易公司旗下的网易游戏。在学习本节时,如果能把这两个游戏公司的发展状况放到公司整体成长轨迹中去认识,我们就能对网络游戏产业有更宏观的把握。

一、盛趣游戏

中国网络游戏市场有巨大的发展潜力,互联网企业进军网络游戏领域也成了一种趋势。上海盛大网络发展有限公司(下文简称"盛大网络")凭借代理韩国网络游戏《传奇》在中国网络游戏市场上一炮而红。这一节要讲的"盛趣游戏",其前身就是盛大网络的主体之一"盛大游戏"。在盛大网络的总体发展中看盛趣游戏,有助于我们更好地了解一代网游企业龙头是如何衰落的。

盛大网络成立之初,主营业务是制作网络动画,创始人陈天桥的创业梦想是打造一个"网络迪士尼"王国。但 2000 年前后,国内大部分青少年都是通过电视看动画片的,而且电脑尚未走进大部分家庭,他的梦想注定会破灭。面对巨大的资金压力,陈天桥不得不暂时放弃"网络迪士尼"的梦想,另谋出路。一次偶然的机会,他注意到了网络游戏,凭借商人灵敏的直觉,他不惜失去中华网的投资,也要将所有资金用来代理运营一款韩国游戏《传奇》,事实证明他的选择是对的。需要提醒一下,这里的《传奇》是指《热血传奇》。《传奇》在国内开创了时长收费制,迅速登上各软件销售排行榜首,在极短的时间内使公司盈利,并且为盛大网络的发展奠定了基础。2004 年,盛大网络在纳斯达克上市。

2005 年,盛大网络在网游市场一家独大的局面被打破,网易游戏依靠《大话西游 Online Ⅱ》和《梦幻西游》冲击了盛大网络的龙头地位,其他互联网公司包括腾讯,也打算瓜分网游的市场份额。在这个十字路口,盛大网络该何去何从?

我们再看看之后两年的网游市场发生了什么变化。2007 年,腾讯游戏凭借 QQ 游戏占据了休闲游戏的大部分市场份额,盛大网络看出了腾讯游戏想要进一步在网游市场中参与竞争。于是 2008 年,盛大网络也参与韩国网游 DNF 代理权的争夺中,但是因为压价失去了代理资格,结果"花落"腾讯。陈天桥等高层人员万万没想到,就是这款他们看不起的 2D 的 ARPG 网游让盛大游戏帝国彻底崩塌。在这个岌岌可危的关键时期,盛大网络对未来的规划又是怎样的呢?

回到2005年,网络游戏同质化竞争的态势越来越明显,盛大网络改变了经营模式,将时长收费变为道具收费,即CSP模式[①]。这意味着游戏升级不再依靠玩家能力而是金钱,《传奇》等游戏完全沦为盛大网络的圈钱机器。面对游戏中出现的外挂等漏洞,盛大网络没有及时修补解决,导致玩家的游戏体验感越来越差。几年后,面对腾讯游戏的崛起,盛大网络依然没有将重心放在游戏的修补升级与研发上。要知道,网游不仅给了盛大网络第一桶金,也是整个企业的命脉,网络游戏这块基石不稳,盛大网络就难以为继。那么,盛大网络的资金又流向哪里了呢?

大家还记得陈天桥创业最初的梦想吗?尽管一开始因为资金供应问题,陈天桥不得不暂时搁置它,但他一直在努力打造心中的"网络迪士尼"。早在2002年,《传奇》使公司摆脱财务危机后,盛大网络就开通了电子支付业务,可以说这就是"支付宝"的一个雏形。2004年,公司推出了"盛大盒子",它可以使电视变成一个联网的终端,类似于我们今天的IPTV。2004年盛大网络参股起点中文网,2007年收购了晋江原创网,2008年收购了"红袖添香",并于同年成立了盛大文学有限公司。此后几年,相继收购了其他网络文学网站。2006年,盛大网络还曾直接尝试把迪士尼元素融入中国网游,最后以失败告终。

盛大网络看似在电子商务、网络文学、IPTV等方面发展迅速,好像朝着"网络娱乐"帝国不断迈进,但盛大网络完全没有认识到,网络游戏领域的盈利才是公司最重要的源头活水。《传奇》等游戏确实被盛大网络当作实现"网络娱乐"帝国版图的钱袋子,但是它并没有好好维护旗下的网游,没有意识到游戏资源稀少,玩家需求未得到满足[②],现在网游市场发生了翻天覆地的变化,玩家凭什么只因为怀旧情结就为停滞不前的游戏买账呢?诚然,盛大网络投入了不少的成本到网游领域。从2003年开始,盛大网络将大量融资投入研发部门,自主研发了《传奇世界》。后来,盛大网络还收购了网络游戏引擎核心技术开发公司ZONA,自主开发了3D科幻游戏《神迹》,此后少有新作。由此我们可以看到,在后期,盛大网络既没有对外研发新的优质游戏产品,也没有对内调整升级原有游戏,使得自己没有力量继续在高处飞翔。后来,盛大文学卖给了腾讯,盛大游戏也被世纪华通收购,更名为"盛趣游戏"。不得不承认,盛大网络的眼光非常超前,可是当时的社会实际使它无法实现愿望,一心想着造高楼却忽略了最核心的地基,到最后只能是地陷楼塌。

二、网易游戏

下面我们来认识一下2005年末坐上了中国网络游戏行业第一把交椅的网易游戏。

要说网易游戏,就绕不开网易公司。1997年,丁磊成立了网易这个互联网技术公司,推出了中国第一个中文全文搜索引擎和中国第一个免费邮箱系统,并于1998年建立了163门户网站,一跃成为当时中国互联网三巨头之一(另外两个是搜狐和新浪),又在短短三年时间内于纳斯达克挂牌上市。可惜好景不长,纳斯达克指数自2000年初急转直下,市值大幅缩水,网易、搜狐和新浪的股价都暴跌,网易公司急需转型才能有一线生机。当时互联网技术不够成熟,国内大部分网游只能做MUD游戏,也就是文字网

① 郑霄.盛大网络:持续变革的传奇[J].商务周刊,2008(23):62-63.

② 尚爵.陈天桥梦碎互联网[J].互联网周刊,2012(1):50-51.

游，但是天夏公司设计了一款图形游戏《天下》。丁磊看到了这款网游的巨大价值，所以收购《天下》获取其源代码研发技术，而不是做一个单纯的游戏运营商。

2001年，网易公司成立了在线游戏事业部，并于同年推出中国自主研发的第一款MMORPG游戏(即大型多人在线角色扮演游戏)——《大话西游Online》。但这款游戏上线不久就由于内存严重不足、漏洞太多而下架，但也正是这部失败之作孵化出了网易最著名的两大“西游”游戏。2002年，网易保留了《大话西游Online》的原画，修补漏洞做了升级，在此基础上开发出《大话西游OnlineⅡ》，使之成为第一个成功运营的中国原创网游，网易由此在网游领域声名大噪。2002年8月，《大话西游OnlineⅡ》正式收费后，网易股票在第二季度实现了盈利，股价开始上涨，丁磊本人更是在2003年凭借10.76亿美元的净资产登上了“福布斯中国富豪榜”第一位。

《大话西游Online》虽然下架了，但是一批很忠诚的玩家开始认真思考它的不足，希望它能以一种新的方式活下来，徐波就属此列。他是游戏策划，广泛听取玩家建议后，他和几位同事一起制作了《梦幻西游》。因为此前《大话西游OnlineⅡ》已经发行了，考虑到产品的独特性，徐波团队将原来的人物Q化，并且为了照顾《大话西游Online》的老用户，还设置了三个转档服务器——再续前缘、梦回奔日和梦回望月。网络上很流行的一句话叫“成年人的崩溃往往只在一瞬间”，其实成年人的感动也是在一瞬间。随着年纪渐长，我们不可能再像小孩子那样无忧无虑地玩乐，网络游戏的世界是自己的一个小世界，玩家花了很多精力，也投入了很多情感建造自己在游戏里的家，运气好的话还能结识许多小伙伴一起打怪升级、通宵畅聊。《梦幻西游》设置的这些怀旧服务器好像在告诉玩家，从前的那个世界并没有抛弃我们，而且未来会有更多的朋友和我们一起探索新的世界。

《梦幻西游》到底火爆到什么程度呢？自2003年12月18日公测至2004年1月16日正式运营前，不到一个月的时间里，在线人数突破10万人。在商业运营八年后，创下同时在线人数271万的纪录，是当时中国境内同时在线人数最多的网游。[①] 业内对它也好评如潮，2004年《梦幻西游》荣获第二届中国网络游戏年会年度网络游戏“金手指”——最佳创新奖，这是对《梦幻西游》的肯定，也是对网易游戏自主研发能力和创新精神的肯定。

网易游戏从成立至今，已经开发了十几款原创游戏，除了两大“西游”，还有《天下3》《倩女幽魂2》《天下HD》《乱斗西游》《有杀气童话》《倩女幽魂录》，以及2016年上线的3D日式和风回合制RPG手游《阴阳师》。凭借这些作品以及较强的游戏运营能力，网易在中国自主研发领域一直是佼佼者，也是中国自主研发第一的网游公司。根据网易公司2021年的第一季度业绩公告及第一季度股息公告，在线游戏服务净收入占了公司所有业务净收入总值的约73%[②]，这就证明从目前来看，网游也是网易公司立身的基石，而网易将重心放在开发有市场竞争力的网络游戏上，无疑是明智之举。

现在，请亲爱的读者们一起回想这两个公司的创业之路，思考一个网络游戏公司如

① 顾明敏，朱钰嘉. 数字游戏的拟像审美与媒介组合[J]. 现代视听，2019(8)：44-49.

② Net Ease, Inc. Net Ease reports first quarter 2021 unaudited financial results[CP/OL]. [2021-08-08]. http://www.prnewswire.com/news-releases/netease-reports-first-quarter-2021-unaudited-financial-results-301293308.html.

何提升游戏制作、研发、运营能力。一个以在线游戏收入为主要经济来源的公司，又该如何制定战略实现可持续性发展呢？下面笔者给出一些自己的想法，希望和大家碰撞出思维的火花。

第一，深入市场，抓住时机。盛大网络踏入网络游戏产业时就需要面对巨大的市场变动，由于大部分资金消耗在《传奇》的研发阶段，游戏开始运营时，剩余的资金只能维持两个月的财务支出。盛大网络之所以敢带着财务危机进入网游领域，是因为他们看准了中国网络游戏市场的巨大潜力。

第二，认清社会实际，制定合理发展战略。可以说，陈天桥的眼光非常超前但并不实际，盛大网络因为沉溺于“网络迪士尼”的美梦，而忽略了对游戏业务的整顿与发展，亲手掐断了自己的经济命脉，不仅在游戏领域损失惨重，还动摇了整个公司的根基。而网易则非常清醒地看到了网游在企业未来发展中的核心地位，也非常重视对游戏业务的投资。

第三，关注政府政策，顺应发展趋势。政府对网络游戏产业具有重要的引导作用。2000 年国务院发布《互联网信息服务管理办法》，说明国家逐渐重视网络文化产业的发展。[①] 网络游戏在中国二十多年的发展，是离不开国家政策对它的监管规范与支持鼓励的。政府希望给网络文化产业培育出肥沃的土壤，也在努力引导产业向健康的方向发展。因此，各互联网企业、网络游戏公司应趁势而上，在良性合法竞争中壮大公司业务，实现长足发展。

第四，提高自主创新能力，加强运营管理能力。研发能力就是 IT 企业的发展动力。网易游戏在自主研发高质量游戏这一方面，投入了足够的人力、物力、财力，使企业发展充满活力。而且，后期对游戏的维护管理及运营也是非常重要的。比如，2005 年盛大网络开始探索新的盈利模式，实施新的 CSP 收费模式，这种模式给网游提供了一种新的发展思路。

第五，整体统筹，避免恶性竞争循环。我们也要注意到，开发商、代理运营商、渠道等多方组成了我国网络游戏产业链。那么，“加强对渠道的控制，防止下游渠道之间及运营商的利益之争，保证渠道畅通和产品顺利推广”[②]就尤为重要。

网络游戏是伴随着互联网而生的，虽然相比于国外的网络游戏而言，中国的网游生态环境以及研发实力等很多方面还有不少瓶颈，但是随着政府政策的不断完善，国家经济的平稳发展，中国网络游戏一定可以激发出更多的活力，让我们拭目以待吧。

---

① 华夏. 中国网络游戏发展史研究[D]. 沈阳：辽宁大学，2018.

② 王邵婷. 盛大的光荣与梦想[J]. 新财经，2005(2)：28-37.

附　录

附录一　中南财经政法大学儿童文学创作与研究中心

一、中心简介

中南财经政法大学儿童文学创作与研究中心正式成立于2016年6月1日，是华中地区首个专门从事儿童文学创作与研究的学术机构。中心主任由儿童文学作家、新闻与文化传播学院中文系副教授舒辉波担任，著名儿童文学作家董宏猷担任中心荣誉主任。该中心的成立，填补了华中地区专业儿童文学研究机构的空白。

创作与研究并重，是儿童文学创作与研究中心的重要特色。该中心与省内外众多儿童文学作家和各省市作家协会、出版社建立了长期的业务联系，聘请著名作家到校讲座、授课的同时，又通过连续多次举行儿童文学作品学术研讨会，在作协、出版社、高校和作家、学者之间建立了良好的沟通渠道，逐渐形成了以中南财经政法大学中文系教师为核心，成员包括湖北省作家协会、武汉市作家协会、华中师范大学、湖北大学、江汉大学的众多作家和学者的湖北儿童文学创作与研究团队。

二、重要会议

2016年5月，中南财经政法大学儿童文学创作与研究中心召开成立大会暨董宏猷小说《一百个孩子的中国梦》学术研讨会（附图1-1），省、市作家协会领导和省内外作家代表出席会议，并见证了本中心的正式成立。

2016年9月，中心联合武昌区教育局、阅读推广志愿者组织“蒲公英悦读小镇”，以及少年儿童出版社，在武汉市棋盘街小学举办舒辉波非虚构题材作品《梦想是生命里的光》文本接受与阅读研讨会。除省内各高校学者和湖北省作家代表外，国内童书出版社、儿童文学期刊，以及武汉市中小学的数十位代表也出席了研讨会，开创了文学创作、文学出版、文学研究、中小学文学教育的四方对话机制。

2017年9月，《一百个孩子的中国梦》和《梦想是生命里的光》双双荣获中国儿童文学最高奖项“全国优秀儿童文学奖”。来自同一机构的作者同时获奖，这在该奖项设置以来还属首次。

2020年10月，本中心与二十一世纪出版社集团联合主办创意写作人才培养暨《逐光的孩子》作品研讨会，围绕创意写作人才培养理论探究及中文系教师舒辉波的新作《逐光的孩子》展开讨论（附图1-2）。

附图 1-1 《一百个孩子的中国梦》学术研讨会

附图 1-2 《逐光的孩子》研讨会

2021 年 3 月 20 日，由湖北省作家协会、长江少年儿童出版社、中南财经政法大学新闻与文化传播学院主办，儿童文学创作与研究中心承办的湖北省文学新作研讨会在中南财经政法大学举行。来自湖北省作家协会、长江少年儿童出版社、省内外高校和新闻媒体的数十位作家、学者、评论家，通过线上、线下形式共同参与了此次盛会。召开儿童文学新作研讨会暨成立湖北儿童文学研究基地(附图 1-3)，旨在对湖北省儿童文学创作的成果进行总结和梳理，请全国儿童文学研究专家给湖北儿童文学创作把脉，以进一步加强湖北儿童文学创作和研究，推动湖北儿童文学的持续繁荣和发展。会议讨论的六部作品之一——舒辉波的小说《逐光的孩子》，荣获第十一届全国优秀儿童文学奖。

三、重要成果

2018 年 9 月，本中心联合武汉出版集团，共同筹办成立董宏猷儿童文学创作研究中心，并签署相关战略协议(附图 1-4)，这也意味着武汉地区首个以著名儿童文学作家名字命名的儿童文学创作研究中心诞生。董宏猷儿童文学创作研究中心主要围绕儿童文学的创作、研究、出版、推广，整合作家、学术研究机构、出版机构三方面的优势，以项目为推手，通过打造产品、品牌和平台，繁荣湖北儿童文学创作，提高湖北儿童文学的影响力和传播力，打造长江流域儿童文学高地。

附图 1-3　召开研讨会暨成立湖北儿童文学研究基地

附图 1-4　签署战略协议

2021 年 3 月 20 日，湖北省作家协会与本中心共同成立湖北儿童文学研究基地，希望通过这一平台集结湖北更多的儿童文学作家，整合湖北儿童文学研究力量，为湖北儿童文学的繁荣发展做出更多努力。

本中心主任舒辉波 2018 年创作的长篇小说《天使的国》，获得首届中文原创 YA（Young Adult，年轻的成年人）文学奖年度大奖（附图 1-5）；2018 年出版的《听天使在唱歌》获得 2018 年度中国桂冠童书奖，并作为《中国教育报》2018 年度教师推荐的十大童书之一。舒辉波的长篇小说《天使的眼睛》获得中国作家协会重点作品扶持项目；报告文学《梦想是生命里的光》和小说《逐光的孩子》蝉联第十届、第十一届全国优秀儿童文学奖。

2016 年，本中心承担了湖北省学术著作出版专项研究项目“湖北当代儿童文学创作研究”，研究成果《湖北当代儿童文学创作论》于 2017 年 11 月出版，填补了当代中国儿童文学地域研究的一项学术空白。2019 年，中心在《长江文艺评论》2019 年第 5 期推出专栏《原上草・湖北儿童文学创作研究》，涉及对儿童文学发展的整体观照和湖北重要儿童文学作家作品专论，包括《儿童文学的商业化及其童心坚守》《梦、灵、情的三重境界——董宏猷儿童文学论》《选材之重，情思之真，叙述之美——从〈心里住着好大的孤单〉看舒辉波的儿童文学创作》《文本的盛宴——〈童话山海经〉的互文性研究》四篇论文。

附图 1-5　首届中文原创 YA 文学奖颁奖仪式

四、人才培养

(一) 培养方案

2016 年,中南财经政法大学新闻与文化传播学院对培养方案进行了大规模的修订,主要修订内容是将原定的培养文化产业人才的目标加以细化,明确提出将创意写作人才,特别是儿童文学写作作为重点培养方向。在培养目标修订过程中,我们除了听取兄弟院校中文专业的知名专家意见和建议之外,还邀请了许多著名作家、出版界人士、新媒体实务专家,特别是儿童文学领域的专家作为校外专家,如著名儿童文学作家董宏猷老师、时任《儿童文学选刊》执行主编的梁燕老师等,参与培养目标与培养方案的修订。邀请专业作家的目的在于,分析培养目标的实现过程是否可行;邀请出版界人士的目的在于,听取专业人士对当前出版市场特别是儿童文学市场的分析以及未来的发展趋势、人才需求。这些校外专家均以座谈会的方式参与了培养目标的修订过程,也全程参与了培养方案的初审和终审。省内专家现场参与了培养方案的制定会议,并且结合自身业务特长提出了很多有价值的建议,如董宏猷提出原创儿童文学作品是当前出版业、影视业急需的资源,而目前国内尚无高校将儿童文学创作人才的培养纳入工作重点等非常有建设性的意见。在课程设置上,新的培养方案增加了"儿童文学研究"等理论课程,并结合师资优势开设了相关创作课程,如舒辉波的"儿童文学创意写作"课程。培养方案的修订在学生中获得了一致好评,并取得了一系列的创作成果。

(二) 教学实践

2017 年,本中心发起成立图南工作室。"图南"出自庄子《逍遥游》,寄托了鲲鹏之志的寓意,也打下了中南财经政法大学的烙印。在舒辉波和朱浩老师的带领下,中文系本科生将舒辉波的原创小说《地下河》改编成同名儿童剧,并于 2017 年 5 月 3 日由武汉"有点聚目"剧团在中南财经政法大学音乐厅正式上演,之后中标武汉市"2017 年双百场演出进校园"项目,在武汉市 60 余所中小学进行巡演。

2017 年,本中心联合湖北教育出版社,共同策划了"大阅读系列丛书",为我们的学生提供了写作实践的机会,并获得了较好的市场效应。

2021 年，本中心主任舒辉波的作品《逐光的孩子》入选教育部 2021 年“高校原创文化精品推广行动计划”。

目前已有多名学生在《儿童文学》《少年文艺》等著名儿童文学刊物上发表原创作品，也有多名毕业生走上了儿童文学编辑的岗位。

五、社会服务

本中心成立以来，始终与各级各类儿童文学教学与推广组织保持紧密的业务联系，成员不仅担任“楚才杯”创意作文写作竞赛等语文竞赛的评委，而且长期深入中小学，对一线教师进行业务指导与交流。同时根据儿童文学教学一线反馈的信息指导和调整工作，本中心相继主持了《小王子阅读森林》《大阅读分级阅读丛书》《将戏剧带回家》三套儿童文学教育丛书的编写工作。

参加蒲公英阅读小镇的阅读嘉年华活动，推选出孩子们的原创绘本。

参与红领巾读书会的“公益课堂进校园”，中心的老师和学生进入硚口区行知小学、新洲区阳逻街第四小学、黄陂区刘店小学等小学课堂为孩子们讲读绘本。

本中心成员在湖北经视频道“悦读”等电视媒体平台主讲儿童文学相关栏目，推广儿童文学阅读(附图 1-6)。

附图 1-6 “悦读”推广儿童文学

参加爸爸阅读联盟的亲子阅读活动，推广儿童阅读的重要性。

附录二 中文系创意写作人才培养计划成果展示

2013年,中南财经政法大学新闻与文化传播学院中文系“卓越计划汉语言文学专业综合改革”项目获得学校批准立项后,修订了人才培养方案,将培养创意写作人才作为办学的重要目标之一。针对人才培养目标的特点,中文系对课程进行了大胆改革和创新,增设了大量写作实训课程,同时还聘请了一批知名作家担任全职和兼职教师,对学生的创意写作能力进行重点培养。2017年5月6日,李灿和张佳思两位同学分别以原创作品《灵台集》和电影剧本《我们曾经年轻过》通过毕业论文答辩,成为中文系首批以原创文学作品代替学术论文并顺利获得学士学位的毕业生。用原创文学作品代替学术论文,是中文系人才培养模式的一个改革尝试,也是汉语言文学专业卓越计划人才培养的一个重要组成部分。

近年来,中文系本科生在创意写作方面逐渐崭露头角,取得了不俗的成绩。这里展示了其中部分创作成果。

一、小说与散文

中文系2013级学生陈依的短篇小说《江湖》,获得第五届“周庄杯”全国儿童文学短篇小说大赛三等奖。作品收入《全国儿童文学短篇小说大赛金品典藏》(《少年文艺》典藏书坊),由少年儿童出版社2016年8月出版。

中文系2014级学生吴可欣创作的长篇小说《白兔糖》,登载于《儿童文学》2015年第7期。

中文系2014级学生唐陈玉祺的《疫居闲笔》,被收入《香溪河》2020年春季号。

中文系2015级学生刘嘉新的《黄果树瀑布游记》,被收入文言杂志《文思》。

中文系2016级学生王定勇的《野柚子与小屋》,登载于《十月少年文学》2020年8月刊。

中文系2018级学生陈佳琪的《三姑娘》、涂孟君的《梦中的阿拉伯婆婆纳》、徐丽颖的《独白》、张淞的《我们的地平线》被收入《百花园》2020年第2期“校园小说巡展:中南财经政法大学特辑”(附图2-1)。

二、诗赋

中文系2011级学生董浩亮的《雪在烧——一个青年的一二九手记》(诗歌),获得湖北省高校第二十九届“一二·九”诗歌散文大赛原创类特等奖(2013年)。该作品入选《青春之歌:纪念湖北省高校“一二·九”诗歌散文大赛30周年作品集》,由华中师范大学出版社于2014年出版。

中文系2013级学生李灿擅作辞赋,以原创组赋本科毕业。李灿目前在业内有一定知名度,常应一些企事业单位的邀请而撰赋,其《西北管道赋》以赋体叙述了大型国企西北石油管道公司的发展史,现收藏于该公司展览馆。

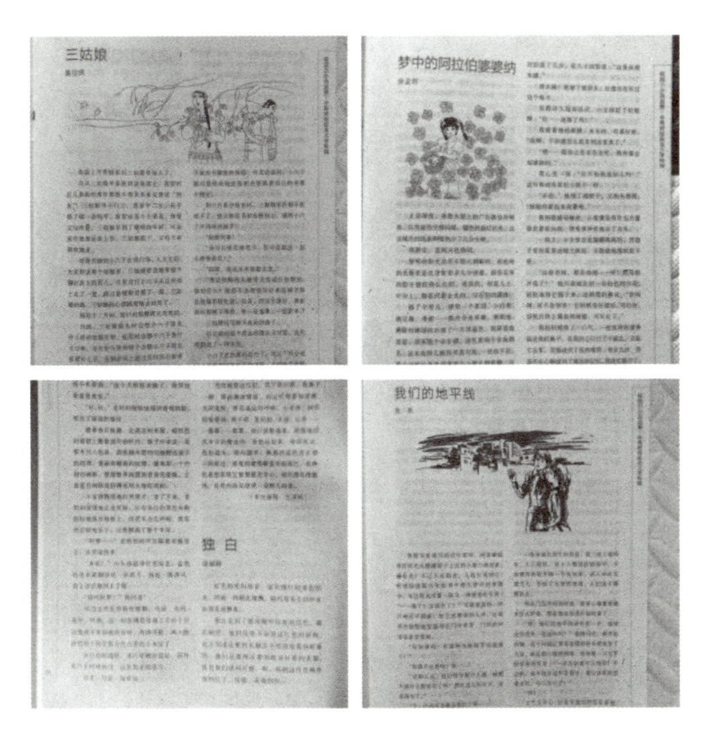
三姑娘

梦中的阿拉伯婆婆纳

独白

我们的地平线

附图 2-1 《百花园》样章

三、影视

中文系 2013 级学生张佳思以其原创电影剧本《我们曾经年轻过》，成为中文系首批以原创作品代替学术论文并顺利获得学士学位的毕业生之一。该剧本后被改编成网络大电影《原味校花恋上我》(附图 2-2)，由湖北天元盛景影视传媒有限公司、武汉艺歌文化传播有限公司联合出品，不仅在腾讯视频公映，而且在第三届青岛东亚版权创意精品展示交易会上荣获金奖。电影上映仅三天，点击率便破百万。电影上映以来，还收到了不少演艺界明星大咖的贺信与视频支持。

中文系 2014 级学生艾诗豪，在教师李纲的指导下，成为国产原创动漫《灵笼》的核心编剧之一。2019 年，《灵笼》(附图 2-3)在国内最大动漫网站“哔哩哔哩”上获超五百万关注，累计点击播放量过千万，获得广泛关注。这是中文系创意写作与网络新媒体平台合作的一次成功尝试。

四、戏剧

中文系 2012 级学生王安邦创作、导演和主演的多幕话剧《一个无可奈何的奇迹》，作为 2015 年“首届武汉大学生 1001 话剧艺术节”中唯一的原创话剧，在武汉人民艺术剧院公演，斩获最佳女主角奖、最佳导演奖以及最佳组织奖三项大奖。该剧作为中南财经政法大学首义话剧社的保留剧目，经常演出。

2015 年 7 月，中南财经政法大学中文系 7 名大学生组成“恩施 · 纪忆”团队，以“走访遗迹明历史，话剧义演纪烈士——纪念抗战胜利 70 周年”为主题，赴抗战时期的湖北省临时政府所在地、鄂西南重镇恩施，开展暑期实践和调研活动，自编自导抗战话剧《不

附图 2-2 《原味校花恋上我》

附图 2-3 《灵笼》

朽殊勋》，深入山乡巡演，受到热烈欢迎。在全国人民纪念抗战胜利暨反法西斯战争胜利 70 周年的重要节点，“恩施 · 纪忆”团队及其话剧《不朽殊勋》也得到了社会各界的关注。湖北省委常委、省委宣传部部长梁伟年 2015 年 8 月 24 日对《湖北日报》报道抗战题材话剧《不朽殊勋》予以批示(附图 2-4)：“向这七名大学生致敬！要支持他们正能量的演出，要把校园文学艺术搞得更加红火起来。”

2017 年 5 月 3 日晚，改编自同名小说的儿童话剧《地下河》，在中南财经政法大学南湖校区艺体中心音乐厅进行首演(附图 2-5)。这部剧的原作者为中南财经政法大学新闻与文化传播学院中文系副教授、著名儿童文学作家舒辉波，剧本改编者为中文系图南创作室的 10 位大二女生，剧本改编历时 34 天，由武汉“有点聚目”剧团演出。此次剧作在小说原创、剧本改编、宣传工作等各方面，都由中文系师生全程参与并完成，体现出中文系师生重视创作的优良传统。

《地下河》首演座无虚席，反响热烈。首演盛况被多家媒体报道并转载(《武汉晚报》、新浪网、搜狐网、新民网、环球网、长江网、湖北教育新闻网、湖北网、湖北日报网、荆楚网等)。

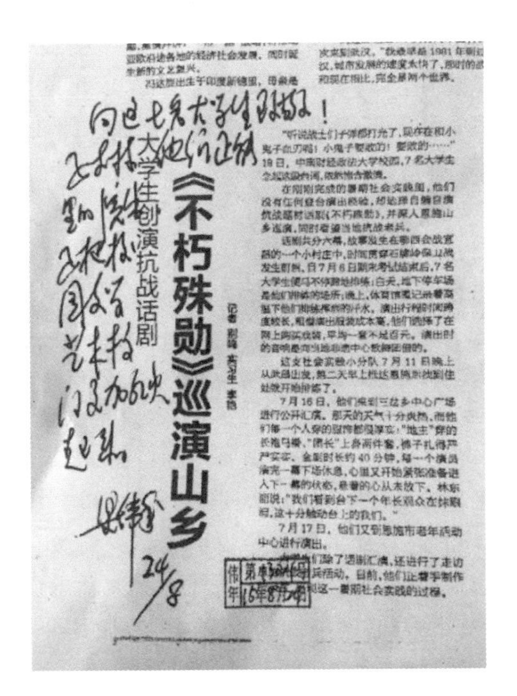

大学生创演抗战话剧

《不朽殊勋》巡演山乡

附图 2-4　梁伟年批示《不朽殊勋》

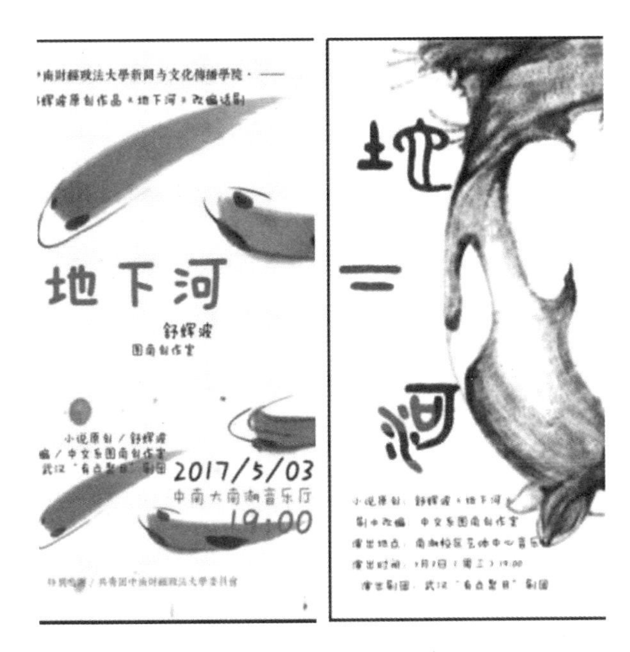

附图 2-5　《地下河》演出海报

儿童剧《地下河》成功首演后不久，就中标武汉市青少年“2017 年双百场演出进校园”项目（项目编号：C18 教育服务），在武汉市 60 余所中小学巡演。学生把老师的小说改编成剧本，并由专业剧团将其搬上舞台，继而进入武汉市 60 余所中小学演出。《地下河》像剧中的小鱼可米一样，开启了自己奇妙的旅程。为了不让同学们久等，也为了更快地让孩子们感受到儿童剧《地下河》所带来的快乐，从 2017 年 5 月 22 日起，《地下河》剧组开启了走进校园的演出活动。

中南财经政法大学人文学科薪火相传、积淀丰赡，学校首任校长由文史大家范文澜先生担任，1950 年成立文艺学院，由著名导演、表演艺术家崔嵬担任首任院长。学校对人文学科建设一直极为重视。2007 年设立中文系并招收汉语言文学专业本科生，2012 年本学科被列入学校重点建设学科，2013 年获批学校卓越计划本科专业综合改革项目，2018 年获批中国语言文学一级学科硕士学位授权点，2021 年获批汉语国际教育专业硕士学位点，形成了较为完整的人才培养体系。

中文系卓越计划汉语言文学专业人才培养方案，尤其是创意写作训练，是从 2014 级学生开始实施的。引进了具有影视编剧和文学创作实践经验的学者型作家担任创意写作类课程的教师，将写作能力作为中文系学生的核心竞争力。还为每名学生配备了写作指导教师，同时也是学业导师，每名学生第一学年须完成 30 篇作文的写作训练。

一群十八岁出门远行的年轻人，写作难免青涩和稚嫩，但不乏新鲜、真挚，且时有令人惊异之笔。这些文字不但是他们进入大学校园之后初叩文学大门时留下的串串足迹，也是我们实施“卓越计划”过程中的一份珍贵档案和成果。鉴于此，中文系将学生写作训练的部分成果结集出版，目前已有《南湖风》(武汉大学出版社 2017 年版)、《南湖雨》(武汉大学出版社 2018 年版)、《南湖云》(武汉大学出版社 2020 年版)、《南湖月》(长江文艺出版社 2020 年版)(附图 2-6)。

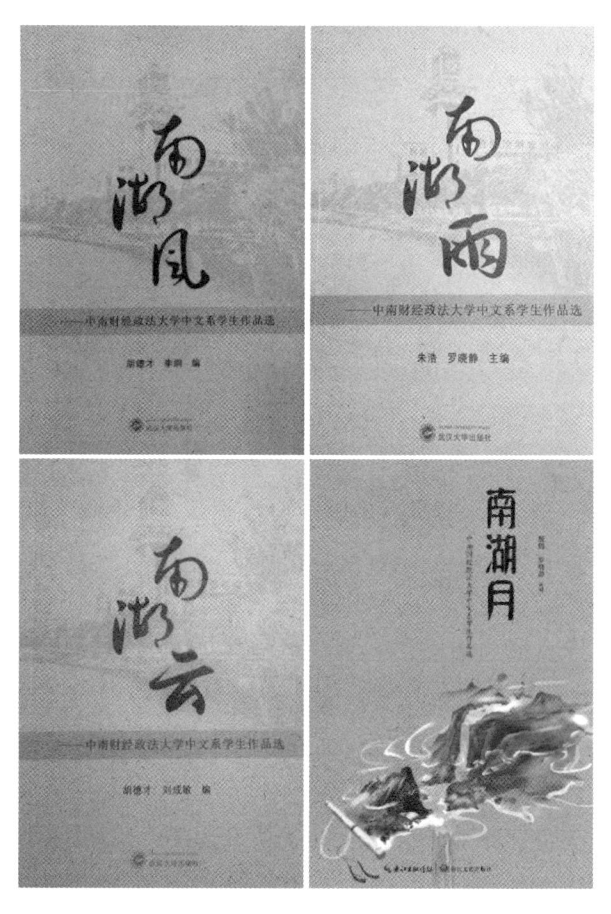

附图 2-6 《南湖风》《南湖雨》《南湖云》《南湖月》封面

参考文献

[1] 三毛.撒哈拉的故事[M].北京:北京十月文艺出版社,2017.
[2] 李娟.我的阿勒泰[M].武汉:长江文艺出版社,2018.
[3] 许地山.落花生:许地山散文精选[M].成都:四川文艺出版社,2021.
[4] 莫言.我的高密[M].北京:中国青年出版社,2012.
[5] 朱自清.朱自清散文选集[M].天津:百花文艺出版社,2020.
[6] 张爱玲.倾城之恋[M].北京:北京十月文艺出版社,2012.
[7] 张晓风.张晓风散文集[M].桂林:广西师范大学出版社,2019.
[8] 黄霖.中国文学理论批评史[M].2版.北京:高等教育出版社,2018.
[9] 阿城.棋王·树王·孩子王[M].南京:江苏凤凰文艺出版社,2016.
[10] 阎连科.年月日[M].郑州:河南文艺出版社,2010.
[11] 毕飞宇.小说课[M].北京:人民文学出版社,2017.
[12] 施耐庵,罗贯中.水浒传[M].北京:人民文学出版社,1997.
[13] [英]威廉·华兹华斯.华兹华斯诗选[M].北京:外语教育与研究出版社,2018.
[14] 曹道衡.汉魏六朝文精选[M].北京:商务印书馆,2018.
[15] [法]福楼拜.包法利夫人[M].许渊冲,译.南京:译林出版社,2019.
[16] 林海音.城南旧事[M].合肥:安徽教育出版社,2015.
[17] 席慕蓉.前尘·昨夜·此刻[M].武汉:长江文艺出版社,2013.
[18] 杨绛.将饮茶[M].北京:生活·读书·新知三联书店,2015.
[19] 郭鸿雁.传媒经济运营与文化产业发展[J].经济研究导刊,2008(3):184-186.
[20] 韩晓宁,梁丹.中国传媒市场发展回顾与产业前瞻[J].青年记者,2018(1):18-20.

引用作品的版权声明

为了方便学校教师教授和学生学习优秀案例，促进知识传播，本书选用了一些知名网站、公司企业和个人的原创案例作为配套数字资源。这些选用的作为数字资源的案例部分已经标注出处，部分根据网上或图书资料资源信息重新改写而成。基于对这些内容所有者权利的尊重，特在此声明：本案例资源中涉及的版权、著作权等权益，均属于原作品版权人、著作权人。在此，本书作者衷心感谢所有原始作品的相关版权权益人及所属公司对高等教育事业的大力支持！

与本书配套的二维码资源使用说明

本书部分课程及与纸质教材配套数字资源以二维码链接的形式呈现。利用手机微信扫码成功后提示微信登录，授权后进入注册页面，填写注册信息。按照提示输入手机号码，点击获取手机验证码，稍等片刻收到4位数的验证码短信，在提示位置输入验证码成功，再设置密码，选择相应专业，点击“立即注册”，注册成功。（若手机已经注册，则在“注册”页面底部选择“已有账号？立即注册”，进入“账号绑定”页面，直接输入手机号和密码登录。）接着提示输入学习码，需刮开教材封面防伪涂层，输入13位学习码（正版图书拥有的一次性使用学习码），输入正确后提示绑定成功，即可查看二维码数字资源。手机第一次登录查看资源成功以后，再次使用二维码资源时，只需在微信端扫码即可登录进入查看。